OSSERVATORIO SULLA CODIFICAZIONE E SULLA FORMAZIONE DEL GIURISTA IN CINA NEL QUADRO DEL SISTEMA GIURIDICO ROMANISTICO

"Sapienza" Università di Roma

Università di Roma "Tor Vergata"

Università della Cina di Scienze Politiche e Giurisprudenza(CUPL)

Dipartimento Identità Culturale ----C.N.R. di Italia

Centro degli studi sul diritto romano e italiano presso Università della Cina di Scienze Politiche e Giurisprudenza(CUPL)

Volume pubblicato con il contributo dello stesso Osservatorio e di Centro

本册的编辑出版活动由下列机构组织并给予资助：

中国政法大学罗马法与意大利法研究中心

罗马法体系背景下的中国法典化和法学人才培养研究中心

（由意大利罗马第一大学、意大利罗马第二大学、意大利国家
科研委员会文化遗产部、中国政法大学共同组建）

罗马法与学说汇纂

（原名《学说汇纂》第七卷）

中国政法大学罗马法与意大利法研究中心

主　编◎费安玲

本卷执行主编◎翟远见

中国政法大学出版社

2016·北京

罗马法与学说汇纂

（原名《学说汇纂》第七卷）

本　卷　主　编：费安玲

本 卷 执 行 主 编：翟远见

本卷执行副主编：Stefano Porcelli

本卷编辑人员：程艳华　许剑波

"禁止令"制度》。在一定程度上,他们的研究反映出目前我国环境司法领域内的前沿性研究成果。

伴随着我国民法典的编纂工作重新启动,近两年来中国法学界尤民商法学界、中国司法界的注意力相当一部分均放置于民法典总则的编纂上。学界、司法界的同仁们以其使命感、历史感、责任感、荣誉感,将民法典编纂工作视为一个里程碑式的工程。

可惜,综观目前我国民法典总则编纂的现状,呈现为各路诸侯各自进军且各司其草案的乱象,既有官方认可的数个立法小组在各自编纂自己的民法典总则草案,亦有非官方确认的高校等机构各自编纂民法典总则草案的活动。从好的方面分析之,此乃诸家民法典总则草案之争鸣;从弊端方面分析之,则既浪费法学人才的智力,又耽误立法进程,更无法保证出台一个体系化、科学化的民法典总则草案。因此,迫在眉睫的工作应当是设立一个由法学界、资深法官、资深律师、立法工作机构的官员等组成的立法委员会,专心致志地编纂民法典总则草案。与此同时,为了保证民法典的质量,不仅可以组织相关方面的专家对草案进行论证以听取对总则草案的意见,更可以成立一个"影子立法委员会",专门负责对专司民法典总则编纂的立法委员会提出的草案进行批评与提出修改建议。

本人的这个建议在不同场合发表过,收获到许多同仁的赞同和"难以实现"的感慨。由此可见,此实非吾辈所能够控制的事情。我们可以做到的,只是脚踏实地对法学理论和法律实践进行深入研究并不断产生相应的研究成果。通过从历史纵深的视角和法律制度比较视角的研究,令自己具有德国法学巨匠萨维尼所提出的法学家必须具备的两种精神:"熟悉每个时代和每种法律形式细节的历史精神;从每一个概念和每一个规则来看它和整体的生动关系与合作,即唯一真实和自然的关系的系统精神"[1]

费安玲

2016 年 5 月 18 日于罗马

---

〔1〕 〔德〕萨维尼:"论当代立法与法理学的使命",载《西方法律现行思想史资料选编》,北京大学出版社 1983 年版,第 527 页。

目　录

V. 学说争鸣

VI. 法学沙龙

罗马法原始文献中有关非债清偿的部分内容摘要

翟远见[*]　译

D. 12，6，14　彭波尼：《萨宾评注》第 21 卷

任何人都不损人而利己，此乃自然之公正。

D. 12，6，1　乌尔比安：《告示评注》第 26 卷

现在来看非债清偿。确实，如果某人在不知情的情况下给付了一笔非债，则他可以通过这个诉讼要求返还；不过，如果他明知自己不负债务而仍为给付，则不得提出返还要求。

D. 12，6，7　彭波尼：《萨宾评注》第 9 卷

如果错误地清偿了一笔非债，那么，要求返还同一个物，或者同量【的物】。

D. 12，6，11　乌尔比安：《萨宾评注》第 35 卷

如果对之提起了特有产之诉的【被告】人，由于疏忽大意，超出特有产的范围进行了清偿，那么，他不能要求返还。

D. 12，6，12　保罗：《萨宾评注》第 7 卷

如果我给了你我的一块土地之上的用益权，错误地以为这是我欠你的，

---

　　[*] 中国政法大学比较法学研究院副教授，罗马第二大学法学博士。译文选自《罗马法民法大全翻译系列·学说汇纂》（第十二卷），中国政法大学出版社 2012 年版。

在将之要回之前我去世了，那么，【与该用益权相关的】请求返还之诉将转移给我的继承人。

D. 12，6，15pr.　保罗：《萨宾评注》第10卷

对非债清偿的请求返还之诉，是【顺应】自然的，因此，已清偿之物上增添的【物】，比如一位女奴所生的孩子，或者因淤积而增加的【土地】，在请求返还之诉中，亦在考虑之内。此外，接受清偿之人善意收取的孳息，在请求返还之诉中亦被考虑。

D. 12，6，32pr.　尤里安：《学说汇纂》第10卷

如果应该给付【奴隶】潘菲路斯或斯蒂库斯之人，同时给了这两个【奴隶】，那么，只要在给出这两个【奴隶】之后，两个或其中一个死亡了，此人什么都不能再要回：的确，那个存活下来的【奴隶】将被看作是对债的履行。

D. 12，6，36　保罗：《阿尔芬学说汇纂概要》第5卷

一位奴隶瞒着其主人把一个盘子借了出去；借用人将该盘子出质，【之后】此人消失无踪。拿到质物之人说，如果他收不到【欠他的】那笔钱，就不会把这个盘子还回去；他从年轻奴隶那里拿到了【这笔钱】，并将这个盘子交还了回去。这样的问题被提出，即是否可以从他那里要回这笔钱。【这位法学家】解答道，如果拿到质物之人知晓质押给他的是别人的盘子，那么，他将受盗窃之债的约束，因此，如果年轻奴隶以赎回被盗之物的名义给了他这笔钱，那么，【这笔钱】将可以被要回；不过，如果他不曾知晓交给他的这个东西是第三人的，那么，他就不是盗贼。同样地，如果这笔钱是该奴隶以那个出质人的名义给付的，那么，【这笔钱】将不能从【质权人】他那里要回。

D. 12，6，37　尤里安：《乌尔塞尤斯·费罗克斯评注》第3卷

在不知情的情况下，我从你那里买了我的奴隶，并向你支付了价金；我认为我将可以向你要回该价金，并且，无论你是否知晓该奴隶是我的，我都因此拥有请求返还之诉。

D. 12，6，41　内拉蒂：《羊皮卷》第6卷

受监护人未经监护人的准许，通过要式口约向一个债权人承诺，并做出了给付，那么，要求返还是被允许的，因为他连自然之债都不负担。

D. 12，6，50　彭波尼：《昆特·穆齐评注》第 5 卷

明知是非债而仍为给付之人，后来有意要回，那么，他不能要回它。

D. 12，6，65pr.　保罗：《普拉蒂评注》第 17 卷

简言之，欲对请求返还之诉有整体之把握，须知晓它被给与要么是因为一个和解、要么是因为一个原因、要么是因为一个条件、要么是因为一个结果、要么是因为一个非债，且在所有这些情形中，都涉及请求返还的问题。

D. 12，6，66　帕比尼安：《问题集》第 8 卷

这个请求返还之诉，是在善良与公正【原则】的基础上引入的，它已经成为要回属于一个人、却没有正当原因地处于另外一个人那里的【东西】的常用途径。

D. 12，6，67pr.　夏沃拉：《学说汇纂》第 5 卷

斯蒂库斯，通过他以为是其主人之人的遗嘱，获得了自由权，条件是从【此人】死亡之日起，连续十年每年向【此人的】诸继承人给付 10【币】；按照要求的数额，他给付了 8 年；后来发现自己是生来自由人，在剩下的几年就不再每年给付 10【币】，【并且】他被宣布是生来自由人：这样的问题被提出，即他是否可以要回他非债给付给诸继承人的金钱，【倘若可以】，又是通过哪个诉讼。【夏沃拉】曾解答道，如果【此人】所给的钱不是来自他的劳作活动，也不是来自他曾善意效劳之人的财产，则他可以要回它。

D. 12，6，67，1 夏沃拉：《学说汇纂》第 5 卷

监护人向其受监护人的债权人超出应付数额做出了给付，在监护之诉中，他没有将之归到受监护人的头上：我提出这样的问题，即对该债权人【监护人】他是否拥有返还之诉。解答是，他拥有此诉。

D. 12，6，67，2 夏沃拉：《学说汇纂》第 5 卷

提提乌斯有很多债权人，塞尤斯是其中之一。提提乌斯私下将自己的财产通过出售转让给了梅维乌斯，以让后者向诸债权人清偿债务；之后，梅维乌斯向塞尤斯给付了一笔提提乌斯已经付过的金钱，就像应当给付那样。因为后来在债务人提提乌斯那里发现了部分金钱已经给付的收据，所以这样的问题被提出，即要回非债给付的那笔钱的诉讼更应该属于谁，是属于债务人提提乌斯，还是属于自我事务代理人梅维乌斯。解答说，根据上述事实，请求返还之诉将属于后面做出给付的那个人。

D. 12，6，67，3 夏沃拉：《学说汇纂》第 5 卷

此人还提出了这样的问题，即经常被用以了结债权债务关系、措辞为"就该契约，我们之间不再有任何纠纷"的简约，是否妨碍请求返还。【夏沃拉】解答道，如此表达，毫不妨碍【请求返还】。

D. 12，6，67，4 夏沃拉：《学说汇纂》第 5 卷

鲁奇乌斯·提提乌斯借给了不满 25 岁的未成年人盖尤斯·塞尤斯一定数额的金钱，并从中以利息之名义受领了某些钱款；【针对】该未成年人盖尤斯·塞尤斯的继承人，行省总督宣布【法律状态】恢复原状，以对抗普补留斯·梅维乌斯，这样【该继承人】就不用履行遗产之上的债务了；在总督面前，关于不满 25 岁的未成年人【盖尤斯】·塞尤斯曾经给付的这笔金钱的利息之返还，没有被以任何方式提及，总督对此也没有做出任何判决：我提出这样的问题，即继承人是否可以要回不满 25 岁的未成年人【盖尤斯】·塞尤斯生前曾经向债权人给付的这笔金钱的利息。【夏沃拉】解答道，根据上述事实，不能提起请求返还之诉以要回死者曾经以利息的名义做出的给付。我还提出这样的问题，即既然你认为继承人不能要回【这些已经给付的利息】，那么，是否至少他可以从其他债务中将【它们】扣除。解答道，亦为不可。

论罗马法中的取得时效制度

【意】Alberto Burdese[*] 著

翟远见^{**} 译

一、取得时效的基本原理

取得时效（*usucapio*）是指通过在一定时间段内持续地占有某物而实现的所有权取得的方式[1]。早期的取得时效制度可以说是尚未在观念上区分所有权与占有的产物，亦即将某物法律上的归属与此物事实上归属于某个特定主体等同视之[2]。但是自有史年代以来，即自《十二表法》以来，取得时效制度，一方面发挥着避免某物之法律情势与事实情势的不一致状态超过一定期限之功能，也就是说，避免名义上对某物享有所有权之人与实际上对该物行使所有权之人长期不同；另一方面还发挥着避免一个人为了证明自己拥有所有权，需要证明从前手那里有效地取得了所有权，并且还要无休止地上溯回去，证明在他之前的一切"所有权人"都依次有效地取得了所有权（即中世

Alberto Burdese（阿尔贝托·布尔代塞），意大利帕多瓦大学已故著名罗马法教授。本文译自其 *Manuale di Diritto Privato Romano*，UTET，1993，pp. 309~319，题目为译者所加。

中国政法大学比较法学研究院副教授，罗马第二大学法学博士。译文为北京市社会科学基金项目"意大利物权法研究"（编号：15FXC054）的阶段性成果。

[1] Cfr. Tit. ex corp. Ulp. 19.8："……取得时效是通过一年或两年不间断地占有而取得所有权的方式；对于动产要求一年，对于不动产要求两年。"D. 41.3.3（莫德斯汀）："取得时效，即通过在法定期间（'法定期间'*temporis lege definiti* 几词为'添加'之结果）内持续的占有而达致（*adiectio*）（原文应为"取得"*adieptio*）所有权（的方式）。"

[2] Cfr. D. 41.2.1.1（保罗）："小涅尔瓦说，物的所有权起源于自然占有……"

纪法学家们所说的"魔鬼证明"probatio diabolica)[1]。

二、《十二表法》中的取得时效制度

前文我们已经看到,《十二表法》含有一些取得时效方面的规定。该法将取得时效与要式买卖(mancipatio)相联系,也就是说,在要式买卖(mancipatio)因为要式买卖的出卖人(mancipatio dans)对标的物不享有所有权而不能使要式买卖的买受人(mancipatio accipiens)获得所有权【此外还有,由于要式买卖(mancipatio)其他要件的瑕疵,如形式上的瑕疵,甚至由于要式买卖(mancipatio)本身的不存在,而不能取得所有权的情形】之时,取得时效是使买受人实际获得所有权的方式。《十二表法》首先要求对土地的占有要持续2年,对其他物的占有要持续1年[2];规定了永远不能时效取得的情形,即无论是盗贼还是后来的占有人,都不能时效取得盗窃物[3];此外,还规定非罗马市民不具有时效取得的资格,缘于该法将时效取得定性为取得奎利蒂法所有权(dominium ex iure Quiritium)的方式,故而只有罗马市民才适格[4]。

三、古典时期取得时效的要件

在历史的演进过程中,又增添了取得时效发生效力的其他要件;在古典时期,要件有五个,中世纪的法学家们将之优雅地概括为:适格物(res habilis),名义(titulus),善意(fides),占有(possessio),时间(tempus)。

(一)标的物的可时效取得性

适格物(res habilis)。第一个要件是相应的物要具备可以作为时效取得标的的资格。因为时效取得是所有权的取得方式之一,所以于非交易物(res extra commercium)无由发生时效取得;因为时效取得要通过占有而实现,所以于无法占有之物即不是有体物的物无由发生时效取得【当最古老的地役权还没有表现为限制物权,也就是无体物(res incorporales)之时,对它们是允许

---

〔1〕　Gai. 2. 44:"它(即取得时效)之所以被允许,似乎是为了使物的所有权不长期处于不确定的状态。因为对于物主来说,一年或两年的时间来找自己的物已经足够,而这一时间是占有人时效取得的规定期限。"D. 41. 10. 5pr.(涅尔瓦):"取得时效……曾是为了了结纠纷而设立的。"

〔2〕　Cfr.《十二表法》第六表第3条:"土地的时效取得和追夺担保期限为2年,所有其他物件的时效取得期限为1年。"

〔3〕　Cfr.《十二表法》第八表第17条:"《十二表法》禁止时效取得盗窃物。"

〔4〕　Cfr.《十二表法》第六表第4条:"对异邦人的追夺担保是永久性的。"(Cic. de off. 1. 12. 37)

时效取得的】；因为时效取得被认为是财产移转的一种方式，所以于禁止移转之物，即《尤利亚法》（*lex Iulia*）上作为嫁资的土地以及《塞维鲁诏书》（*oratio Severi*）上受监护人的农村土地，无由发生时效取得。对于特定种类的物，存在禁止时效取得的明确规定。《十二表法》的一条规定[1]，被公元前2世纪初期的一部名叫《阿梯尼亚法》（*lex Atinia*）的法律重申[2]，根据该规定，盗窃物（*res furtivae*）不适用时效取得，不过只要这些物的孳息是在善意占有人处分离的，则对于这些孳息不适用上述规定[3]；只要被盗女奴的子女是在善意占有人处投胎并诞生的，则对于他们也可以因时效而取得[4]。根据公元前一世纪上半叶的《关于暴力罪的普劳第法》（*lex Plautia de vi*）中的、其后又被《关于暴力罪的尤利亚》（*lex Iulia de vi*）沿袭的规定，以暴力手段取得占有的物，不适用取得时效的规定[5]，不过对于被夺走物（*res vi amissae*），即由于一个暴力行为占有人放弃了占有，而第三人却取得了占有的物，是可以时效取得的[6]；对于在物主不在场的情况下取得、而后又以暴力行为阻止要回的物，同样可以时效取得[7]。根据《关于搜刮钱财罪的尤利亚法》（*lex Iulia repetundarum*）的规定，赠送给行省执法官的物不能时效取得[8]。

---

〔1〕 Cfr. Gai 2.45："……《十二表法》禁止时效取得被盗（物）……"

〔2〕 Cfr. Gell. *noctes att.* 17.7.1（杰留斯：《阿提卡之夜》）："古老的《阿梯尼亚法》中有如下字句：'若一物被盗，则可永久追及要回之'。"

〔3〕 Cfr. D.41.3.4.19（保罗）："若被盗之羊的羊毛是在盗贼处被剪下的，则对之不能时效取得。但若是在善意买受人处被剪下，则（结果）相反。因为对于孳息，不需要时效取得，而是立即归买受人所有。对于已被消费之羔羊亦是如此。这一观点是正确的。"

〔4〕 Cfr. D.41.3.33pr.（尤里安）："不仅善意买受人，而且一切根据可导致时效取得的原因而占有的人，都可以取得被盗女奴的子女。我认为，这是根据法的一致性而引入的规则，因为只要不违反《十二表法》和《阿提尼亚法》的规定就可以根据该原因时效取得女奴，根据同一原因，如果该女奴是在占有人处怀孕，并且在分娩时占有人不知她是被盗来的，那么对她的子女有必要适用时效取得。"

〔5〕 Cfr. Gai 2.45："……《尤利亚法》和《普拉第法》禁止对暴力取得占有（之物）适用时效取得……"

〔6〕 Cfr. D.41.3.4.22（保罗）："如果你以暴力的手段将我从我占有的土地上赶走，但是你并没有获得对它的占有，而是由提丘斯获得了该空虚占有，那么，提丘斯可以通过长期占有该土地而获得它。这是因为虽然由关于制止暴力剥夺的令状之适用，但是是我的占有被暴力剥夺，而对这块土地的占有却不是以暴力的手段而获得的。"

〔7〕 Cfr. D.41.3.4.27（28）（保罗）："同样地，如果你取得了一个空虚占有，而后又阻止所有权人取回，那么并不认为你以暴力进行占有。"

〔8〕 Cfr. D.48.11.8pr.（保罗）："任何违反法律赠与给总督或裁判官的物，均不得时效取得之。"

此外，为了有利于动产的流转，最初《十二表法》禁止时效取得盗窃物的规定受到了一个限制。该限制是由上文提到的《阿梯尼亚法》引入的。根据这部法律，一旦被盗物返归所有主（reversio ad dominum）[1]，即同一物重新被知晓已发生的盗窃和再次获得所有权之事实的所有权人占有[2]，则物的被盗瑕疵便消失。与此类似，强占物（res vi possessae）和赠送给行省执法官的物，也会因为返归所有主（reversio ad dominum）而可以被时效取得。最后，上面所说的每一种情形中，物的不能被时效取得的性质是一个客观的瑕疵，所以，不仅适用于盗贼，而且适用于任何后来取得盗窃物的人，哪怕他是善意的[3]。

（二）对标的物的占有

占有（possessio）。第二个要件是占有，即将某物当作己有的时效取得人对该物事实上的控制，这就需要物是作为单个的物而被占有的，因此对合成物的占有并不意味着是对其各个部分的占有[4]。在古典时期，要求占有是时效取得人在不损害前占有人的情况下取得的[5]。

（三）占有的持续时间

时间（tempus）。第三个要件是占有须持续一定的时间。根据《十二表法》的规定，不动产的占有须持续2年，动产的占有须持续1年[6]。期间按照所谓的市民法的方法连续计算：占有中断（usurpatio）将导致时间的重新开始（ex novo）计算。在古典法中，占有中断（usurpatio）只会由于所谓的自然

---

〔1〕 Cfr. D. 48. 11. 6（保罗）："《阿梯尼亚法》规定，被盗窃的物，如果没有重新回到被盗之人的支配之下，就不能被时效取得。这一点应当理解为回到所有权人而不是被盗之人的支配之下。所以，从债权人和使用借贷人那里盗走的物，只有回到所有权人的支配之下才能被时效取得。"

〔2〕 Cfr. D. 48. 11. 12（保罗）："……如果我不知道一个物是从我处被盗走的，并将之购买，那么并不认为此物回到了我的支配之下。"

〔3〕 Cfr. Gai 2. 49："人们一般认为，《十二表法》禁止对盗窃物和以暴力手段取得之物时效取得。这并不是说盗贼本人和暴力取得某物之人不能时效取得相应的物（确实，他们因为其他原因而不能时效取得，即他们对物的占有是恶意的），而是说任何他人，即使是善意从上述之人那里取得了物，也都无权时效取得。"

〔4〕 Cfr. D. 41. 3. 23（雅沃伦）："若某人购买了一所房屋，我不认为他购买了与此房屋不同的东西。因此，如果他占有了其中单个的物，不能认为他占有了房屋本身……"

〔5〕 Cfr. D. 41. 2. 5（保罗）："如果根据要式口约，我应当向你交付奴隶斯提库斯，然而我并未交付，之后你自行取得了对该奴隶的占有，那么，这时你就是一个抢夺者。同样的道理，如果我将某物卖给你，但是并未交付，如果你在未经我同意的情况下取得了对该物的占有，那么，这时你不是作为买受人而是作为抢夺者而占有它。"D. 41. 8. 8（帕比尼安）："倘若被遗赠人无瑕疵地取得了未被交付之物的占有，则他可以时效取得遗赠物。"

〔6〕 Cfr.《十二表法》第六表第3条（见上文注4）。

的原因而发生，不会由于所有权人提出的原物返还请求而发生[1]。在占有时间的计算上，古典法允许继承人将被继承人（*de cuius*）的占有计入自己的占有之中【即所谓的占有继承（*successio possessionis*）】，所以继承开始之前的时间也是有效的[2]。然而，古典法是否已经允许以一定名义受让某物之人将转让人的占有计入自己的占有，则不无疑问[3]。

（四）占有人的善意

善意（*bona fides*）。第四个要件很可能只是在共和后期才得以确立，那就是时效取得人的善意，也就是说，他须确信不会损害物的所有权人的利益，因为，比如说，他认为自己是从市民法或者裁判官法上的所有权人那里[4]，或者被授权之人那里[5]，或者依法对该物为抛弃行为之人（*derelictio*）那里而获得的物[6]。当客观上不存在过错之时是否还要求满足善意要件，即时效取得人以为会给物的所有权人带来损害的错误确信是否会给自己造成不利后果，古典时期的法学家们的观点不一[7]。在古典法中，到底善意是建立在了可原谅的错误之上还是不可原谅的错误之上，似乎无关紧要。只要占有之始是善意的即可【在占有继承（*successio possessionis*）情形中，是被继承人（*de*

---

〔1〕 Cfr. D. 41. 4. 2. 21（保罗）："倘若我购买了属于他人的物，在我对之时效占有的期间，如果此物的所有权人要我返还该物，我的时效取得期间并不因争讼程序而中断……"

〔2〕 Cfr. D. 41. 3. 20（雅沃伦）："遗嘱人的占有应当有利于继承人，只要在该期间内占有未被他人取得。"D. 41. 3. 31. 5（保罗）："接受继承之前或之后的时间应当计入继承人的时效取得期间。"D. 41. 3. 40（涅拉提乌斯）："根据有关规定，如果一个时效取得期间是从死者（生前）开始计算的，那么它有可能在继承被接受之前已经完成。"

〔3〕 Cfr. I. 2. 6. 13："据神圣的塞维鲁帝和安东尼帝之批复，出卖人和买受人各自的占有期间，亦得合并计算。"【但是这个批复原本很可能是有关长期取得时效（*longi temporis praescriptio*）的】

〔4〕 Cfr. Gai. 2. 43："那些由非所有权人交付给我们的物，无论是要式物还是非要式物，只要我们是善意受让的，相信交付之人就是所有权人，我们均可时效取得之。"

〔5〕 Cfr. D. 41. 4. 7. 6（尤里安）："倘若你的代理人将你的原本可以卖一百金币的土地以三十金币的价格卖出，目的只是给你带来损害，毫无疑问，不知情的买受人可以通过长期占有而（时效）取得它……"（片段中的 capiat 原为 usucapiat）D. 41. 7. 5pr.（彭波尼）："……倘若我知晓你的妻子赠与给你了某物，并且我从你这里购买了它，那么此时你几乎可以被视为一个自愿转让的所有权人。"D. 50. 16. 109（莫德斯汀）："善意买受人被认为是不知某物为他人之物或者以为出卖人有权出卖此物的人，比如认为出卖人是代理人或者监护人的人。"

〔6〕 Cfr. D. 41. 7. 4（保罗）："倘若我们受让了某个被抛弃的物，且我们以为它就是抛弃物，那么我们就可以时效取得它，即使我们不知道何人抛弃了它。"

〔7〕 Cfr. D. 41. 3. 32. 1（彭波尼）："倘若某人以为根据法律自己不能时效取得他占有的物，那么应当说，虽然他是错误的，也不发生时效取得，或是因为他不被认为是善意占有人，或是因为法律认识错误之人不能时效取得。"D. 41. 4. 2. 2（保罗）："……若（条件）成就而（附条件买卖的买受人）不知情，在萨宾看来，更应该考虑的是实际情况而非人的想法，故可时效取得之……"

cuius）而非继承人的占有开始之时】，因为正如人们所说，"事后发生的恶意没有妨碍"（*mala fides superveniens non nocet*）[1]。

（五）取得的名义

名义（*titulus*）。最后一个要件很可能只是在共和末期才得以确立，它构成了对前一个要件即"善意"（*bona fides*）的限制。这个要件就是名义或者说时效取得的正当原因（*iusta causa usucapionis*），即在一定的情势中，取得时效人对物的占有可以发挥一定的经济与社会功能，且该功能被法律制度允许、被认为为财产的取得提供了正当性。不过，根据现有的原始文献若欲指出，古典时期的法学家在何种程度上要求存在一个有效的名义（在这一点上，塞维鲁时期最后一批法学家以及后世戴克里先皇帝的总理大臣的观点似乎具有指向性意义），换言之，是不是只要有一个只是时效取得人推测存在或有效的名义（即所谓的"假想的"名义）即可，诚非易事。如果时效取得人基于买卖、赠与，或者嫁资的设立而占有某物，但是要么因为涉及移转所有权要通过要式买卖（*mancipatio*）或拟诉弃权（*in iure cessio*）实现的要式物（*res mancipi*），要么因为让渡（*traditio*）是非所有权人（*non dominus*）完成的，却没有通过让渡（*traditio*）成为所有权人，相应地，原始文献涉及的名义分别是"因买受"（pro emptore）、"因赠与"（*pro donato*）和"因嫁资"（*pro dote*）；如果时效取得人基于遗赠而占有某物，但是，比如说，因为是非所有权人（*non dominus*）就物做出的直接遗赠（*per vindicationem*），却没有成为所有权人，原始文献中使用的是"因遗赠"（*pro legato*）的名义；如果时效取得人占有某个被抛弃的物，但是因为抛弃是非所有权人的占有人做出的，却没有成为所有权人，原始文献中使用的是"因抛弃"（*pro derelicto*）的名义。上面提到的所有名义类型都发挥着一个典型的功用，即为财产的取得提供正当性。"因清偿"（*pro soluto*）的名义则不然。涉及此点的原始片段为数并不多。如果时效取得人占有某个以履行一个既存债务的名义而交付给他的物，但是

---

[1]　Cfr. D. 41. 1. 48. 1（保罗）："……倘若在某物交付给我之时，我以为它是出卖人的，但是后来我得知事实上它是第三人的，在长期取得时效的期间中……"（片段中的 capiat 原为 usucapiat）D. 41. 3. 10pr.（乌尔比安）："若善意购买了他人之物，就会产生这样的问题，即时效取得该物要求购买之时具有善意，还是要求交付之时具有善意。占主导地位的萨宾和卡修斯的观点是，须在交付之时具有善意。"D. 41. 3. 15. 3（保罗）："倘若某人交付给了我们他根据遗嘱或要式口约而应当交付的物，我们认为应该考察的是交付之时的情况，因为也允许允诺人就尚不属于他的物而订立要式口约。"D. 41. 3. 43pr.（帕比尼安）："倘若善意买受人的继承人知道此物归他人所有，并且已经取得了对它的占有，那么该继承人不能时效取得它。不过他的知情不影响占有的继续。"

由于通常的事由，即要么因为让渡的是要式物（*res mancipi tradita*），要么因为让渡（*traditio*）是由非所有权人（*non dominus*）做出的，该物没有成为他的，则此时时效取得的名义就是"因清偿"（*pro soluto*）：这种情况下，为财产的取得提供正当性基础的事由似乎存在于债权行为之中，且可以推断认为，"因清偿"（*pro soluto*）的名义曾发挥了顶替履行相对于完成在时间上有必要延后的债权行为【比如，要式口约（*stipulatio*）和间接遗赠（il legato *per damnationem*），而不包括买卖、赠与，或者嫁资的设立】所设立的名义之作用。一般而言，要求为财产取得提供正当性基础的法律行为须是存在[1]、有效[2]且已生效的[3]（要提请大家注意的是，即使债权行为以他人之物为标的物，也是有效的）。不过某些原始文献提到，只要存在假想的名义即为已足：主要的情形是，因欲为处分之人不具备行为能力，法律行为无效，比如说精神病人（*furiosus*）或被监护人（*pupillus*）在未经监护人许可（*sine tutoris auctoritate*）而做出的行为，但是时效取得人误以为对方有行为能力[4]；另外一种情形是，涉及非债清偿（*solutio indebiti*）时的"因清偿"（*pro soluto*）的名

---

〔1〕 Cfr. D. 41. 4. 2pr.（保罗）："某人作为真正购买某物的买受人而为占有，仅仅只是在观念上认为自己是作为买受人而占有的物是不够的，还须存在购买的原因……" D. 41. 3. 48（保罗）："……倘若我以为自己基于买卖之原因而负有债务，并交付了某物，但是倘若买卖并未发生，则买受人不能时效取得（标的物）……" I. 2. 6. 11："误以为有原因而占有时，不发生时效取得。比如，某人以为自己购买了某物而占有它，而实际上并未购买。" D. 41. 6. 1pr.（保罗）："若某物基于赠与的原因而被交付给某人，则此人可因赠与而时效取得之。然而，仅有观念尚且不够，还须实际有赠与之发生。" D. 41. 8. 2（保罗）："若我占有一个我以为是遗赠给我的物，而实际上此物并未遗赠给我，那么我不能因遗赠而时效取得之。"

〔2〕 Cfr. D. 41. 4. 2. 6（保罗）："我购买了（奴隶）斯提库斯，但是交付给我的却是达玛，且我对此事毫不知情。普利斯库斯认为，我不能时效取得（后者），因为买受人不能因购买而时效取得未被购买之物……" D. 41. 6. 1. 1 - 2（保罗）："倘若家父将某物赠与给了处于其父权之下的家子，家父死亡后，家子不能因赠与而时效取得它，因为这个赠与是无效的。倘若在夫妻之间存在一项赠与，则时效取得不发生……" D. 41. 8. 7（雅沃伦）："没有遗嘱能力之人不能以遗赠的名义时效取得，因为此种占有源于有关遗嘱的法。"（此处的"遗嘱能力"指的是被动遗嘱能力。——译者注）

〔3〕 Cfr. D. 41. 4. 2. 2（保罗）："如果买卖附有条件，在条件成就之前买受人不能时效取得。若有人以为尚未成就的条件已经成就，亦然。与此相似的情形是，有人误以为自己购买了某物……"

〔4〕 Cfr. D. 6. 2. 7. 2（乌尔比安）："马尔切罗在《学说汇纂》第17卷写道，不知情地自精神病人处购买之人，可以时效取得……" D. 41. 3. 13. 1（保罗）："自精神病人处善意购买某物之人可时效取得该物。" D. 41. 4. 2. 16（保罗）："倘若我将一个精神病人当作精神健康之人，并从他那里购买了一物，那么，虽然买卖是无效的，但是基于实际情况之考虑，我可以时效取得此物……" D. 41. 4. 2. 15（保罗）："倘若我将一个被监护人当作适婚人，并从他那里购买了一物，那么，我可以时效取得它……"

义[1]；概括而言，两个可能被添加过的片段，谈到了错误可被谅解的情形[2]；最后，从三个片段中[3]，正如从第四个片段中可以看出对假想的名义持否定性评价那样[4]，似乎可以看出，当时时效取得可以有"当然的"（*pro suo*）名义。这个"当然的"（*pro suo*）名义是一种可能涉及不同情形的名义，多数情况下指的是假想的名义，但若要准确说明其含义则是非常困难的。最后，我们要知道，名义还可以由执法官或审判员所采取的措施构成，它们是：因潜在损害的授权占有（*missio ex II decreto damni infecti nomine*）、遗产占有（*bonorum possessio*）和分配裁判（*adiudicatio*）。关于它们的详细内容，我们还将在其他部分一一予以阐述。

---

〔1〕 Cfr. D. 41.3.46（赫尔莫杰尼安）："因债务原因受领某物的人可以因清偿而时效取得该物，且不仅是债的标的物，任何因债务而被给付的其他物均可以此名义而被时效取得。" D. 41.3.48（保罗）："倘若我以为向你负债，并因此将某物交付于你，那么，如果你也认为我负有债务，则可以发生时效取得……" D. 41.4.2pr.（保罗）："倘若我以为向你负有债务，并因此将某物将付给了不知情的你，则你将时效取得之……"

〔2〕 Cfr. D. 41.4.11（阿弗里卡努斯）："通常认为，自己以为购买了某物而实际并未购买之人，不能作为买受人时效取得该物。但是，只有买受人的错误欠缺正当原因的情况下，这一看法才是正确的。因此，如果一个人委托奴隶或代理人购买一物，该奴隶或代理人使他相信已经购买了此物，并且此物已被交付，那么更为正确的看法是，可以时效取得它。" D. 41.10.5.1（涅拉提乌斯）："但是某人占有他以为归其所有的物，即使他的认识是有误的，仍然可以时效取得。这一点应当理解为可发生的错误并不对时效取得构成妨碍。比如，我错误地以为我的奴隶，或者根据继承法我继承的人的奴隶，购买了某物，这是因为对他人行为的不知情是可被容忍的错误。"

〔3〕 Cfr. D. 23.3.67（普罗库勒）："普罗库勒问候涅宝斯。如果一位女奴，知道或者不知道自己的奴隶身份，结婚并以嫁资的名义交付给了丈夫一笔金钱，那么，她将不能使其丈夫获得这笔金钱的所有权，故而这笔金钱仍归以嫁资名义交付给该丈夫之前拥有这笔金钱的那个人所有，除非它已经被时效取得。与该丈夫同居期间被解放以后，她也不能改变这笔金钱的法律地位。因此，即便是办理了离婚，（这位妇女）也不能以嫁资的名义或者通过请求返还之诉正当地要回它，而是这笔金钱的所属之人可以正当地要求原物返还。但是，如果该丈夫相信这笔金钱是他的并且时效取得了它，当然是在他相信自己的妻子是自由人的情况下，我更倾向认为他得利了，当然是在婚姻开始之前他时效取得了这笔金钱的情况下。此外，我也赞同下述观点，那就是，即使（这位妇女）用这笔金钱买了某物，在这笔金钱成为嫁资之前，也是如此，以使她不占有或者不使她以诈欺的方式不占有（这笔金钱）。" D. 41.10.3（彭波尼）："倘若你错误地以为自己根据要式口约应向我交付一个奴隶，并将之交付给了我，那么倘若我知道你对我什么也不欠，则我不能时效取得该奴隶；倘若我不知情，更正确的观点是，我可以时效取得该奴隶。因为这个给付是根据我以为真实的原因而发生的，这个原因足以使我将被交付的物当作自己的物而占有。涅拉提乌斯是这样认为的。我认为他的观点是正确的。"

〔4〕 Cfr. D. 41.3.27（乌尔比安）："杰尔苏在其书的第 34 卷论述说，那种认为只要获得了对物的善意占有之人，便可将之作为自己的物而时效取得它，至于此物是否真正被购买或赠与并不重要，只要此人以为存在买卖或赠与即为已足的观点是错误的。这是因为，如果没有赠与、嫁资的设立或遗赠之发生，便不能因赠与、因嫁资的设立或因遗赠而时效取得。这样的规则也适用于诉讼标的的估价，如果没有真正的诉讼标的的估价发生，便不发生时效取得。"

四、异态取得时效

（一）时效取回（usureceptio）

在两种时效取得的异态情形中，不要求善意（bona fides）和正当原因（iusta causa）这两个要件。在古典法中，它们作为一种早期制度的残余而被保留了下来。它们是时效取回（usureceptio）和作为继承人的时效取得（usucapio pro herede）。时效取回（usureceptio）要么由于信托原因（fiduciae causa），要么由于担保拍卖原因（praediaturae causa）而发生：前者有利于作为信托人的债务人，此时他占有的物的所有权归受信托人享有，除非在与债权人的信托（cum creditore）中，在债务履行前没有从债权人那里以临时让与或租赁的名义受领此物；后者是有利于为了实物担保而将土地交给了国家，并在没有履行所担保的债务的情况下，已经将这片土地出卖，但仍然占有这片土地的人[1]。

（二）作为继承人的时效取得（usucapio pro herede）

作为继承人的时效取得（usucapio pro herede）之前提是：涉及的物确实属于遗产（hereditas）的一部分[2]，被继承人（de cuius）没有自家继承人和必要继承人（heredes sui et necessarii），时效取得人具有消极的遗嘱资格（testamenti factio）[3]，并且在他之前没有任何人占有构成遗产的物。这个制度很可能产生于古代，是僧侣法学为了保证有人继续死者的"圣事"（sacra）而创造的制度，且作为取得时效，要经过对作为整体的遗产（hereditas）占有一

---

〔1〕 Cfr. Gai. 2. 59 - 61："直到今天，在一些情形中，知情之人仍然可以时效取得别人的物。确实，某人以信托的名义通过要式买卖或拟诉弃权将一物转让给了他人，如果他自己占有该物，则他可以一年后时效取得此物。这里人们认为也包括与土地相关的物。之所以称这种时效取得为时效取回，是因为我们通过取得时效取回了我们一度拥有的东西。不过，信托关系要么是与债权人以质押的名义建立的，要么是与能够安全地保管我们的物品的朋友建立的。倘若信托关系是与朋友建立的，当然，无论什么情况下均可以时效取回（信托物）；如果是与债权人建立的，在债务得到履行后，都可以时效取回（信托物）；而倘若债务没有得到履行，只有当债务人不是从债权人那里租赁此物，或者也不是请求债权人允许他暂时占有此物之时，才能时效取回：在这种情况下可以实行得利性时效取得。与此类似，如果罗马人民将自己接受的抵押品拍卖，且所有权人占有了它，允许实行时效取回。不过，在这种情形下，对土地的时效取回期间是两年。这通常被称为地产拍卖后取回占有：确实，从罗马人民那里购买此物的人被称为拍卖物取得人。"

〔2〕 Cfr. D. 41. 5. 1（彭波尼）："对生者之财产不能因继承而时效取得，即使占有人以为该财产归死者拥有。"

〔3〕 Cfr. D. 41. 5. 4（保罗）："通说认为，具有遗嘱能力之人可以作为继承人而时效取得。"

年，方可完成；在古典法中，这种取得时效不再与上述性质的遗产（*heredi-tas*）相联系，其对象变成了遗产中单个的物，但是保留了古代制度中的 1 年期间以及不要求善意（*bona fides*）和正当原因（*iusta causa*）这些特征，所以，无论是以为存在一个"因继承"（*pro herede*）的名义之人，还是以为存在一个实际上无效的名义之人，都可以"因继承"（*pro herede*）而时效取得；不过，哈德良皇帝时期的一个元老院决议规定，真正的继承人可以通过提起要求继承之诉（*petitio hereditatis*）撤销恶意占有人从中得利的作为继承人的时效取得（*usucapio pro herede*）[1]；此外，在马可·奥列留时期，占有他人的遗产的行为构成掠夺遗产罪（*crimen expilatae hereditatis*）。在古典时期，人们已经就下述问题进行讨论，即如果真正的继承人误以为某些物属于遗产的范围，那么他是否可以时效取得它们[2]；但是它怎么也不涉及作为继承人的时效取得（*usucapio pro herede*）的问题，而是一种涉及假想名义的情形。

五、长期取得时效（*longi temporis praescriptio*）

因为时效取得是奎利蒂法上的所有权的取得方式，所以其客体不能是行省土地。对于行省土地，行省的习惯法产生了一种后来被古典后期的皇帝谕令确认的制度，即长期取得时效（*longi temporis praescriptio*），后来卡拉卡拉的谕令将该制度的适用范围扩大到了动产。长期取得时效（*longi temporis prae-*

---

〔1〕 Cfr. Gai. 2. 52 – 58："另一方面，也会发生这样的情况，即明知是他人之物而为占有之人，时效取得该物，例如，某人占有继承人尚未取得的遗产中的物：于此情形中，允许他时效取得该物，只要该物可以时效取得。这种类型的占有和时效取得被称作顶替继承人的（占有和时效取得）。在这种时效取得中，包括涉及与土地有关的物，期间是一年。之所以在这种情况下对与土地有关的物规定的也是为期一年的取得时效，是因为人们曾经认为占有遗产中的物就是占有作为整体的遗产本身，也就是说，其时效取得期间是一年。实际上，根据《十二表法》的规定，对土地的时效取得需要两年的时间，对其他物的时效取得则需一年的时间。这里，遗产被归入其他物的范围，它不是与土地相关的物，因为它连有体物都不是。虽然后来人们认为不能对作为整体的遗产时效取得，但是对于遗产中所有的物，包括与土地相关的物，也仍然适用期间为一年的时效取得。至于之所以允许如此不公正的占有，是因为古人希望遗产尽快被接受，这样就可以有人准备宗教活动，这些活动的时间性要求很强；另外，债权人也可以对之要求履行所欠自己的债务。这些占有和时效取得也被称为得利占有和得利时效取得，确实，这些情况中，占有人明知是他人之物而得利。但是今天得利时效取得不复存在。的确，根据哈德良皇帝的批准，一项元老院决议规定，可以撤销这种时效取得。因此，继承人可以要回遗产，从已经时效取得某物之人手里要回它，就好像时效取得没有发生那样。如果存在必要继承人，当然什么也不能作为继承人而时效取得。"

〔2〕 Cfr. D. 41. 5. 3（彭波尼）："多数人认为，倘若我是继承人，且将本不属于遗产的物误以为是遗产中的物，那么我仍然可以时效取得之。"

scriptio）不是取得所有权的方式，而是可以产生抗辩权的原因，可以使占有人主张对占有物享有一种权利以对抗起诉自己的人（主要是所有权人）。它要求对物的占有，且是善意（bona fides）和有正当原因（iusta causa）的占有，占有的期间因为双方当事人居住在同一座城市（inter praesentes）或者不居住在同一座城市（inter absentes）而分别达到了 10 年或者 20 年；与取得时效不同，诉讼的开始产生时效中断的效力；对时间的计算不是连续性的，因为原告由于公务原因不在（rei publicae causa）或者尚未成年之前这段时间是不计算在内的。

六、后古典时期的制度

在后古典时期，取得时效（usucapio）和长期取得时效（longi temporis praescriptio）这两种制度都被废止：根据狄奥多西二世的一个谕令，诉讼的时效期间为 30 年，如此一来，30 年的占有就实际上取得了所有权，哪怕没有正当原因（iusta causa）或者善意（bona fides）。

七、优士丁尼时期的制度

优士丁尼部分恢复了古制，且将古典时期的取得时效（usucapio）和长期取得时效（longi temporis praescriptio）这两个制度合二为一：在涉及动产的时候，这个新制度一般称之为取得时效（usucapio）；在涉及不动产的时候，则一般称之为长期取得时效（longi temporis praescriptio）（是否位于行省已不再重要）；并且，后者已经就像古典的取得时效（usucapio）制度那样，是取得所有权的一种方式[1]。此时，相对于古典时期的不可时效取得的物的种类，又增加了皇帝的物、嫁资中的物、外来特有产、遗赠的物，以及《新律》的规定，教会的不动产和慈善基金。动产的占有需要持续 3 年，不动产的占有如果是"在临近的人之间"（inter praesentes，即住在同一城市）需要 10 年，

---

〔1〕 Cfr. I. 2. 6pr.（v. C. 7. 31. 1, a. 531）："市民法曾经规定，善意地从自以为是所有权人但实际不是的人那里，通过购买、赠与或者基于其他正当原因受领某物之人，倘若是动产，无论在何处，期间是一年，倘若是不动产，以在意大利的境内为限，是两年，时效取得相应的物，以使物的所有权不处于不确定的状态。之所以如此规定，是因为古人认为这个期间足以使所有权人寻找自己的物。但是，朕作出了更好的决定，以不使所有权人过快地被人骗走属于他们的物，也不使这种恩惠局限于特定的地方。为此，朕颁布了一项谕令，其中规定，动产经过三年时效取得，取得不动产则须长期占有，临近的人之间，经过十年，不临近的人之间，经过二十年。并且，如果是事前有正当原因的占有，不论是在意大利，还是在我们治下的每片土地上，均可以这种方式取得所有权。"

"在不临近的人之间"（*inter absentes*，即不住在同一城市）需要 20 年[1]：这个时期，占有合并（*accessio possessionis*）肯定是允许的[2]；就像古典时期的长期取得时效（*longi temporis praescriptio*）制度中的规定那样，取得时效中断的原因不仅包括占有的丧失，而且包括向占有人提起的对物之诉；并且，对于未适婚人、未成年人、由于公务原因（*rei publicae causa*）不在之人，以及没有消息的人、远征的士兵，适用取得时效的中止。善意要件一直是要求的，但是涉及名义要件，《学说汇纂》中选取了古典时期的法学家们不一致的观点，因此，要想廓清优士丁尼时期的相关制度就相当困难：有些片段说必须有一个生效的名义，而有的片段又说，只要是建立在一个可原谅的错误、而非法律错误之上，那么只需要有一个假想的名义即为已足[3]。

另外，优士丁尼皇帝还承认所谓的特长取得时效制度（*praescriptio longissimi temporis*）。只要是属于交易物（*in commercio*）的物，经过 30 年的占有，就可以据此取得该物的所有权。这一制度要求善意要件，但是不要求名义要件和错误的可原谅性。

---

[1] Cfr. I. 2. 6pr.，见前一注释。

[2] Cfr. I. 2. 6. 13，见前注 23。

[3] 在最后一点上，cfr. D. 22. 6. 4（彭波尼）："对法律的不知于时效取得有用的观点被否定；相反，对事实的不知则是有利的。"D. 41. 4. 2. 15（保罗）："……不能时效取得，因为对法律的认识错误不能有利于任何人。"D. 41. 3. 31pr.（保罗）："在时效取得中，对法律的认识错误不能对占有人有利……"D. 41. 3. 32. 1.（保罗）："……对法律认识错误的人不能时效取得。"

古罗马嫁资制度研究

罗冠男* 著

一、引言

罗马法中的嫁资制度"不是一种单纯的法律制度，而是一种颇富生命力的社会制度"[1]。这一制度自古典时期出现，共和国末期兴起后，延续千年，不仅在当时的婚姻中发挥了重要的功能，发展成为罗马法中一项独立完善的制度，而且对意大利、法国等国家近现代的夫妻财产制度也产生了不可磨灭的影响。

实际上，嫁资制度可以被认为是大陆法系分别财产制的源头，妻子带来的嫁资财产，虽然由丈夫掌握和使用、收益，但与丈夫的财产始终不混同在一起，在婚姻结束时要归还妻子或者妻子的家庭。同时，嫁资可以根据"嫁资简约"设立，所以带有一定约定财产制度的性质。只是这种约定应用如此广泛，最后上升到了法定的程度。

这样的制度对后世产生了深远的影响，嫁资制度不仅在意大利民法典和法国民法典中存在了很长时间，而且对意大利民法典中法定夫妻财产制的选择产生了很大的影响。在 1975 年民法改革之前，意大利民法都坚持分别财产制作为法定夫妻财产制，即使是在 1975 年采取婚后所得共同制作为法定夫妻财产制之后，这种共同财产制仍然带有较多的分别色彩。

本文意图对罗马法中这种富有特色和生命力的制度的发展功能以及性质加以分析，来看嫁资制度对现代夫妻财产制度的影响。

---

* 北京交通大学讲师，意大利罗马第二大学法学博士。本文得到中央高校基本科研业务费专项资金资助。
[1] 〔意〕彼得罗·彭凡得：《罗马法教科书》，黄风译，中国政法大学出版社 2005 年版，第121 页。

二、嫁资制度的历史发展

古罗马的婚姻分为有夫权婚姻和无夫权婚姻。在有夫权婚姻中，妻子的财产，无论婚前所有还是婚后所得，都归丈夫所有或丈夫的家父所有。婚姻中，夫妻之间的赠与无效，离婚时妻子也不能请求返还原属自己的财产，仅能取得有限的继承权。[1]而妻子的侵权行为导致的损失，由丈夫负责。[2]所以实际上在有夫权婚姻中，妻子并没有独立的人格，其人格被丈夫的人格所吸收。相应的，其财产也被丈夫所吸收，成为丈夫的附属。

陈朝璧先生认为嫁资制度的兴起与无夫权婚姻的兴起有密切的联系。共和国末期，无夫权婚姻兴起，在这种婚姻中，夫妻的财产分别独立。妻子的财产不论婚前还是婚后所得，一律归妻子自己所有，只有当妻子主动地将管理权委托给丈夫时，丈夫才能管理妻子的财产。依此规定，妻子得以保有财产，但不负担任何家庭费用。"故妻每拥有巨资，奢侈无度，而夫则债台高筑，乏术维持，其不公允、不合理孰有甚于此者耶？为补救此弊端计，罗马法遂援用'有夫权婚姻'中'嫁资'之制，以妻方设定之嫁资，补家庭费用之不足也。"[3]但实际上，早在古典时期，在有夫权婚姻中，随着结婚由妻子带到丈夫家的一笔财产就已经是嫁资，它最初由习惯法来规范[4]，其目的是为了家庭生活，"女性要有完整的嫁资方能结婚"[5]，嫁资也一度被认为是区分合法婚姻和姘居的标志[6]。

嫁资制度经历了一个逐渐发展和成熟的过程，主要可以分为三个阶段：

王政时期：在王政时期，嫁资尚未成为一种通行的制度，主要由习惯法和法理来规范，所以在当时的成文法——"十二铜表法"中找不到任何关于嫁资的规定。[7]最早并且唯一规范嫁资法的仪式是"dotis dictio"，它要求嫁资要通过正式、严肃的协议来成立。对未婚妇女有父权的家父，或者父系的前辈，或者妇女的债务人，以及妇女自己，都可以为其设立嫁资。设立嫁资

---

〔1〕　Angela Romano, *Matrimonium Iustum*, Napoli, 1996, p. 84.

〔2〕　周枏:《罗马法原论》，商务印书馆 2004 年版，第 196 页、202 页。

〔3〕　陈朝璧:《罗马法原理》，法律出版社 2006 年版，第 126 页。

〔4〕　*Le dotis dictio* 是最早规范嫁资的习惯法。Mario Lauria, *La dote romana*, Napoli, 1938, p. 7.

〔5〕　D. 23, 3, 2

〔6〕　"由于古罗马的婚姻成立仅要求双方合意，而不要求任何形式，所以有时很难区分婚姻和姘居。" Angela Romano, *Matrimonium Iustum*, Napoli, 1996, p. 202.

〔7〕　Raffaello D'ancona, *Il concetto della dote nel diritto romano*, Roma, 1972, p. 1.

一般在订婚的同时进行，婚礼之后就不能再进行了。除了这些特定的人之外，其他人无权设立，比如未解放的妇女本人、父系但对其没有父权的家长、已解放的妇女本人、母亲都无权为妇女设立嫁资。除了特定的财产外，嫁资的标的还可以是未婚妻对未婚夫或者对第三人的债权。这时的嫁资非常有利于丈夫或者丈夫的家父，是由妻子带到丈夫家的一笔财产，使得丈夫家庭的财产增加，以保障夫妻婚后的生活。所以从实质上来说，这时的嫁资其实是一种赠与——在无夫权婚姻中，妇女或者妇女的家父对丈夫，或者丈夫的家父在结婚时做出的赠与。[1]这与后来形成的嫁资制度有着本质上的不同。"（嫁资制度）直到6世纪才形成，这时有了返还嫁资的义务，而不是使其成为丈夫的财产，永久归丈夫支配。"[2]

之后一段时期内，关于嫁资的约束慢慢放松了。嫁资可以通过任何协议成立；丈夫、妻子或者任何家外人，都可以在婚姻之前或者之后成立嫁资；不再需要"dotis dictio"这样严格和正式的形式；也不一定非要在结婚之时设立。嫁资的成立不再需要特定的仪式和专门的规则，而适用关于协议的一般规则。[3]

共和国时期：这一时期，嫁资制度进入了一个新的阶段，其标志就是出现了丈夫返还嫁资的义务。公元前230年元老Spurio Carvilio Ruga在妻子不孕的情况下与其离婚，[4]由此出现了无过错休妻。在这种情况下，妻子可以通过诉讼要回自己带来的嫁资，于是在此之后不久就出现了专门的诉讼形式"妻物之诉"。在公元前2世纪，有权提起"妻物之诉"的人包括：被离婚的妻子，合法结婚的寡妇，用自己的特有产设立嫁资的家女，或者其家父，如果家父以及死亡，就把这诉讼权赋予家女或者家父的继承人。这种诉讼主要针对丈夫或者丈夫的继承人，丈夫的家父或家父的继承人，应当给嫁资的人的继承人提起。"妻物之诉"是发展成为独立的嫁资之诉的过程中一个典型形态，已经具有嫁资之诉的雏形。但是此时的嫁资制度与帝政时期的嫁资制度仍然存在着不同。

帝国时期奥古斯都的立法：奥古斯都皇帝通过立法彻底地变革了家庭和

---

〔1〕　Mario Lauria, *La dote romana*, Napoli, 1938, p. 19.

〔2〕　Raffaello D'ancona, *Il concetto della dote nel diritto romano*, Roma, 1972, p. 1.

〔3〕　Mario Lauria, *La dote romana*, Napoli, 1938, p. 23.

〔4〕　Gellio 在 Nocres Aurices, X, 5 中记载了元老 Spurio Carvilio Ruga 在公元前235年因为妻子不育而离婚的事情，而不孕并非法定休妻的理由。

继承制度，这一变革也涉及了嫁资制度，特别是"妻物之诉"。由于当时社会上常常出现丈夫对妻子带来的嫁资管理不善，甚至任意挥霍的情形，使得通过"要式口约"约定的返还嫁资的义务落空。奥古斯都皇帝的《优利亚嫁奁法》（Lex Julia de Fundo Dotali）对丈夫对嫁资财产的权利进行了一系列的限制，以保证嫁资财产的安全。这一立法禁止丈夫转让妻子带来的嫁资土地以及土地上的附属物，否则妻子可以通过诉讼申请行为无效。[1]罗马法学家为了充分保护女方的利益，对《优利亚嫁奁法》的规定作了全面深入的解释：禁止丈夫对此项不动产作一切直接的、间接的、全部的或部分的让与。[2]这一立法还禁止丈夫解放妻子的嫁资奴隶，否则，丈夫必须在婚姻结束之前就要向妻子归还，并且存在专门的要求归还的诉讼形式。与此相应，妻子获得了对丈夫出让嫁资中土地的否决权；在丈夫滥用嫁资时，向法院申请救济，以及在正当理由下请求丈夫提前归还全部或一部分嫁资的权利。[3]

但是，返还嫁资的义务也受到妻子过错的影响：比如妻子有通奸的情形，就只能追回一半的嫁资或三分之一的财产。奥古斯在立法中都精确地划分了通过"妻物之诉"能追回的嫁资的份额：如果妻子对离婚有过错，那么能追回的财产是每个儿子六分之一，直至嫁资的一半；如果离婚是因为妻子通奸，那么就是六分之一，如果还有其他的过错，就是八分之一。[4]而且这是法定的情形，不能用嫁资简约中的约定来修改："不能就嫁资达成以下简约：对（妻子的不良）习惯不起诉她，或者（在返还嫁资时）或多或少地扣除她的财产，以避免私人简约排除公共利益之法"。[5]

随着对"妻物之诉"的变革，专门的嫁资之诉的形态开始固定下来，这也标志着嫁资制度在帝政时期的成熟。关于嫁资的设立时间、设立形式、设立人、丈夫对嫁资的权利和义务、返还嫁资的情况都通过立法和法学家的论著固定下来，嫁资发展成为一种普遍的、完整的法律制度。

任何财物、所有权、其他物权和债权都可设立为嫁资，免除某一债务也可被认为是设立嫁资。根据嫁资的设立来源，可以分为：父予嫁资（D. 23，3，5pr）和外来嫁资。一般由家父或者其他家里的长辈设立的是父予嫁资，

---

[1] Mario Lauria, *La dote romana*, Napoli, 1938, p. 45.

[2] 周枏：《罗马法原论》，商务出版社 2004 年版，第 206 页。

[3] 周枏：《罗马法原论》，商务出版社 2004 年版，第 206 页。

[4] D. 48，5，12，3；D. 24，3，15，1.

[5] D. 23，4，5pr.

比如来自于父亲和祖父的嫁资，包括他们的代理人设立，或者他们命令别人设立的嫁资（D. 23，3，5，1）；管理其事务的人设立并在事后得到其准许，或者别人想给父亲送礼物而设立的嫁资（D. 23，3，5，2）也是父予嫁资。外来嫁资就是家外人为妇女设立的嫁资（D. 23，3，5，9）。嫁资通过"嫁资简约"来设立，既可以在婚前，也可以在婚后（D. 23，4，1pr）。在简约中，当事人可以发挥意思自治，就嫁资的返还数量和期限进行约定，（D. 23，4，12，1；D. 23，4，24），甚至约定在一定情况下不返还也可以（D. 23，4，12pr），但是嫁资简约的内容要受到法律的一些限制，比如不能约定在任何情况下都不返还嫁资（D. 23，4，12，1），或者不能约定在法定的期限届满之后返还嫁资（D. 23，4，16）等。丈夫在婚姻存续期间对嫁资财产有管理、收益的权利，但是要尽到勤谨的义务。而成为嫁资的田宅因为是不动产，对妇女的家庭有更加重要的意义，所以丈夫对嫁资田宅的处理要受到更多的限制，比如不得转让（D. 23，5，4；D. 23，5，13，2），不能在其上设立新的役权（D. 23，5，5）等。

三、嫁资的功能和特点

嫁资之所以在当时的社会如此重要，是因为嫁资在合法的婚姻和婚后的家庭生活中有着重要的功能。"女性要有完整的嫁资方能结婚，保护嫁资是符合国家利益的。"[1]

首先，嫁资是婚姻成立的标志。随着嫁资逐渐成为一项法定的制度，结婚必须要有嫁资。由于罗马法不要求婚姻有特殊的仪式，只需要双方具有"婚意"即可，有无嫁资也成为区分合法婚姻和姘居的标志。[2]嫁资以婚姻为前提[3]，在婚姻结束的时候，嫁资可以请求返还："法律通过返还他设立的嫁资来帮助一个失去女儿的父亲，不让他既失去女儿又失去钱财。"[4]

其次，嫁资是女性分享父家的财产的重要形式。古罗马社会是一个男权和父系的社会。家父权作为一个家庭的核心，掌握着家庭的全部财产，即使是成年的儿子，只要没有脱离父权，都无权获得自己的财产。但是随着家父

---

〔1〕 D. 23，3，2.

〔2〕 G. F. Gabba, *La condizione giuridica della donna*, Torino, 1881, p440.

〔3〕 D. 23，3，3；D. 23，3，21.

〔4〕 D. 23，3，6pr.

的死亡或者失去家父身份,家子有可能升级为家父并且参与继承。但是妇女的地位低下,决定了妇女无法参与自己家庭的继承,无法分享其财产。所以,无论是古德提出的嫁妆是父母死亡之前的一种财产继承形式,还是作为财产再分配的方式,在丈夫的家庭和妻子的家庭之间转移财产,[1]实际上都实现了女性分享自己家庭财产的功能,在一定程度上弥补了女性不能参与自己家庭继承的缺憾,在一定意义上反映了罗马法中的公平思想。[2]

再次,嫁资的目的是为了承担婚姻的负担,在婚后维持家庭生活和收益。哪里有婚姻的重荷,哪里就有嫁资。[3]艾丽斯·斯赫莱格尔认为家庭能够用女儿的嫁妆来增加她们的幸福。[4]嫁资在婚姻存续期间由丈夫支配和收益,用于家庭生活,但是嫁资始终和丈夫自己的财产不混同在一起。也就是说,嫁资是为了整个家庭的利益,一旦婚姻破裂或妻子死亡,也就是这个家庭不复存在,嫁资就要被返还,充分表明了嫁资负担家庭生活的目的。

丈夫接受并管理嫁资,嫁资的孳息归丈夫所有,正如乌尔比安所说:"出于公平,嫁资的孳息应当归丈夫所有,因为他承担了婚姻的负担,他接受嫁资孳息才是公平的。"[5]虽然嫁资被认为是丈夫财产的一部分,"但是嫁资的目的是承担婚姻的负担,……嫁资是为了整个家庭的利益。"[6]因此,丈夫要对嫁资的损失承担责任,法律要求丈夫"必须像管理己物一样尽到勤谨注意"。丈夫对嫁资财物负有限的责任:只在有欺诈或者具体过失的情况下才对嫁资的毁损负责。[7]

最后,嫁资也具有保障已婚妇女的生活和妇女家庭的财产安全。由于古罗马妇女没有独立的经济地位,其出嫁意味着对其生活的负担从家父的家庭转移到了丈夫的家庭,她带来的嫁资就是对其生活的保障。伊斯特·博塞若

---

〔1〕 刁统菊:"婚嫁与聘礼:一个学术史的简单回顾",载《山东大学学报(哲学社会科学版)》2007 年第 2 期。

〔2〕 谭桂珍:"罗马嫁资制度及对我国婚姻财产立法的启示",载《湘潭大学学报(哲学社会科学版)》2006 年第 7 期。

〔3〕 [意]桑德罗·斯奇巴尼选编:《婚姻、家庭和遗产继承》,费安玲译,中国政法大学出版社 2001 年版,第 79 页。

〔4〕 刁统菊:"婚嫁与聘礼:一个学术史的简单回顾",载《山东大学学报(哲学社会科学版)》2007 年第 2 期。

〔5〕 D. 23,3,7pr.

〔6〕 Raffaello D'ancona, *Il concetto della dote nel diritto romano*, Roma, 1972, p. 90.

〔7〕 D. 23,3,17pr.

普（Ester Boserup）把嫁妆看作是一种女人为了确保她及其子女在他们自己对生存的贡献相当小的环境下为未来生计所做的偿付，而弗里德曼认为人们赠与女儿嫁妆，不是因为女儿有经济要求，而是为了保持或提升家庭的社会地位。[1]

另外，嫁资的返还可以用来保障妇女家庭财产安全，保障妇女在婚姻结束后的生活。虽然嫁资的目的是为了家庭生活，但是一旦婚姻结束，或者妇女死亡，嫁资要返还。"法律通过返还他设立的嫁资来帮助一个失去女儿的父亲，不让他既失去女儿又失去钱财。"[2]在妇女离婚后，或者丈夫死亡导致婚姻结束的情况下，嫁资的返还是用来保障妇女今后的生活。弥补被丈夫抛弃或者因为丈夫死亡而成为寡妇的妇女的生活。

通过对古罗马嫁资制度的历史发展以及功能的分析，我们可以看到古罗马嫁资制度具有一些独特的特点。

从嫁资的标的上说，其包括广泛意义上的财产，可以是财产，也可以是权利。财产方面，可以是动产或者不动产，包括奴隶；权利方面，除所有权之外的用益物权，以及债权，都可以成为嫁资设定的标的。

从嫁资的本质上看，嫁资制度是一种分别财产制。首先嫁资的成立以婚姻为前提，如果婚姻没能成立，嫁资就不能成立。随着无夫权婚姻的兴起，嫁资由妻子带到丈夫家中，丈夫由此获得了对嫁资财产的使用、管理、收益的权利，获得嫁资的孳息，丈夫家庭的财产由此增加。但是嫁资财产始终不混同于丈夫家的财产，"尽管嫁资在丈夫财产中，但是它是属于妻子的"。[3]一旦出现离婚、丈夫死亡或者妻子死亡的情形，妻子或者妻子的家父可以请求返还嫁资财产，并且有专门的诉讼形式来保证嫁资财产的返还，这种返还的请求权优先于丈夫的其他债权人。所以，嫁资财产实际上是处于丈夫管理之下的妻子的财产。为了防止丈夫对嫁资财产权利的滥用，以至于返还嫁资时无法实现，也对丈夫的权利进行了多方面的限制，丈夫在管理嫁资财产的过程中要尽到勤谨注意的义务，如果嫁资面临丧失、损坏或任何形式的贬值危险，妻子在存续期间也可以要求返还；未经妻子同意禁止抵押转让嫁资土

---

〔1〕 刁统菊："婚嫁与聘礼：一个学术史的简单回顾"，载《山东大学学报（哲学社会科学版）》2007 年第 2 期。

〔2〕 D. 23，3，6pr.

〔3〕 ［意］彼得罗·彭凡得：《罗马法教科书》，黄风译，中国政法大学出版社 2005 年版，第122 页。

地，妻子也拥有对丈夫此类行为请求宣告无效的权利。

四、独立的嫁资之诉

最初，"人们设立嫁资是希望它永远受丈夫支配"[1]。所以，一开始嫁资返还对罗马的嫁资制度来说是陌生的，也没有在法律上保护已婚妇女地位的必要。[2]但后来由于离婚变得频繁，嫁资的设立者就和丈夫以要式口约的形式达成私人协议，丈夫要保证在离婚情况下归还嫁资。所以嫁资返还的诉讼出现的时间远远地晚于嫁资的出现。这种独立的诉讼形式标志着嫁资制度的成熟和完善，其发展也经历了一个长期的过程中。

在返还嫁资的诉讼发展的过程中，最值得注意的就是在共和国末期出现的"妻物之诉"，这是一种要求返还嫁资的独立的诉讼形式。"随着这种诉讼的出现，以维持婚姻生活为目的的古典嫁资制度才真正开始。"[3]这种诉讼的诉权专属于家父，不能传给妻子的继承人，也不能像其他的财产性质的诉权一样转让，这都说明它具有家庭诉讼的性质。

一开始，在婚姻存续期间，嫁资是不能被请求返还的。[4]但在离婚或妻子死亡时可以请求返还："法律通过返还他设立的嫁资来帮助一个失去女儿的父亲，不让他既失去女儿又失去钱财。"在婚姻解除，包括离婚和妻子死亡的情形下，要求退还嫁资的诉讼有两种，即"要式口约之诉"（actio ex stipula-tu）和"妻物之诉"（action rei uxoriae）。"要式口约之诉"并非独立的嫁资之诉，它依据嫁资设立人与丈夫达成的要式口约提起诉讼，要求丈夫在特定情况下归还嫁资，诉权可以传给债权人的继承人；而"妻物之诉"是源于裁判官法，是专门的嫁资之诉。婚姻因为离婚而结束，是"妻物之诉"产生的最主要原因。

在离婚时诉权归妇女，如果妇女不是自权人，就归妇女的家父，还可以传给她的继承人；但缺陷是，如果妻子死亡，诉权并不传给她的继承人，并且只有父亲才能对自己设立的嫁资提起诉讼。优士丁尼在公元530年的谕令

---

〔1〕　D. 23, 3, 1.

〔2〕　直到公元6世纪，都没有嫁资之诉，也没有建立这种诉讼的必要。但是从那时起，丈夫们开始滥用他们一直拥有的离婚的权利。

〔3〕　[意]彼得罗·彭凡得：《罗马法教科书》，黄风译，中国政法大学出版社2005年版，第120页。

〔4〕　Raffaello D'ancona, *Il concetto della dote nel diritto romano*, Roma, 1972, p. 129.

中废除了"妻物之诉",允许妇女或她的继承人提起唯一的嫁资诉讼。独立的嫁资之诉标志着嫁资制度的成熟。

后来"妻物之诉"又可以扩展适用于丈夫死亡导致婚姻结束的情形,此时它虽然来源于裁判官法,但具有的是"市民法"诉讼的性质。[1]"妻物之诉"可以适用于丈夫死亡导致婚姻结束的情况,并不影响丈夫可以通过遗嘱将自己财产的一部分,包括接受的嫁资财产遗赠给自己的妻子。如果留给妻子的遗赠足以保证寡妇的地位,则不能提起"妻物之诉",也不能放弃遗赠,因为这一诉讼的目的就在于弥补对妻子的供养不足,而并非是要违背丈夫的最后意愿。也就是说,妻子要求返还嫁资的权利,这一权利也不会被丈夫的最后意愿所排除。[2]寡妇如果得不到丈夫的遗赠,就有法律对其进行保障。在这种情况下,"妻物之诉"的作用是可选择和补充的。寡妇有选择遗赠或者"妻物之诉"的权利。能够提起"妻物之诉"的人有:离婚的妻子,自权人的寡妇,或者嫁资作为其特有产的家女,或者其家父。如果妻子死亡,只有家父可以对父予嫁资提起诉讼。

关于嫁资的诉讼形式的发展实际上贯穿了嫁资制度发展的始终。最后,独立的嫁资之诉标志着嫁资制度的成熟。

五、结论:分别财产制的根源

从本质上来说,嫁资制度其实是一种夫妻之间的分别财产制。嫁资虽然在婚姻存续期间管理权归丈夫,但是始终不混同到丈夫的财产之中,丈夫在管理和收益的过程中,要尽到勤谨义务。在婚姻解体的情况下要返还。这种财产制度通过嫁资简约等形式确立,所以也带有约定财产制的色彩,但是这种约定财产制的应用如此普遍,最后上升为法定的制度。所以,嫁资制度同时具有分别财产制和约定财产制的色彩。

嫁资制度的存在和发展是为了实现古罗马法中夫妻双方的财产权利上的相对公平,妻子带来的嫁资由丈夫进行管理,但是丈夫要对其损害承担责任。嫁资用于承担妻子的生活,一旦婚姻破裂或者妻子死亡,妻子或者妻子的父亲有权索回嫁资,并且存在索回嫁资的专门诉讼形式。所以,从本质上来说,嫁资制度是一种夫妻之间的分别财产制。古罗马的嫁资制度作为一项非常有

---

〔1〕 Raffaello D'ancona, *Il concetto della dote nel diritto romano*, Roma, 1972, p. 70.

〔2〕 Raffaello D'ancona, *Il concetto della dote nel diritto romano*, Roma, 1972, p. 71.

特色的制度，反映了罗马法中的夫妻分别财产制传统。

嫁资制度不仅在当时成为重要的法律制度，而且成为后世意大利分别财产制的源头。罗马法中既有共同财产制传统，也有分别财产制传统。其中嫁资制度设计完备，不仅曾为意大利沿用，甚至曾为近代其他国家立法所继受。法国民法典就曾将嫁资制度作为契约财产制的一种详加规定。"但是，由于不动产嫁资具有绝对不可转让的性质，有碍交易及其安全，1965 年法国修改民法典时，以嫁资制不适合实际需要为由予以废除。"[1]

拿破仑在征服意大利半岛时，也带来了他的拿破仑民法典。法典中强调"夫权"，不仅实行夫妻共同财产制，而且由丈夫单独管理除了妻子的保留财产之外的共同财产。在 1865 年意大利统一民法典之前，"拿破仑民法典"对意大利产生了很大的影响，包括其中的家庭法。意大利学者在谈到意大利民法统一之前的意大利家庭制度时说："家庭，是制度中重要的一部分，其特点是重新适应社会基础的拿破仑式制度和对宗教婚姻的重建"[2]。事实上，在 1865 年的意大利民法典的家庭法部分中，父权的残留还有很大的空间，家庭是一个"封闭的组织，由父权为核心的宗亲关系统治，在财产上的特点是家父为了家庭利益完全自由支配家庭财产"[3]，子女和妻子对家庭财产没有相应的权利。但是，在 1865 年意大利统一民法典的时候，尽管其婚姻家庭部分保留了很多法国民法典的影响[4]，在夫妻财产制度上却意外坚定地维持了分别财产制的传统。1942 年意大利民法典是意大利历史上第二部民法典，这部民法典在很多方面比 1865 年民法典更具现代特色，但它却仍然受到法国民法典的强大影响，坚持分别财产制为法定财产制度，嫁资制度仍然存在。意大利成为"1975 年之前……法国法系各国中唯一采用分别财产制的国家"。[5]意大利在很长时间内坚持分别财产制作为法定财产制，与罗马法中的嫁资制度——实际上是一种分别财产制度的影响分不开："嫁资制度如此深入人心，以至于人们认为夫妻分别财产制是那么自然的事情，甚至可以不考虑家庭是

---

〔1〕 林秀雄：《夫妻财产制之研究》，中国政法大学出版社 2001 年版，第 125 页。

〔2〕 Paolo Passaniti, *Diritto di famiglia e ordine sociale*, Milano, 2011, p. 156.

〔3〕 Andrea Romano, *Famiglia, successioni e patrimonio familiare nell'Italia medievale e moderna*, Torino, 1994, p. 11.

〔4〕 比如，在配偶的权利和义务上，严格保持了拿破仑民法典的传统，只做了少许的完善。Paolo Passaniti, *Diritto di famiglia e ordine sociale*, Milano, 2011, p. 216.

〔5〕 林秀雄：《夫妻财产制之研究》，中国政法大学出版社 2001 年版，第 124 页。

共同体的想法"。[1]

嫁资制度在意大利实行了上千年，"但随着时代之变迁，嫁资财产之不可转让性，已无法适应交易频繁之现代社会"[2]。另一方面，女性的法律地位逐渐被社会认识和肯定，"女性是家庭的天使"[3]，"我们要取消男性优越性的想法，我们根本没有这种优越性"[4]。甚至在宗教理论上，也开始强调男女平等："在上帝和天父面前，没有男人和女人之分，只有人，不论性别的人的本质，才正是区分人性和动物秩序的关键"。[5]1975年，意大利进行民法改革。在新的民法典中，正式废除了嫁资制度，法定财产制由分别财产制改为共同财产制。

但是与一般夫妻共同管理共同财产的规定不同，意大利新法规定在法定的共同财产制下，夫妻可以各自分别管理共同财产，只有重要的管理行为需要双方配偶共同作出；夫妻双方就管理行为无法达成一致，可以请求法律判决。由此可见，尽管意大利废除了分别财产制而采用了共同财产制为法定夫妻财产制，"但在共同财产之管理上，仍然保留着分别财产制之色彩"。[6]

可见，1865年和1942年的意大利民法典尽管受到拿破仑法典的很大影响，但在法定夫妻财产制度上却仍然坚持分别财产制，与罗马嫁资制度的传统影响分不开。1975年意大利民法改革之后，法定夫妻财产制由分别财产制改为共同财产制，但在共同财产的管理上，仍然保有更多分别财产制的色彩。这种分别财产制的根源，就可以回溯到罗马法中的嫁资制度。

---

〔1〕 Pietro Torelli, *Lezioni di storia del diritto italiano*, Diritto Privato, La famiglia, Milano, 1947, p. 79.

〔2〕 林秀雄：《夫妻财产制之研究》，中国政法大学出版社2001年版，第125页。

〔3〕 Giuseppe Mazzini, *Dei doveri dell'uomo*（1860），Milano，2010，p. 75.

〔4〕 Giuseppe Mazzini, *Dei doveri dell'uomo*（1860），Milano，2010，p. 77.

〔5〕 Giuseppe Mazzini, *Dei doveri dell'uomo*（1860），Milano，2010，p. 78.

〔6〕 林秀雄：《夫妻财产制之研究》，中国政法大学出版社2001年版，第125页。

意大利的行政复议制度

【意】Danilo Pappano[*]　著

罗智敏^{**}　译

一、前言

意大利理论上一般区分行政机关的裁决与行政机关之外的裁决。

"行政机关之外的裁决"指的是"司法诉讼",即一个享有受保护利益的主体向法官提出撤销违法侵害行政行为的请求。

"行政机关的裁决"指的是"行政复议",即自己的利益受到行政处理侵害的主体可以向作出该行为的行政机关本身或法律规定的其他行政机关提出撤销、修改或者变更行政行为的请求(所谓的行政途径的救济)。

因此区别就在于它们是不同的法律救济方式,通常在所有法律制度中都设立了这种法律保护制度,即向公民提供的针对公共行政机关(以及法律规定相当于行政机关的私人)的行为或其表现的法律救济,一般被表述为"行政司法"。

司法诉讼因其与争议中的利益具有独立与中立的地位,因此是公民针对公共行政机关行为的最重要的保护形式。

因国家不同保护方式也有所不同。

一些国家尤其是普通法国家司法秩序的统一原则非常重要,因此与一个公共行政机关有关的争议如同私人之间的争议一样,属于民事法官(或普通法官)的职权;但一般在民事法院中有涉及行政事务的特别部门(例如西班牙)。在其他国家中(尤其是大陆法国家),比如意大利或法国,与一个行使

---

*　意大利卡布利亚大学行政法教授。

**　中国政法大学法学院教授。

行政权的公共行政机关有关的争议属于行政法官的职权，行政法官与普通法官不同。因此，在意大利"行政司法"实施的是"双重管辖"制度，规定了两种司法秩序：普通管辖权与行政管辖权。

在所有法律制度中，在司法救济之外还规定了非司法的救济手段，构成所谓的行政途径的保护。

行政途径保护的特征在于针对利害关系人的申请由该行政机关通过行政程序进行，在普通法官或行政法官的干预之外。

意大利目前行政司法制度的起源可以追溯到 1800 年末，那一年设立了行政法官。意大利"行政司法"制度实际上是判例及法律规范漫长而艰难发展的结果，在 1948 年宪法之后进一步得到巩固；行政法官的判例逐渐阐释了行政权合法行使的规则，例如行政处理说明理由的义务，最初就是通过判例确定后来在一部法律中加以承认的。其他约束行政权力的很多概念都是如此（例如私人请求行政机关在规定期间内作出决定、具有利害关系的私人参与决定的权利、获得行政文件及查阅的权利等）。

在这里不能考虑到行政权"合法性"的全部发展进程，这被更谨慎的理论认为是行政法学存在的原因（G. Rossi）。[1]

本文研究范围有限，仅涉及对意大利行政复议的基本特征进行分析。

二、行政复议的一般特征

在意大利，行政复议出现于在行政法官之前，是"行政机关裁决"的一种方式。

从绝对国家时期开始，行政复议代表了对公民提供保护的最初方式，除非君主的恩惠或者根据其官员的决定外，公民不能获得救济。

然而很明显，在对主观法律地位进行保护中行政复议的角色总是微不足道的，随着法治国的确立，司法保护逐渐发展起来。

此外，行政复议并没有规定在意大利宪法中，在欧洲其他国家也是如此。

在意大利，目前行政复议规定在 1971 年 11 月 24 日第 1199 号共和国总统令中，它是行政复议的基本规范，并由部门的特别法加以补充。

宪法没有规定行政复议对公民的权利与利益的保护，这对公民权益进行

---

〔1〕 参见 G. Rossi, *Principi di diritto Amministrativo*, Torino, 2010（已译成中文并即将在中国出版）。

保护的制度并没有影响，因为通过向法官的诉讼公民可以获得更为宽泛的保护，法官针对双方当事人及具体利益而言是局外人，与此相关的司法裁决更能保证公正性。

与行政复议相比，公民更愿意选择司法诉讼作为保护工具，因为在行政复议中行政机关不是中立的，并不处于争议之外。

行政复议职能之一当然具有公正裁决的目的，也就是消除对申诉人利益的损害，尽管如此，如今行政复议最主要的职能是在一个争议到达法官之前行政机关可以重新审查自己的决定、纠正可能存在的错误。[1]因此，行政复议有助于公共行政机关的良好行政与效率，并且是裁决的一种经济性手段，旨在通过行政途径实现对争议的调解，在司法诉讼之前向行政机关提供一个对其行为进行更为慎重与权威性审查的可能。[2]

尽管西方国家对行政复议与司法诉讼之间的关系规定有所不同，但是西方制度的发展有一个共同之处，就是通过行政途径的保护已经成为司法保护的一种补充与辅助，而不是一种二者择一或者替代性的角色。

然而，是否在提起司法诉讼之前必须要经过行政复议或者不需要先通过行政途径进行申诉就可以直接起诉，这在各个国家规定有所不同。在一些需要尽可能避免诉讼的国家中行政复议是强制性的，因此它是诉讼的前置条件。

德国就有一个基本规范。

在法国，没有这种意义上的基本规范，而是由法律来确定具体情况。然而司法界显示出尽量扩大行政复议前置范围的倾向，即使在法律并没有明确规定行政复议是强制性的情形也是如此。

在其他国家，行政复议对于私人是可选择的，可以不经行政复议直接向司法机关提起诉讼。

在意大利，从1971年起穷尽行政机关内部的救济就不再是向行政法官起诉的一个必要条件了，因为针对任何一个行政行为都可以直接向行政法官起诉，无需事先向行政机关进行申诉。

---

〔1〕　A. M. Sandulli, Manuale di diritto amministrativo, Milano, 1984, p. 1205.

〔2〕　这是理论界在提到行政复议时所强调的一个方面。20世纪中期最为著名的意大利行政法学家之一 M. S. Giannini 认为："行政复议不再是行政司法的一个制度（在行政审判设立之前是这样的），如今已经成为纳入到良好行政原则与利害关系人参与行为原则框架中的一个制度"。参见 M. S. Giannini, *Discorso generale sulla giustizia amministrativa*, in Riv. Dir. Process, 1946, 93 ss.

三、行政复议的不同类型

（一）正常行政复议（常规级别复议、异议申诉、非常规级别复议）

与司法诉讼一样，行政复议只能由享有具体利益的人提起，也就是其合法保护的利益（不是一个纯粹事实利益）受到一个行政行为的侵害，撤销或变更该行为，申请人会获得某些具体好处。

在意大利，行政复议有：级别复议、异议申诉、非常规级别复议、向总统的非常复议。

当一个机关有一个上级机关时，就会有级别复议。它是一种一般性的申诉类型，也就是说适用所有存在上级的情形，即使没有特别法律规定。

异议申诉是由作出侵害决定的行政机关本身实施的救济手段，要求行政机关重新审查自己以前作出的决定。这是一种特别的救济手段，也就是说只适用于法律明确作出规定的情形。承认它是一般性的救济手段可能是一种不太合适的选择，因为作出行为的当局不再适合公正地裁决自己以前的行为。立法者规定了一些与技术确认有关行为的情形，在这些情形中错误很容易会被利害关系主体或者行政机关本身发现，在提起诉讼之前进行改正。[1]

当作出损害行为的机关与作出复议决定的机关之间不存在级别关系时，适用非常规行政复议这种救济。复议决定机关可能属于与作出被申诉决定的机关完全不同的行政机关。非常规行政复议（这样称呼是为了区别级别复议）也是一种特别的救济手段，只有法律明确规定才能适用，由有权机关作出决定，因为只有法律才能规定干预不同行政机关的权力。[2]

上述三种复议都属于正常行政复议，针对的都是"终局行为"。

终局行政行为与非终局行政行为的区别与一项规则有关（这项规则有效至1971年），也就是只有针对一个"终局"的行政行为才能向法官起诉。实际上，人们认为一个没有上级的机关作出的行为就是终局性的，为此它的决

---

〔1〕 1978年8月9日第463号法律第2款规定了异议申诉的情形，涉及对幼儿园、小学、中学及艺术学校教师替补职位的临时排名，针对排名的职位不服应该从公布临时排名之日起的5日内向教育主管部门提起复议；1957年1月10日统一条例第55条，因职位调整关于职员的年龄问题可以向部长提起复议。

〔2〕 非常规行政复议的例子，比如没有支付社会保障与保险费的复议（2004年4月23日第124号法令），针对支付命令向劳动部的一个专门机关提起，也就是大区劳动委员会，由大区劳动主任以及INPS（负责社会保障的公共团体）及INAIL（负责工伤强制性保险的公共团体）的代表组成。

定就代表了行政机关的最终意志。只有通过复议的形式向上级申诉，通过上级决定，行政机关的意志可以说是终局的，才可能向法官起诉。

然而当不存在级别关系时，为了能向法官起诉，非终局性导致必须通过法律特别规定的行政复议来申诉这个行政行为（向行为机关本身提起异议申诉或者非常规行政复议，也就是根据法律规定向有权机关提起并由它作出决定）。

在1971年，规定了非终局行政行为可诉性的规则（也就是没有进行行政复议），这使得行政复议成为可选择性的，减少了行政行为终局性概念在实践中的重要性。尽管如此，这个概念在确定一个行政行为是否可以通过行政复议进行申诉的时候仍然是有意义的。

如果一个私人决定通过一个正常行政复议申诉，他也可以向法院起诉这个行为，这样行政复议就成为不可进行的了。

向共和国总统提起的非常行政复议就完全不同了，这种救济方式源自于历史上国王进行干预的权力，目的是解决公民向他提出的问题，处于任何行政与司法秩序之外。

被称为"非常的"行政复议是为了区别前面的行政复议类型，因为针对的是最初为终局的行政行为或者在进行正常行政复议之后成为终局的行政行为。

此外，它与向法院起诉是二者择一的救济方式，如果私人选择了向总统提起非常行政复议，他就不能再向法院提起诉讼。

因此向共和国总统提起行政复议具有特殊性，与其他的复议方式相区别。尽管如此，它仍然属于行政复议，只是因为它的特殊性要遵守一些不同的规则。

（二）正常行政复议适用的法律规范、程序与决定

行政复议是一种一般性的救济方式，只要作出行政行为的机关有一个上级机关就可以适用，即使法律没有在特别情况下作出明确规定。1934年3月3日第383号总统令（市镇与省法）第5款规定"除非法律有不同规定，针对下一级管理活动的行为允许向上级机关进行级别复议"。该条规定被认为具有一般性意义，它表达了一项原则，即只要一个主体有上级，针对它作出的决定就允许进行级别复议。最初，复议被认为要经过所有的上级，随后该制度被简化，允许在一次申请中进行级别复议（1971年总统令第1条），因此即使有很多上级，复议申请只提出一次，经过第一次复议申请的行政行为就

是终局的。

现行级别复议规定在 1971 年第 1199 号总统令中，它是正常行政复议的一般性规范，如果没有法律作出特别规定，也适用异议申诉与非常规复议。

复议申请应该在被通知或者知道行为之日起 30 日之内提起（第 1 条）。此外，法院认为如果行政行为中没有指出向哪个当局提起行政复议，当事人将复议申请递交到了其他行政机关，这是可以原谅的错误。

与司法诉讼及非常复议不同，申请人没有义务将申请通知给其他相反利益关系主体（与申请人具有相反利益的主体，有可能因为复议的受理而受到损害）。尽管如此，规定复议机关有义务向相反利益主体送达一份申请副本以便他们提交书面证据与材料（第 4 条）。

法律没有规定调查方式的内容，但是一般性地规定了行政机关为了作出决定可以使用所有查证方式。因此只要与复议中出现的问题相一致，行政机关就可以使用任何一种适合的调查方式。然而不包括会对宪法保障的权利产生影响的调查方式，比如搜查住宅与对个人的检查（因为在意大利只有司法当局才可以使用）。

除非法律有明确规定，申请复议并不停止被申请的行政行为的执行；尽管如此，作出行为的当局可以因当事人申请或依职权停止被申请行为的执行。

复议申请应该在提起申请之日的 90 日内作出决定并通知申请人。

如果收到复议申请的行政机关不作出决定会怎么样呢？

在过去，当适用提起司法诉讼之前必须复议前置的规则时，如果行政机关不作出复议决定就有阻碍司法保护的危险，因此创设了这样一种模式，在提交复议申请 90 日之后当局没有作出决定并通知申请人，那么复议申请意味着被拒绝，针对原来的行政行为可以直接提起司法诉讼或者向总统提起非常复议（1971 年第 1199 号总统令第 6 条；所谓的沉默——拒绝）。现在通过取消了行政复议前置的规定，这个问题已经得到解决。

总之，在行政复议与行政诉讼的关系中，行政诉讼占优势地位。如果私人向法官起诉，无需进行正常的行政复议。如果在申请正常行政复议之后又提起行政诉讼，行政复议不可再进行，争议继续在法官面前进行。如果已经提起正常行政复议，一个相反利益人提起了行政诉讼，行政机关应该通知复议申请人，在这种情况下，争议也继续在法官面前进行。

行政复议决定可以维持以前的行政行为，也可以接受复议请求，撤销、修改或者变更被申请的行政行为。行政复议决定可以在法院被诉，因为正常的行政复议并不是司法保护二择一的救济工具。

（三）向总统提起的非常行政复议

以前向总统提起非常行政复议遵守与其他行政复议不同的规范。这规定在 1971 年第 1199 号总统令。如前所述，向总统提起的非常行政复议与司法诉讼是二择一的救济方式，也就是说允许私人进行选择，或者选择司法救济，或者求助于行政当局。

利害关系人向法院提起诉讼就不能再申请非常的行政复议，同样申请非常行政复议就不允许再提起司法诉讼。

然而当因行政行为涉及不同的利害关系人时，他们作出不同的选择，二者择一是有利于司法诉讼的，也就是由宪法确认的司法保护具有优先地位。

实际上，即使当私人提起非常行政复议并且丧失了向法院起诉的权利时，也有可能出现接到复议通知的相反利益人通过向复议申请人及作出行政行为的当局提出异议而提起司法诉讼的情况，该争议由法院作出决定。在这种情况下，诉讼在有权行政法官面前按照行政诉讼程序规则继续进行（1971 年第 1199 号总统令第 10 条）。通过与复议申请人不同的主体提出的异议行为，可以决定将争议移交到法院，法院除了可以进行二级审理之外，还更能够保障辩论与防卫权。

如果相反利益人不通过异议行为将争议转移给法院，也就是接受行政复议人的选择，争议就由行政机关作出决定，如果不在也可以允许申请的范围内，非常行政复议决定不能被诉至法院。如果相反利益人没有收到复议通知，或者没有在复议中进行防卫，或没有行使异议权，那他可以毫无限制的提起司法诉讼。

与其他行政复议不同，向总统申请的非常行政复议像司法诉讼一样只对行政行为的合法性进行审查，不涉及合理性。

申请人可以不通过律师直接提起非常行政复议，几年前还没有规定缴纳复议费，如今，提起非常行政复议也必须缴纳复议费（所谓的统一费）。

此外，这个制度的发展逐渐取消了国家首脑实质性的决定作用。因为非常行政复议实质上是国家理事会作出决定，在意大利它是行政司法官的最高机关。

提起非常行政复议的期限比级别复议与司法诉讼的期限更长，可以在知道侵害行政行为之日起的 120 日之内提起。

在上述 120 日之内，形式上递交到总统的复议申请应该至少通知一个相反利益人，并且将已经通知的证据与复议申请一起直接递交到有权部委，或递交到作出行为的当局，该当局将自己的结论一起转交到有权部委。

相反利益人在 60 日之内向有权部委递交申请以了解行政当局结论及文件的情况，在随后的 120 日之内结束调查，部委应该将证据移交给国家理事会，国家理事会对问题提出意见。如果国家理事会发现调查不完整，可以进行调查审查，要求部委进行解释，并命令出示文件，允许递交新的证据。

国家理事会的意见随后由总统决定接受，结束程序。

直到几年前，国家理事会的意见是强制性的但不具有约束力。也就是必须要询问国家理事会，但是如果内阁（也就是政府）作出不一致的决定，最终决定有可能与国家理事会的意见不同。

几年前开始，新的行政诉讼法典（2010 年第 104 号法令）及以前 2009 年第 69 号法律作出了一些关于行政复议的新规定，包括不能与国家理事会的意见不同，也就是国家理事会意见具有约束力，只能被总统接受，这表明如今它的意见成为复议的决定。

这样就特别强调了相对于争议中作出决定主体的利益而言的中立性，也就是保证决定的公正性。

该法令确定，如同每一个可诉的行政行为一样，针对非常行政复议可以向大区行政法院提起诉讼（大区行政法院行政法法官是一审法官）；然而是不允许针对行政决定已经确定的争议提起诉讼；诉讼仅限于针对形式瑕疵与程序瑕疵（例如通知瑕疵及其他程序错误），不包括决定的内容。

限制有两个原因。首先，如果允许针对所有方面起诉的话（包括审理的错误），那就会使非常行政复议与司法诉讼之间的二择一原则毫无意义。其次，既然非常行政复议实质上是由国家理事会作出决定，在意大利它是行政上诉法院，就要避免针对同一问题作出两次决定，第一次是咨询性的，第二次是针对以上行政法官作出判决的上诉。

然而总是允许提起撤销之诉（民事诉讼法典第 395 条），在意大利它是一种可以提起的申诉方式（包括针对已决案的判决），这发生在一些特别情况下，比如虚假证据，发现了新的证据等。

四、不可诉的行政复议

上述所说的行政复议是针对一个公共行政机关侵害私人的行为，因此是可诉的行政复议。

　　理论界也指出另外一种不可诉的行政复议，也就是通过复议对抗的不是一个公共行政机关的行为，人们向该行政机关求助以求对通常属于私人之间的争议进行调解。

　　与前述复议不同，它可以纳入到"调解"的类型。这是一种将争议的解决转给第三方主体的方式，这些主体通常有不同的名称（市民保护人、调解员、仲裁员等等），与前面分析的审查行政行为的传统形式有所不同。

　　这些方式缩写为 R. A. C（替代性纠纷解决）或在英语缩写是 A. D. R. (*Alternative dispute resolution*)，法律有时规定是选择性的有时规定是强制性的，在某些情况下代替司法保护。

　　一种行政调解的形式（也就是在一个行政机关面前进行）规定在 1993 年 12 月 29 日的第 580 号法律中，该法规定了商会有权"推动设立仲裁与调解委员会以解决企业与消费者、使用者之间的争议"。列入一个特殊名单中的消费者协会可以向商会申请开始调解程序，以解决用户与消费者之间的争议。

　　在这些形式之外，还有一些规定由独立行政局解决的方式。在最近一些年，在意大利推广了一种盎格鲁萨克森国家盛行的新的行政模式，即所谓的独立行政局。与传统的行政机关不同，它独立于政府，其设立是为了保证一些具有高度技术性规范的特殊领域的公正性，例如电与煤气能源、电子通讯、竞争保护等领域。设立"独立行政局"是因为在意大利很多领域可以开放竞争，因此出现了保护弱势主体的需要，也就是消费者与用户：赋予这些当局规则制定权，例如确定给付的标准、确定价格，有时候还承认它们制裁的权力。在很多领域存在由政府控制的公共企业，将这些权力赋予一个部委就有可能使得被调整者（也就是政府控制的企业）与规则制定者（单个的部委）是重合的；因此为了在制定规则方面保证公正性，保护竞争、用户与消费者，就创设了独立行政局的模式，它们独立行使职权，排除了政府对它们的指挥。

　　对不同的独立行政局规定了一些调解的形式。例如，规定了用户之间或者用户与拥有许可的主体之间的争议以及被许可主体之间的争议可以在电子通讯保证局面前进行调解（1997 年第 241 号法律的 1 条第 c 款 11 项）。如果没有结果，一方当事人可以请求该局对争议作出裁决，针对该裁决可以向行政法官提起诉讼。

　　电与煤气能源局可以权衡用户或消费者个人以及协会提出的异议与申请，涉及该领域实施者提供的关于质量与价格问题。电与煤气能源局可以变更提供服务的方式。

针对竞争保护局也规定了一些其他形式。例如，在欺骗性广告的情况中，规定消费者及其协会、生产活动部及其他任何有关的行政机关，可以向竞争保护局申请禁止继续进行欺骗性广告或其他被认为不合法的比较性广告的行为并消除后果（2005 年 9 月 6 日第 206 号法律）。竞争保护局可以决定暂时停止发布信息并且公布纠正的信息，还可以作出行政处罚。针对该行政处理可以向行政法官起诉。

五、结束语

在意大利的法律制度中，行政保护并不是很幸运，在针对行政机关行为的保护中具有一种边缘性的地位。

与司法保护相比，行政保护越来越不重要，因为法官能够提供更大的保证，与争议中的利益而言法官是第三者且是独立的。实际上，意大利制度层面上的权力分立原则意味着行政权与司法权相分离。法官独立于政治，不是由议会、政府或其他来源于政治的机构任命；只有通过公共考试才可能成为法官；他们不可被撤职，在行使职权时仅服从于法律。

还应该指出，行政复议曾经具有使私人在行政行为作出之后提出自己意见的作用，因为行政行为的作出不能保证私人的抗辩：在行政复议中会允许公民对行政机关作出的选择进行争辩。从这方面来看，后来法律与判例的发展重新调整了行政复议的作用。现在，意大利像许多其他国家一样，每一个行政决定都要遵守行政程序（1990 年第 241 号法律）：利害关系人应该得到一个作出具体决定程序开始的通知，能够参与决定程序并可以递交证据，发表自己的意见，可以查阅行政文件，行政机关作出决定应该考虑行政行为的理由（所谓的说明理由）以及考虑没有听取私人意见的理由。不遵守法律规定的程序义务是最终行政行为不合法的原因。

行政程序如今是有效实现公民抗辩的自然场所，为此行政复议制度也失去了传统的保护功能。

还需要指出，公共行政机关的组织体系最初具有金字塔形的级别结构，现在也改变了其外貌：部制及其他公共行政机关组织基本上划分为确定（部的职权）所达目标的政治职能与（管理者职权的）管理职能；其结果就是管理者具有自己的职权，它们的行为为此成为终局行为，不可能通过级别形式被复议。级别复议后来进一步缩小，因为法律确定很多地方层面部的机关所作出的行政处理是终局性的（例如省督），这样也排除了针对较小地方团体决定进行级别复议的可能性（例如市镇），市镇的自治由宪法确认。级别关系变得非常有限，只有在很少的情况下才存在，它成为军事组织的标准。

行政制度的发展也与此有关，行政并非总是有效果的：通常不能及时作出行政复议决定，或不能进行讨论，或以公正的方式进行决定。行政复议有时会被指出是对公民进行有效保护的障碍而不是真正保护的工具。为此不再有司法诉讼之前行政复议前置的规则，这也决定了随后行政复议重要性的丧失，甚至在行政法的教科书中所占篇幅也很少。

尽管如此，行政复议应该作出公正的决定，这样才能说服私人不总是更愿意选择进行司法诉讼。

在这个框架中，理论界将关注点转移到非常规复议的潜力上，由一个与原来作出行政处理机关所不同的行政机关来决定，会保证更大的公正性。例如，曾经有人建议在单个行政机关中设立专门的委员会对行政机关与私人之间的争议进行裁决，并使它成为一种一般性的救济方式。还有人建议以大区为基础设立独立于作出决定的行政机关的属于外部的行政局来解决行政争议，但是都没有实现。

最近一些改革也是目前相对于司法救济而言对强化行政复议保护必要性进行争论的结果，例如在上述分析的非常复议中加强了复议决定的公正性（消除政府不考虑国家理事会意见的可能）。

最后争论的问题是确保在高技术领域适当的行政决议，在法院法官只能通过很高的诉讼成本来完成（顾问、意见与鉴定等等）。在这方面，建议确认独立行政局具有解决争议与处罚的权力。

拉美国家人权监察机构在国家政治转型中的作用

——以危地马拉、萨尔瓦多和秘鲁人权监察机构为例

范继增[*] 著

自古以来监察专员制度就存在于每一个文明政体之中。无论在古希腊、古罗马还是古代中国时期，执政者普遍地在政治制度中设置监察机构用于监督地方或者中央官员腐败或者滥用公权力的行为。[1]现代监察专员起源于瑞典。1719 年瑞典最高监察专员获得了大法官头衔（*Justitiekanslern*）。1776 年授予此头衔大法官成为议会监察专员，具有监督官僚机构和司法机构运行的权利。1809 年的瑞典宪法确认了该制度的宪法性地位并且赋予了监察专员代表皇帝的权力。瑞典模式的监察专员制度在此后被其他的北欧国家、西欧国家、英国和英联邦国家所借鉴[2]，被称为斯堪的纳维亚监察专员模式或者传统型监察专员模式。议会选出的监察专员可以独立地行使权力，通过公民个人申诉或者依自身的职权的方式不偏不倚地调查国家机关的行政行为，并且提出建议、矫正其发现的违法或者不公平的行为，以及发布年度报告或者特殊性调查报告。传统型监察专员经常通过较为柔性的劝说或者同其他国家机

* 范继增，男，1985 年出生，黑龙江齐齐哈尔人，意大利比萨圣安娜大学博士候选人，主修比较宪法与欧盟法、人权法。本文感谢圣安娜大学 Paolo Carrozza 教授和 Giuseppe Martinico 提供资料和建议，以及中国政法大学人权研究院班文战教授的建议。

〔1〕 Enika Hajdari, "Ombudsman-Historical Review", *European Scientific Journal*, 2014, vol. 1, p. 516.

〔2〕 Linda C. Reif, *The Ombudsman, Good Governance and International Human Rights System*, New York: Springer, 2004, pp. 2~4.

构沟通的方式促使国家或者公共权力机构改进不良行政，但是无法采用强制性或者裁判性的途径纠正相应机构的不良行为。[1]

从20世纪70年代中期开始，第三波民主化浪潮在全世界各地发酵，设立监察机构成为新兴的民主政权在国家转型过程中保障基本权利和抵制不良行政的普遍选择。以葡萄牙和西班牙为代表的新兴民主国家并没有简单移植北欧模式的监察专员机制，而是赋予其更为积极的保障公民宪法权利的职权，并且通过立宪方式对监察机构给予宪法层面的保障。[2]例如，1975年的葡萄牙新政府成立了"公正维护者"（*Provedor de justica*），该机构于1976年成为宪法性机构；西班牙1978年宪法将"护民官"（*Defensor de Pueblo*）纳入到宪法体系之中，并通过立法的方式规定其职权的方位和运行方式。与传统的北欧模式的监察专员制度相比，西班牙的人民卫士不仅可以通过调查、建议和报告的方式监督政府的行政行为，同时西班牙或者葡萄牙人权监察专员可以通过接受个人或者团体申诉的方式调查对国家机构侵犯人权的指控，并且具有协助宪法法院审理案件的权力。[3]

除巴西是葡萄牙的前殖民地，拉美诸国文化与历史与其前宗主国西班牙有着相似的特点。个人独裁、军事独裁或者内战普遍成为拉美国家生态的主旋律。伴随着国际社会的干预和国内各政治势力的妥协，拉美各国逐渐从威权政府向民主政府转型。但是，各国在长期的威权统治下缺乏人权意识和承担保障人权和维护民主制度的国家机构。因此，政治与司法腐败、政治暗杀、党派斗争以及政府缺乏公信力成为拉美各国民主转型过程中普遍存在的难题。在国际社会的压力下，建立人权保障机构成为各派势力或者军事（个人）独裁政府可接受的民主化起点。[4]因此绝大多数拉美国家纷纷效仿西班牙模式，

---

〔1〕　Marc Hertogh, *The Policy Impact of Ombudsman and Administrative Court: A Heuristic Model*, in Linda C. Reif (ed), International Ombudsman Yearbook, 1998, p. 64.

〔2〕　Margarita R. Buades, *The Internationalization of Human Rights; Constitution and Ombudsman in Spain*, in National Ombudsman of Netherland (ed), Ombudsman and Human Rights: Proceedings of a Symposium, 1995, p. 42.

〔3〕　Gabriele Kucsko-Stadlmayer, *European Ombudsman-Institution: A Comparative Legal Analysis Regarding the Multifacet Realization of an Idea*, New York: Springer, 2008, pp. 147~149.

〔4〕　Fredrick Uggla, "The Ombudsman in Latin American", *Journal of Latin American Studies*, 2004, vol. 36, p. 423.

在国家以及地方层级上建立人权监察专员机构[1]，保障公民的权利、维护法治和纠正公权力机关不良行政。[2]尽管新设立的人权保障机构在各国政治体制内职权有限[3]，受到了统治者或者议会反对党的制约，甚至一度成为政治斗争的工具[4]，但是在该制度有力运行的条件下，相比较于其他的国家机构，民众对人权监察机构保障人权的作用更有信心。

尽管拉美各国的政治、经济和文化有着独特性，但是各国都经历着从威权体制向民主体制的转型，因此各国的人权监察机构在履行职务的过程中也都面临着相似的问题和挑战。本文将从国家人权监察机构在国家机构中的地位、职权、与政府机构和社会组织之间的关系以及监察专员个人能力等角度分析其在国家民主转型过程中的重要作用。为了比较全面呈现人权监察专员在拉美不同政治背景下的情况，笔者选取了危地马拉、萨尔瓦多和秘鲁这三个国家作比较性的分析。在拉美国家中，除了阿根廷和玻利维亚等国是在民主社会成功转型后建立国家人权机构以外，上述三国建立人权监察机构的背景几乎包括所有其他拉美国家在政治转型过程中。危地马拉是拉丁美洲第一个建立仿照西班牙模式人权监察专员的国家。萨尔瓦多的人权监察机构是内战双方和谈的产物，用于保障人权和监督政府合理行政。秘鲁的人权监察专员成立于后威权主义时代，具有军方背景的前总统藤森希望通过建立人权机构的方式有限地保障人权，提升政府的国际形象。对上述拉美三国的考察和研究不仅可以弥补国内学术界对拉美国家人权机构研究的空白，同时也对其他正处于民主转型或者和平建设的国家保障人权具有启发性的作用。诚然，拉美国家与中国的政治环境有着根本的不同，但是两者都面对着改革、完善法治和实现社会公平正义转型等共同的任务。因此，从职权、运行模式以及

---

〔1〕 根据 Reif 博士的研究，拉丁美洲国家监察专员主要分为两类：人权委员会模式和人权监察专员模式。前者一般是在议会的框架下参与研究、人权教育、法律改革提议以及鼓励政府签订更多的国际人权公约。例如，哥伦比亚、厄瓜多尔、尼加拉瓜、墨西哥以及巴拉圭等国家就是设立了人权委员会的制度。除了乌拉圭外，其他拉美国家普遍设立了人权监察专员制度。需要指出的是巴西只设置了地方性的人权监察专员制度。Linda C. Reif, *The Ombudsman*, *Good Governance and International Human Rights System*, Springer, 2004, pp. 188 ~ 191.

〔2〕 Fredrick Uggla, "The Ombudsman in Latin American", *Journal of Latin American Studies*, 2004, vol. 36, p. 424.

〔3〕 普遍依照）各国的宪法与法律，人权监察专员没有作出强制性决定的权利或者司法性决定的权利。

〔4〕 危地马拉和秘鲁人权监察机构在任期内就通过对抗当时的执政者积累了不少的政治资本和名望。

人权检察官（护民官）工作态度等方面的详细研究对我国学者在思考信访制度改革和建立国家人权机构等议题上具有启发性的意义。

一、危地马拉人权监察专员机制在国家转型中的作用

1985 年危地马拉宪法仿照西班牙模式设置了国家人权检察官机构（*Procurador de Los Derechos Humanos*），该机构于 1987 年正式成立。从 1960 年开始，危地马拉就陷入到了持续的内战状态。即使 1985 年宪法颁布后，危地马拉军方仍然是真正的幕后掌权人。[1]但是掌权者清楚地知道由于危地马拉的内战造成了 45，000 人失踪以及 150，000 人失去性命，因此必须通过建立人权机构的方式重建国内和平秩序。[2]

危地马拉人权检察官是由议会选举产生，对议会负责的，可以独立行使职权的国家人权机构。初期的立法对人权监察官的就任设置了较高的门槛，规定由总统提名的人权检察官候选人必须要获得议会全体议员的 2/3 的支持方能就任。危地马拉宪法为人权检察官制度提供了宪法保障，防止了立法或者行政机构通过修宪以外的方式改变人权监察机构的职权或者地位。拉美国家人权监察机构普遍具有功能性和宣传性职能。从功能性的角度分析，危地马拉宪法第 274 条规定了人权检察官具有监督行政和维护本国公民在宪法和国际人权公约内享有的权利和自由。依据宪法第 275 条，人权检察官被赋予了广泛的职权：促进政府在涉及人权领域的良好行政、调查和批评侵犯个人利益的行政行为以及依照公民个人申述对涉及人权的问题进行调查。人权检察官有权管辖公共和私人机构中一切人权侵犯的事件。[3]除广泛的调查权之外，人权检察官可以向相应的机构提出解决意见，对国家机构违反人权行为做公开的谴责，将违反人权的政府行为直接提交行政或者司法机构以及向民选议会做年度报告。人权监察机构依据宪法和法律还负责着向警察机构、行政单位和学校的普及宪法权利和国际人权法知识以及游说议会批准或加入某

---

〔1〕 Susanne Jonas, *The Battle for Guatemala: Rebels, Death Squad, and U. S Power*, Boulder: Westview Press, 1991, pp. 154 ~ 159.

〔2〕 Micheal Dodson, Donald Jackson, "Horizontal Accountability in Transitional Democracies: The Human Rights Ombudsman in El Salvador and Guatemala", *Latin American Politics and Society*, 2004, vol. 46, p. 14.

〔3〕 Ramiro de Leon Carpio, *The Ombudsman in Guatemala*, in *Symposium: The Experience of Ombudman Today-Proceedings*, 1992, Mexico city: National Commission for Human Rights, pp. 116 ~ 117.

项国际人权公约的职责。因此，危地马拉人权监察机构在履行监察职权之外，承担着人权教育与公职人员人权培训的职责。

危地马拉国家人权监察机构不仅对所有的中央 22 个行政部门的行政行为和人权侵犯进行监督，同时内战结束后在地方设置了 26 个专职办公室监督地方政府的行政行为以及协助首都地区以外的民众提供保障服务。[1]在内战期间，为了最大程度上保障交战地区居民的基本权利，人权监察机构在交战地区设立了五个"移动型监察专员办公室"主要关注妇女、战俘以及残疾人的权利。[2]在和平建设时期地方性人权监察专员承担了很多法定职责以外的工作。在缺少或者没有国家援助的情况下，由于民众通常是求助无门，地方性机构的工作人员往往变成了不计报酬的义工。[3]

除了宪法职权和机构的设置之外，人权监察机构对危地马拉政治转型的作用与国内的政治环境、检察官个人的性格以及获得国际援助都密切相关。第一任人权检察官 de la Riva 是一位学者型的官员。但是在军队对政府机构的压制下，国家人权机构无法发挥积极的作用。由于 de la Riva 在 1989 年病逝，de Leon Carpio 成为新的继任者，个人性格和与各派系之间的关系帮助其开创了危地马拉人权监察专员黄金年代。[4]在军队势力依旧强大的年代，de Leon Carpio 依靠着民众和国内外人权组织力量在保障生命权、消除酷刑以及个人安全的事项上利用宪法职权和社会媒体的力量对军队势力相对抗。不妥协的精神赢得了社会民众和国内外人权机构的尊重和支持，也为 de Leon Carpio 积累了政治资本，为人权监察专员危地马拉民主转型发挥更大的政治与法律作用提供了社会空间。

---

〔1〕 Lena Bloomquist, Maria Luisa Bartolomei & Fredrick Uggla, *Evaluation of Swedish Support to the Ombudsman Institution in Latin American: November 2001 ~ June 2002*, Stockholm: Swedish Institute for Public Administration, 2002, p. 10.

〔2〕 Micheal Dodson, Donald Jackson, "Horizontal Accountability in Transitional Democracies: The Human Rights Ombudsman in El Salvador and Guatemala", *Latin American Politics and Society*, 2004, vol. 46, p. 14.

〔3〕 Lena Bloomquist, *Maria Luisa Bartolomei & Fredrick Uggla*, *Evaluation of Swedish Support to the Ombudsman Institution in Latin American: November 2001 ~ June 2002*, Stockholm: Swedish Institute for Public Administration, 2002, p. 12.

〔4〕 Stephen C. Ropp, Kathryn Sikkink, "International Norms and Domestic Politics in Chile and Guatemala", in Thomas Risse; Stephen C. Ropp, Kathryn Sikkink (eds), *The Power of Human Rights: International Norms and Domestic Change*, Cambridge: Cambridge University Press, 1999, p. 191.

1993 年危地马拉民主转型危机的和平解决和 1996 年国内和平协议的签署都有着危地马拉人权监察机构作用和 de Leon Carpio 个人努力的成果。1993 年 5 月时任危地马拉总统 Jorge Serrano 决定发动政变，解散国会和最高法院，终止民权保障程序，希望恢复依靠行政机构为主体的独裁统治。尽管军方支持总统的决定，但是迫于民间反对和国际社会的谴责，政变只维持 10 天就宣告失败。在政变期间，de Leon Carpio 及其领导的人权监察机构公开批评总统的勇气获得了民众的支持，国会随即决定由 de Leon Carpio 担任总统，完成流亡总统 Serrano 余下的任期。此后，由于 de Leon Carpio 的人权检察官的经历为其积累了充足的政治信誉与资本，反政府军事力量危地马拉全国革命阵线也对其保障民主与人权的作用赞赏有加。这使得 de Leon Carpio 成为军方与反政府武装力量之间的调停人，为 1996 年最终达成和平协议创造了条件。[1]冲突双方在停火协议中共同承诺在和平时期将通过强化已有的人权机构的方式恢复国内和平建设和人权保障。

尽管被强迫失踪和遭受酷刑的人数在和平协议签署后有所减少，但是法外处决、滥用警察权力、糟糕的监狱环境以及针对妇女、原住民以及残疾人歧视政策依然严重。[2]社会清洗和滥用私刑的案件逐步上升。[3]同时，处理涉及教育、卫生和工作领域的投诉以及监督中央和地方选举和开票的过程也成为人权监察机构在后和平协议时期新的工作重点。[4]虽然人权监察机构管辖权和作用不断地扩大，但是其本质只是辅助性的人权保障机构，不具有国家司法和行政机关的权威。因此，危地马拉在民主转型时期人权保障更多的是取决于司法机构和行政机构在多大程度上解决自身惰性与腐败，并且消除与武装势力的冲突。

在转型过程中，危地马拉监察机构自身的权威也受到了挑战。除了各派政治势力暗中通过暴力或者其他的政治方式威胁危地马拉人权监察机构工作

---

〔1〕　Rachel Siede, *Guatemala After Peace Accord*, London：*Institute of Latin American Studies*, 1998, p. 76.

〔2〕　在 20 世纪的 90 年代，危地马拉人权检察官主要致力于保障个人的核心权利。2000 年危地马拉人权监察机构收到有关人权的投诉中，一半以上都是涉及公民自由权利的保障。

〔3〕　依据一份调查报告仅在 2001 年上半年，就查出了 14 例法外处决，330 例雇凶杀人，132 例谋杀，8 例私刑以及 49 例企图适用私刑。这些案件多数都发生在偏远地区。

〔4〕　Linda C. Reif, *The Ombudsman*, *Good Governance and International Human Rights System*, Springer, 2004, p. 195.

人员[1]和其他的社会人权活动人士之外，资源匮乏、受国家机构权力制约以及人权检察官本人作风独断专行都对人权监察机构的发展起到了阻碍作用。自1987年人权监察机构成立以来，财政问题就成为困扰监察机构履行职权的主要问题。[2]2001年，危地马拉的人权监察机构一共雇用了350名人员，并在全国26个地方设置了人权监察专员办公室。但是国会对监察专员只为人权监察机构提供了400万美元的财政预算，只能维持基本的办公开销。[3]此后，预算总额未能随着监察机构职权和组织的扩大而增加。在这种情况下，国际援助成为人权监察机构维持运转的关键。依据2002年一份数据统计，危地马拉人权监察机构在2001年获得的外援占全部预算的15%。[4]

作为全国人权监察机构首要领导，人权检察官的态度以及与国内外人权组织联系以及政府机构合作的程度直接影响国家人权机构在转型国家中起到的作用。de Leon Carpio不屈服军队和总统的作风不仅为其广泛赢得了政治信誉，同时也促成了和平协议的签署。相反，Arango就任人权监察官后的表现则令人失望，无法与前任相提并论。国际社会和国际人权非政府组织普遍认为Arango专横的态度和不善待人权监察机构雇员的作风令国内的人权活动者普遍感到失望。Arango在上任不久以后就将具有法律背景的人员通通换掉，取而代之的是具有工程师、社会学家以及教师等社会身份的个人。尽管Arango一再为自己辩解，声称律师已将人权监察机构变成了法庭，与国家人权监察机构的宪法任务相冲突。批评人士则指责Arango的行为显然是任人唯亲，将自己的亲属、朋友或者同党同志安插到重要的职位中。针对Arango另一个批评是不积极与国内外的人权机构建立友好的关系，总有夜郎自大的心态。早在Arango的前任la Guardia担任人权监察官时期，人权监察机构将联合国

---

〔1〕 Fredrick Uggla, "*The Ombudsman in Latin American*", *Journal of Latin American Studies*, 2004, vol. 36, p. 437. 时任人权监察官Arango指出危地马拉监察机构的工作人员警察受到当地警察的威胁和殴打，甚至被警察成为"我们主要的敌人"。地方的行政首脑也承认警察威胁人权监察人员的现象频繁发生。

〔2〕 Linda C. Reif, *The Ombudsman, Good Governance and International Human Rights System*, Springer, 2004, p. 196. 在一次采访中，危地马拉人权检察官Julio Arango直言不讳地说，"他们（国会）想用财政手段卡住我们的脖子"。

〔3〕 Micheal Dodson, Donald Jackson, "Horizontal Accountability in Transitional Democracies: The Human Rights Ombudsman in El Salvador and Guatemala", *Latin American Politics and Society*, 2004, vol. 46, p. 13.

〔4〕 Fredrick Uggla, "The Ombudsman in Latin American", *Journal of Latin American Studies*, 2004, vol. 36, p. 436.

核查小组（*United Nations Verification Mission*）和 de Leon Carpio 担任总统期间建立的总统人权委员会（*Presidential Commission for Human Rights*）视为与自身权威的竞争者。尽管联合国核查小组与人权监察机构建立了合作委员会，帮助其进行人权教育与培训，但是 la Guardia 本人一直与联合国机构保持距离，拒绝参加任何由合作委员会举办的会议甚至谢绝一切与联合国人员的会谈。[1]Arango 上任后与联合国核查小组的关系进一步恶化，甚至将受到联合国培训的职员统统解雇。然而，Arango 将外界对其批评归结于"充满嫉妒的敌对心态"以及"政治迫害"。在 2000 年的人权监察机构发行的《护民官》杂志中，Arango 将自己描述成"正义的化身和法治的骨干"，并将社会其他的人权机构描述成"弥补政治和政府缺陷的伪君子""什么作用都发挥不了的社会组织"。[2]同时，Arango 对中美洲人权保障委员会，联合国核查小组以及总统人权委员会统统地讽刺了一遍，并且自信地说"只有我才是有良心的法官。我是所有政府机构中最具有良知的"。[3]

　　Arango 的言行显然不利于团结国内外的人权机构推动。民间的人权团体认为 Arango 的言行是在不断消费人权监察机构在政治转型过程中积累起的政治信誉。中美洲人权保障委员会 2002 年的年度报告也罕见地对 Arango 领导的人权监察机构作出了批评：任人唯亲，与国内人权组织矛盾重重，工作成绩乏善可陈。一个由学者团体撰写的调查报告中指出公权力机构很少采纳人权监察机构的建议；司法机构，尤其是法院、检察官和警察是采纳人权监察机构建议最少的部门。该报告的学者们认为危地马拉人权监察机构的权威在Arango 领导下正在不断地削弱。[4]

　　尽管民众以及国内外人权机构对危地马拉人权检察官的态度不甚满意，国内民众却依然对该机构保障人权的作用抱有信心和期望。在 Arango 任期内，

---

　　〔1〕 Micheal Dodson, Donald Jackson, "Horizontal Accountability in Transitional Democracies: The Human Rights Ombudsman in El Salvador and Guatemala", *Latin American Politics and Society*, 2004, vol. 46, p. 15.

　　〔2〕 El Difensor, La *ética está tallada en la conciencia del hombre*, 2000, no. 95, pp. 1 ~ 2.

　　〔3〕 Micheal Dodson, Donald Jackson, "Horizontal Accountability in Transitional Democracies: The Human Rights Ombudsman in El Salvador and Guatemala", *Latin American Politics and Society*, 2004, vol. 46, p. 17.

　　〔4〕 Lena Bloomquist, Maria Luisa Bartolomei, Fredrik Uggla, *Evaluation of Swedish Support to the Ombudsman Institution in Latin American: November 2001 ~ June 2002*, Stockholm: Swedish Institute for Public Administration, 2002, p. 16.

民众向该机构寻求帮助的数量与历史其他同期几乎持平。[1]依据 2001 年盖勒普在 Arango 任期内的民意调查结果，民众对危地马拉人权检察官的信心指数明显要高于其他国家机构。[2]调查的结果反映了拉美国家在转型过程中普遍的政治生态和民众心理。国家官僚机构与司法机构常年腐败以及政权对国家机器的暴力迷信导致了政府公信力的丧失。尽管人权监察机构在设立初期职权和成效有限，但是人权检察官积极的态度，与军队和政府不妥协的精神以及其独有的密切联系群众和社会组织的特征获得了民众的认可，也为个人和团体在转型社会中解决自身的人权问题提供了相对可靠的法律渠道。

二、萨尔瓦多人权监察专员机构在国家转型中的作用

与危地马拉人权监察机构建立的背景不同，萨尔瓦多人权监察机构完全是政府和反政府武装和平协议的产物。1991 年墨西哥协议规定战后萨尔瓦多议会应选举专门人权监察机构的检察官负责"促进和保障人权"。1992 年查普特佩克和平协定再次提及了建立国家人权监察机构，并且规定在新的宪法实施后 90 日内由议会选举人权检察官。1992 年 2 月萨尔瓦多议会首先通过了关于设立人权监察机构的立法，并且以修宪的方式将人权检察官制度（*Procurador para la defensa de los Derechos Humanos*）列为宪法保障秩序。

尽管萨尔瓦多人权检察官是由议会直接选举产生并且由宪法保障其独立地行使职权，但是宪法第 191 条规定人权监察机构设置于公共部（Public Ministry）之下，隶属于国家行政机关的一部分。与其他大部分拉美国家相似的是萨尔瓦多也移植了西班牙模式的监察专员制度，兼具保障基本权利和监督行政行为的双重功能。宪法第 194 条授予了人权监察机构广泛职权和管辖权，该条第 7 款明确规定了人权监察机构能够通过依职权或者依个人申请的方式启动调查程序、得出调查结论、向公权力机构提出建议以及当公权力机构不遵守建议时，可以对公权力机关进行公开批评、加强与司法和行政机关合作的方式保障人权、对拘留所和监狱进行视察、对国家机构人权项目提出改革意见、对议会人权立法的草案提出建议、游说议会批准或者签署国家人权条

---

〔1〕 Fredrick Uggla, "The Ombudsman in Latin American", *Journal of Latin American Studies*, 2004, vol. 36, p. 438.

〔2〕 Micheal Dodson, Donald Jackson, "Horizontal Accountability in Transitional Democracies: The Human Rights Ombudsman in El Salvador and Guatemala", *Latin American Politics and Society*, 2004, vol. 46, p. 20.

约、提出如何制止人权侵犯的建议、发布人权报告，以及发展人权教育项目。

　　然而，萨尔瓦多司法机构的腐败和不健全，行政机构的敌视以及议会对人权监察机构的限制不仅对人权监察机构工作产生了消极的影响，甚至也威胁到人权监察机构本身的存在。萨尔瓦多司法机构在内战期间遭受了完全的破坏[1]，战后萨尔瓦多真相委员会在其调查报告中直接指出"萨尔瓦多司法机构没有能力调查犯罪和实施法律"[2]。尽管战后萨尔瓦多政府迅速的重建了司法机构，并且相应地设置了保障法官独立以及法官评价机制，甚至引入了美国式最高法院大法官提名制度，然而最终还是无法改变最高法院法官成为萨尔瓦多政党政治的玩偶。无论是总统还是议会都只关注大法官候选人的政治倾向，所以真正有能力且有独立意识的法官往往被总统或者议会排除在外。在萨尔瓦多司法体制框架下，最高法院的权力并不局限于解释法律，同时掌管着全国司法机构内部纪律的制定以及各地方法官升迁的权力。[3]从UCA在1996年在萨尔瓦多进行的一项民意调查结果显示，只有不到12%的受访民众认为法官是"诚实"的，高达47%的民众则认为法官是"腐败"的；同时只有35%受访民众认为法官可以独立的行使职权；有75%的受访民众认为许多法官在判案中会受到政治影响。[4]

　　政府和议会对人权监察机构履行职权的行为设置重重关卡。尽管总统和议会无法通过合宪的方式撤销该宪法机构，但是以党派斗争为导向的议会仍然可以通过预算和选举等方式限制人权监察机构发挥预想的功能。相比于司法系统每年一千万美元的财政预算，人权监察机构每年只有不到四百万美元的预算经费。除去支付工作人员低额的薪水外，人权监察机构的经费甚至都无法购买必要的办公用品。显然，获得足够的国际援助是维持人权监察机构运转和保证机构活力的关键。根据一项统计，国际资助占萨尔瓦多人权监察

---

　　〔1〕　Rachel Sieder, Patrick Castello, "Judicial Reform in Central American: Prospects of Rule of Law, in Rachel Sieder（ed）", *Central America: Fragile Transition*, New York: St. Martin's Press, 1996, p. 182.

　　〔2〕　Truth Commission for El Salvador, *From Madness to Hope: The 12 Years War in El Salvador*, 1993, p. 227.

　　〔3〕　Margaret Popkin, *Peace without Justice: Obstacle to the Building of Rule of Law in El Salvador*, University Park: Penn University Press, 2002, p. 4.

　　〔4〕　Micheal Dodson, Donald Jackson, "Horizontal Accountability in Transitional Democracies: The Human Rights Ombudsman in El Salvador and Guatemala", *Latin American Politics and Society*, 2004, vol. 46, pp. 7 ~ 8.

机构 2001 年总预算的 10%。[1]除了严格限制人权监察机构获得足够的预算外，议会多数党对人权监察机构指责远多于褒扬。甚至全国议会主席 Araujo将人权监察机构积极监督政府和保障人权的行为描述成为"抹黑执政党""服务于他们的政党目标"或者"为了实现人权检察官自己的总统梦"。Araujo甚至在 2001 年接见哥斯达黎加代表团时表示萨尔瓦多根本就不需要人权监察机构。为了避免强势的人权检察官对执政党的抨击，议会多数党通过修改立法的方式限制人权检察官连选连任。同时与危地马拉人权监察机构面临的情况相同，具有暴力特征的某些行政部门（例如警察或者监狱部门）以及行政领导对监察机构的干涉是恨之入骨。监察机构工作人员经常会受到死亡威胁。尽管还不确定这些威胁信来自何方，但是值得注意的是这些信件比较集中的出现在"政府官员集中地批评人权检察官权威的时候"。[2]

司法机关的腐败，议会多数党和行政机关在政治和法律领域的打压不断地缩小着人权监察机构活动空间，同时也抑制了监察机构在转型中的作用。因此与危地马拉相似，人权监察官的个人性格和决心以及与相应的国内外人权组织的支持对萨尔瓦多人权监察机构的发展有着重要的影响。由于监察机构掌握的物力和人力资源有限以及受到政府的限制，在初期民众对人权监察机构普遍地不信任或者不了解。在首位人权检察官 Fonseca 的任期内，更多的民众选择了向联合国驻萨尔瓦多观察小组请求人权援助。[3]后期，萨尔瓦多人权监察机构改善与联合国观察组的关系，彼此间加强了合作。为了强化人权监察机构履行职权的能力，联合国观察组为其提供技术和咨询性的支持，并且将主要的工作完全交由人权监察机构办理，必要时协助其开展对人权侵犯指控的调查以及对学校和国家机关的人权教育与培训。[4]尽管联合国观察组在人权领域兼具协助机构建设和监督人权监察机构工作的双重任务，但是

---

〔1〕 Fredrick Uggla，"The Ombudsman in Latin American"，*Journal of Latin American Studies*，2004，vol. 36，p. 436.

〔2〕 Micheal Dodson，Donald Jackson，"Horizontal Accountability in Transitional Democracies：The Human Rights Ombudsman in El Salvador and Guatemala"，*Latin American Politics and Society*，2004，vol. 46，p. 9.

〔3〕 Ian Johnston，*Rights and Reconciliation：UN Strategy in El Salvador*，Boulder：Lynne Rienner Publishers，1995，p. 66.

〔4〕 David Holiday，William Stanley，"Under the Best of Circumstance：ONUSAL and Challenge of Verfication and Institution Building in El Salvador"，in Tomme S. Montgomery（ed.），*Peacemaking and Democratization in the Western Hemisphere*，Miami：North-South Center Press，2000，p. 56.

为了维护人权监察机构的脆弱的权威性，观察组将工作重点放在完善监察机构的建设，因此只有在私下场合才发表对人权监察机构批评的意见。[1]

1995 年随着联合国观察小组在萨尔瓦多的工作结束，人权监察机构完全独立地承担起了调查的任务。同年，议会选举了负责劳工法的女律师de Avilés 就任人权检察官。de Avilés 上任之初就积极利用宪法赋予的调查权回应公民的诉求并介入政府机构侵犯人权的行为以及积极地调解政府和社会团体之间的矛盾。de Avilés 重视与国际人权机构与国内司法机构的合作。例如，在资金匮乏的条件下，人权检察官仍然将重要的人权案件邮寄到美洲间人权法院进行审理；积极参与调解具有潜在危险性的社会冲突的案件；加强同法院以及刑事检察总长的合作，通过司法方式打击侵犯人权的犯罪。[2]de Avilés 努力使得人们逐渐对人权监察机构的能力抱有了信心。在其任期内，监察机构平均每月可以接收到 1000 封针对人权侵犯和不良行政的投诉信；平均每月可以处理 100 个投诉案件。UCA 于 1996 年做的民意调查显示民众对人权监察机构的信心指数是 1.717，远高于法院（1.156）、立法机构（0.917）以及中央政府（0.947），甚至也高于广播机构（1.509）和电视传媒（1.704）。即使只有 40% 民众了解或者稍微了解该机构的运行方式，仍然有超过 2/3 的民众对该机构有好感。有 29% 的受访民众认为该机构能够在保障人权中发挥重要的作用；超过一半的受访民众认可人权监察机构提出的解决方案。在 1998 年 UCA 民意调查中，2/3 的受访民众对 de Avilés 本人颇有好感。[3]即使在政府对人权监察机构采取了一系列限制政策后，盖勒普的民意调查显示民众对其信心指数（1.67）仍然略高于其他的政府机构。

由于中央政府和议会多数党对人权监察机构和 de Avilés 本人工作成绩忌惮，所以议会多数党通过修改法律的方式禁止 de Avilés 连任人权检察官。为了削弱人权检察官的影响力和社会声誉，议会将腐败丑闻缠身的 Polanco 推向了人权检察官的位置。更为讽刺的是 Polanco 本人就因腐败问题成为当时人权

---

〔1〕 Reed Brody, "The United Nations and Human Rights in El Salvador's Negotiated Revolution", *Harvard Human Rights Journal*, 1995, vol. 8, p. 152.

〔2〕 Micheal Dodson, Donald Jackson, "Horizontal Accountability in Transitional Democracies: The Human Rights Ombudsman in El Salvador and Guatemala", *Latin American Politics and Society*, 2004, vol. 46, p. 8.

〔3〕 Micheal Dodson, Donald Jackson, "Horizontal Accountability in Transitional Democracies: The Human Rights Ombudsman in El Salvador and Guatemala", *Latin American Politics and Society*, 2004, vol. 46, p. 8.

监察机构调查的对象。Polanco 在上任伊始就开始清理有过人权工作经验的人员，用其在基督教民主党的同志取而代之。终止了同主要的外援机构联合国开发基金署的合作，并且免去了调查部门主管的职务。工作成绩也就迅速地下滑，从 de Avilés 时代的平均每月解决 100 个案件变成了平均每月解决 36 个案件。2000 年 2 月 Polanco 由于陷入滥用瑞典捐助的基金而引咎辞职。法律界精英和知识分子对于 Polanco 抱有普遍的否定态度，认为 Polanco 身上体现出的完全是旧的威权时代的官僚作风，对萨尔瓦多的民主化进程漠不关心；甚至有法官担心 Polanco 的行为将会导致人民对人权监察机构失去信任，从而使得萨尔瓦多民众将对所有国家机构失去信心。[1]Valladares 在议会的帮助下接替 Polanco 的职位。Valladares 在任期内成为不折不扣的政府利益维护者，通过各种途径降低政府在人权方面受到的冲击，对工作人员的利益则是毫不关心。在没有经过任何系统性的权衡下，就将员工的合同简单的延长几个月。甚至该机构的工作人员试图通过占领办公室的方式将其赶走。盖勒普调查机构在 2001 年在 Valladares 就任期间的民意调查显示不到 1% 的受访民众相信 Valladares 领导的人权监察机构具有保障人权的能力。值得讽刺的是 57% 受访民众不信任任何国家或者社会机构人权保障的能力；17% 受访民众竟然认为当时最大的人权侵犯者警察是最值得信任的人权保护者。[2]

从萨尔瓦多申诉案件内容分析，转型时期人权最大的侵犯者依旧是公权力机关。在 2000 年人权监察机构接到的 2752 件投诉中有 724 例是关于公权力机关通过酷刑、不适当使用警力、有辱人格和非法拘禁方式侵犯人权；同时有 566 例投诉是涉及公权力机关违反了法定程序。[3]在 2002 年的 3303 件投诉案件中，多数是对人身以及违反法定程序的指控。[4]缺乏政府支持和资源紧张依旧是危地马拉人权监察机构无法发挥更大作用的绊脚石。尽管在后 Valla-

---

〔1〕 Micheal Dodson, Donald Jackson, "Horizontal Accountability in Transitional Democracies: The Human Rights Ombudsman in El Salvador and Guatemala", *Latin American Politics and Society*, 2004, vol. 46, pp. 9 ~ 10.

〔2〕 Micheal Dodson, Donald Jackson, "Horizontal Accountability in Transitional Democracies: The Human Rights Ombudsman in El Salvador and Guatemala", *Latin American Politics and Society*, 2004, vol. 46, p. 12.

〔3〕 Linda C. Reif, *The Ombudsman*, *Good Governance and International Human Rights System*, Springer, 2004, p. 264.

〔4〕 Linda C. Reif, *The Ombudsman*, *Good Governance and International Human Rights System*, Springer, 2004, p. 264.

dares 时代人权检察官希望延续 de Avilés 的思路，积极增强与国内人权组织的合作，加强与司法机构的交流和监督批评政府，并且将关注的领域扩大到儿童权利和社会权利，但是收效并不明显。暗杀、绑架、违法使用警力，受教育权被侵犯以及儿童权利缺乏保障依旧是现代萨尔瓦多糟糕的社会生活的一部分。[1]

三、秘鲁人权监察机构在国家转型中的作用

与萨尔瓦多和危地马拉国家人权监察机构建立的背景不同，秘鲁国家人权监察机构建立于威权统治时代。为了有效地巩固独裁统治，前总统藤森在不遗余力地削弱法院和议会权力的同时，也不断地扩大自己的行政权。[2]在这种体制下，腐败和人权侵犯随处可见。1992 年藤森总统通过政变的方式废除了 1979 年秘鲁宪法。1993 年秘鲁议会通过了新的宪法，赋予了总统以及行政机构近乎绝对的权力。然而，1992 年宪法第 161 条授权政府建立护民官机构（*Defensor del pueblo*），并且独立地行使职权。宪法第 162 条对护民官的管辖权作出了规定，即保障个人和团体的宪法权利和基本人权，监督国家行政机构以及负有提供公共服务的社会机构。后者包括监督国家、大区以及市的行政机构、武装力量、国家警察部门和司法部门的行政行为。同时护民官还可以将管辖权延伸到国家司法领域管辖之外的公共服务机构。

尽管秘鲁护民官在实际行使权力的过程中会受到藤森政权的制约，但在专制政权容忍的情况下，秘鲁护民官保障人权的实效性以及获得政府支持的程度要好于那些陷入政党恶斗的转型国家。1992 年秘鲁宪法给予了人权监察机构宪法地位，同时也规定了护民官由议会选举产生，隶属于国家行政体系。尽管藤森通过不断扩张行政权力维护自身的统治，但是仍然希望护民官可以发挥监督行政和保障公民基本权利的积极作用，从而巩固藤森政权在秘鲁的统治。

与其他拉美国家的人权监察机构相同，秘鲁护民官通过依职权或者依照公民申请的方式启动对行政机构及其代理人一切不良行政行为或者侵犯公民

---

〔1〕 Linda C. Reif, *The Ombudsman*, *Good Governance and International Human Rights System*, Springer, 2004, p. 264.

〔2〕 Gladys Acosta, Javier Ciurlizza, *Democracy in Peru: A Human Rights Perspective*, Montreal: International Center for Human Rights and Democracy, 1997, pp. 7~14; 35~40.

基本权利行为进行调查。在调查结束后，护民官有权向公权力机构提出不具
有法律约束力的建议、警告、提醒以及通过其他必要的改革方式。同时，当
护民官接到有关针对司法机构行政事务的投诉时，有权对司法部门展开调查，
搜集有关的资料，然而其调查活动不得影响司法机构裁判的效力。如果调查
结果确认司法机构违法，护民官有权将违法事项通知司法管理理事会以及司
法部。在军队以藤森政权为主要支柱的年代，护民官的重要性主要体现在保
障公民在军事法庭管辖的涉及国家和政权安全等领域的宪法权利。例如，在
一起由永久性军事法庭审判的案件中，律师 Jeri 的阅卷权和与蒙面法官的谈
话权被军事法院管理机构剥夺。除此案件之外，护民官在一个星期之内收到 6
位其他律师相同的申请。护民官的介入最终保障了这些律师的权利。[1]总体
来说，除了前总统藤森本人以外，护民官是秘鲁威权统治时期敢于在军事审
判过程中挑战军事权威的少数政府部门之一。1996 年 11 月秘鲁军事部门违反
法定程序逮捕了 Robles 将军，人权监察机构对该行为给予了严厉地斥责，因
此也受到了来自秘鲁最高军事理事会的威胁。[2]1997 年秘鲁人权监察机构针
对军事法院侵犯人权的事件专门建立分析军事审判和军事法令的特别委员会，
这进一步加剧了军队和人权监察机构紧张的关系。[3]

　　秘鲁由于从整体上移植了西班牙的宪政模式，因此护民官与宪法法院之
间合作关系密切与否将直接影响护民官在秘鲁司法人权保障体系中的地位。
护民官可以依职权将法律实施过程中的违宪行为，人身保护令、违宪审查以
及信息保护令申请，人民请愿以及符合保障公民和团体的人权保障建议交由
宪法法院进行审查和决定。[4]此外，依据政府组织法第 9 条第 3 款的规定，秘
鲁护民官可以作为公民或者社会团体的代表参加行政诉讼，维护行政相对人
的基本权利。政府组织法特别赋予了人权监察机构视察监狱和拘留所的权利，
护民官有义务对改善、提高监狱管理和保障犯人的权利方面提供必要建议和

---

　　〔1〕　秘鲁护民官资料，编号 135 – 97 – DP/AYA.

　　〔2〕　Mark Ugger, *Elusive Reform: Democracy and Rule of Law in Latin American*, Boulder/CO/London: Lynne Rienner Publisher, 2001, p. 37.

　　〔3〕　Tom Pegram, *Accountability in Hostile Times: The Case of Peruvian Human Rights Ombudsman 1996 – 2001*, available in website http://papers. ssrn. com/sol3/papers. cfm? abstract_id = 2465586, p. 25.

　　〔4〕　Linda C. Reif, *The Ombudsman, Good Governance and International Human Rights System*, Springer, 2004, p. 201. 1998 年藤森政权下令暂时中止宪法法院与护民官的违宪审查活动。从护民官与宪法法院合作的期间来看，宪法法院在护民官的帮助下宣布了七件违宪案件。

意见。同时，在国家进入紧急状态下，护民官有权向行政部门、法院或者军事部门提出自己的意见，以纠正上述三个机构违反宪法权利的行为。[1]

　　尽管藤森的支持帮助秘鲁人权监察机构较少的受到军方或者政客的威胁，但是与其他拉美国家一样，财政资源不足是限制人权监察机构有效履行职权的最大问题之一。随着人权监察机构职权和部门的增多，立法机构并没有增加对该机构的预算，甚至在 1999 年还特意减少了对护民官的财政支持。相比于司法机构九千万美元的年度预算，1998 年护民官的年度预算不到五百万美元。获取国际组织或者其他发达国家的援助是秘鲁护民官有效履行职权的关键。从 1996 年到 2002 秘鲁人权监察机构获得了总计一千万美元的外援。[2]以 2001 年年度统计为例，外部援助占秘鲁人权监察机构该年度预算的 40%。[3]

　　为了有效地维护特殊群体的权利，护民官主动地与国内的人权组织相联系，弥补人权组织财政或者职权上的缺陷。例如，1998 年的年度报告显示 72%的个人申诉来自于 35~65 岁的男性，儿童、老人以及妇女申诉率较低，尤其妇女和儿童的权利没有得到有效的重视。为了有效地保障妇女权利，全国人权监察机构建立了专门的工作部门，用来解决针对妇女的暴力、性侵犯、国家强制生产以及家庭暴力等问题。从 1998 年到 2002 年期间，护民官下设的保障妇女专门部门调查大量的国家侵犯妇女权利的案件，并且向政府部门提供了许多解决问题的建议或者意见。保障未成年人是秘鲁护民官的另一项重要的责任。尽管依据有关的秘鲁儿童立法，秘鲁儿童和未成年人保护者（*Defensorías del niño y del adolescente*）主要负责未成年的保护工作，并获得国家和地区政府、非政府组织以及联合国机构的资助，但是其职权和管辖范围有限，无法向受害者提供任何法律帮助和服务。[4]因此，护民官会依职权或者相关机构邀请的方式介入到案件调查，给予儿童和未成年保护者机构必要

---

〔1〕　Linda C. Reif, *The Ombudsman, Good Governance and International Human Rights System*, Springer, 2004, p. 202.

〔2〕　Tom Pegram, *Accountability in Hostile Times: The Case of Peruvian Human Rights Ombudsman 1996 – 2001*, available in website http://papers. ssrn. com/sol3/papers. cfm? abstract_id = 2465586, p. 9.

〔3〕　Fredrick Uggla, "The Ombudsman in Latin American", *Journal of Latin American Studies*, 2004, vol. 36, p. 436.

〔4〕　Peter Newell, "The Place of Children Rights in a Human Rights and Ombudsman System", in Kamal Hossain et al (ed), *The Human Rights Commission and Ombudsman Offices: National Experience throughout the World*, The Hague/Boston: Kluwer Law International, 2000, p. 143.

的辅助性帮助。[1]

人权监察机构不仅从大众传媒的正面报道中赚取了政治声望，同时也成为解决问题以及向行政机构施压的平台。在秘鲁威权统治时代，护民官与秘鲁的报业达成了默契，后者为护民官在保障人权和监督政府的过程中提供发声的平台，辅助其进行调查活动和公布犯罪情况。[2]媒体的宣传和渲染帮助护民官获得了更多的财政预算。在1997年护民官与政府的谈判中，双方就护民官的年度财政预算争议僵持不下。护民官 Santistevan 通过媒体表达了自己的难处，并且向国民许诺在获得必要的资金后增设3个特定部门用于人权保障。Santistevan 的诉求显然获得了民众的支持，政府也只能让步。媒体宣传同样帮助护民官得到了更多的外援。

由于藤森政权不承认国际人权法在国内法律体系的效力，因此联合国人权机构无法为秘鲁提供相应的人权教育项目。然而，秘鲁护民官依然与国际人权机构建立了良好关系。除了为秘鲁的护民官提供必要资金外，国际组织和相应的人权机构经常为了声援护民官履行保障人权的职能而向秘鲁政府施加，促使其遵守法律和改善人权记录。护民官 Santistevan 就指出一旦政府对人权监察机构施加压力，国际人权机构以及各国大使就会站出来保护我们。[3]

Santistevan 是秘鲁议会选举的第一任护民官。与危地马拉的人权检察官 de Leon Carpio 和萨尔瓦多的人权检察官 de Avilés 工作作风相似，Santistevan 在任职期间积极的履行职权，在力所能及的范围内保障公民的基本权利，也因此与军队部门和行政部门关系紧张。但是与危地马拉和萨尔瓦多人权检察官处境不同，秘鲁人权监察机构是在威权总统藤森支持下建立的国家人权机构。在威权体系之下，藤森政权尽管不容忍反对势力的发展，但是也不允许国内警察和武装部门威胁护民官以及人权监察机构工作人员的人身安全。因此，护民官以及人权监察机构的人身安全得到了最高统治者的保证。尽管藤森不是护民官服务的对象，然而与总统保持着良好关系有利于人权监察机构更方便地开展调查工作和解决人权或者行政问题。实际上，藤森本人在人权

〔1〕 Defensoria del Pueblo, *Al Servicio de Ia Ciudadana*, *Primer Informe del Defensor del Pueblo alCongreso de Ia Republica 1996~1998 Peru*, Lima: Defensoria del Pueblo, 1998, p. 84.

〔2〕 Enrique Peruzzotti and Catalina Smulovitz, Civil society, the media, and internet as tools forcreating accountability to poor and disadvantaged groups, 2002, UNDP, Occasional Paper no. 13, p. 10.

〔3〕 Tom Pegram, *Accountability in Hostile Times: The Case of Peruvian Human Rights Ombudsman 1996~2001*, available in website http://papers. ssrn. com/sol3/papers. cfm? abstract_id = 2465586, p. 21.

监察机构建立时就非常支持该机构在不危及自身政权的基础上积极解决不良行政和儿童权利保障等问题,并且默认了护民官在 1998 年议会报告时提出的其首要任务是维护公民生命与安全的权利。

　　然而在威权体制内,积极履行保障人权职能的护民官很难与其他权力机构和谐相处。这就意味着国家人权监察机构在藤森政权倒台之前一直与立法、司法和行政机构处于半对抗的状态,同时也间接地影响了和藤森总统的关系。正如 Santistevan 所说:"一开始与藤森总统的关系是互相尊重和合作,但是后来就变味了"。[1]由于威权时代的秘鲁政治权威是以行政权力为核心,议会和隶属于行政机构的护民官矛盾重重。两者在日本人质事件后就将摩擦公开化,并于 2000 年议会选举舞弊事件后矛盾全面爆发。为了有效地控制护民官的挑战,藤森将自己的亲信安插到法院系统之中,试图将秘鲁最高法院变成藤森势力的代言人;并且通过修宪的方式将敏感的政治案件交由特殊的军事法院管辖,并且于 1997 年中止了宪法法院的运行。

　　2000 年秘鲁议会大选使得护民官与藤森政权的矛盾全面爆发。依据秘鲁宪法和政府组织法,人权监察专员机构有权监督选举过程。选举结束后,贿选丑闻突然被媒体曝光,护民官也受到相应的证据。Santistevan 随即声明介入调查,并且公开支持反藤森的政治势力。在媒体和市民社会的帮助下,人权监察机构不断地公布针对选举造假的调查结果,直接导致了民众对选举公平的质疑。护民官也在此次的调查之中赢得了巨大的政治声誉。随着藤森贿选视频公开曝光,藤森流亡日本并失去了总统参选的资格。但令人遗憾的是,Santistevan 选择了与危地马拉人权监察官 de Leon Carpio 相同的政治规划——利用积累的政治声誉参加秘鲁总统大选。

　　从威权政治向民主政治转型的过程中,护民官是秘鲁人民值得信赖的为数不多的国家机构。从 1996～1997 年收到的 15 936 例投诉案件到 2002 年收到的 52 180 例投诉反映了人民对于护民官的信任与日俱增。在后藤森政权从 2002～2006 年期间,护民官每年接受的个人申诉案件的数量不断地增加,2006 年达到了 85 658 例。[2]2000 年 DATUM 在秘鲁首都利马市区做的民意调

---

　　〔1〕 Tom Pegram, *Accountability in Hostile Times: The Case of Peruvian Human Rights Ombudsman 1996～2001*, available in website http://papers. ssrn. com/sol3/papers. cfm? abstract_id =2465586, p. 13.

　　〔2〕 Thomas Pegram, *In Defence of the Citizen: The Human Rights Ombudsman in Latin American*, Paper present V Annual Meeting of the REDGOB, Poitier, 6～7 December 2007, p. 12.

查表明，32% 的民众认为人权监察专员是维护民主最有效的力量，25% 和11% 的民众分别认为青年学生和媒体是维护民主最有效的力量。从 1996 ~ 2000 年，人权监察专员受欢迎程度从 50% 上升到 64%。尽管秘鲁护民官在改善国内人权方面取得了很大的成绩，但仍然面临由地区发展不平衡带来的社会挑战。

结论

除了墨西哥和哥伦比亚等少数国家选择人权委员会模式外，多数的拉美国家通过移植西班牙模式赋予人权监察机构监督行政和保障人权双重职能。除了阿根廷和玻利维亚等国是在民主转型后建立了国家人权机构外，危地马拉、萨尔瓦多和秘鲁三国与其他拉美国家相似，都是在民主转型的过程中建立了人权监察机构。

尽管三国的人权监察机构建立的背景不尽相同，但是国家人权机构在上述三国中发挥的作用和面临的问题在拉美各国具有普遍性。在民主转型过程中，司法机构的惰性与腐败、恶性的政党竞争以及警察和军队滥用职权导致了人权侵犯现象的普遍发生。民众对公权力机关的不信任直接威胁到尚未成熟的民主政体。因此，拉美诸国宪法赋予了国家人权监察机构广泛的职权以及人权监察专员独立行使职权的宪法保障，期待新的国家人权机构能够在国家转型过程中有效地监督国家机关的行政行为以及为权利受到侵害的个人或者社会团体提供救济，从而成为政府和市民社会之间沟通的桥梁。

然而，由于人权监察机构无法作出有约束力的裁决，所以其只能对国家传统机构保障人权起到辅助性的作用。因此，与国家机关的合作关系将直接决定人权监察机构是否可以发挥预想的效果。危地马拉和萨尔瓦多的人权监察机构由于独立性行使职权挑战国内行政机构的权威，所以在后威权时代里往往受到议会和警察部门的限制和威胁。两国的议会共同采用减少人权监察机构年度财政预算的方式限制人权监察机构履行职权的能力；通过修改法律的方式限制有能力的人权检察官连选连任；抑或通过议会选举的方式选择倾向与政府妥协的人权检察官，从而削弱人权监察机构对政府监督能力和制约作用。两国的警察和军队等暴力机构是人权监察机构重点的监督视察对象，同时也是民主转型时期人权侵犯的主要责任者。因此，后威权时代危地马拉与萨尔瓦多人权监察机构在缺乏政府支持的情况下其工作人员的人身安全成为国家暴力机关主要威胁的对象。相反，尽管秘鲁的人权监察机构是威权体制下的产物，但是由于获得了来自于藤森政权的支持和尊重，秘鲁人权监察机构可以在政权允许的范围内保障监督行政机构为受害者提供人权保障的服务。同时在宪法框架内协助宪法法院和行政法庭保障审查政府机构的违宪行为以及帮助行政相对人维护自身的权益。

　　建立国内外人权机构、本国公民社会以及联合国之间的联系是拉美国家人权监察机构在政治转型过程中维护自身生存的关键环节。危地马拉、萨尔瓦多以及秘鲁的人权监察机构不仅每年接受来自于联合国和其他国际组织提供的资金捐助和人权培训项目，而且联合国、外国政府和国内外社会机构的公开支持为拉美各国人权监察机构抵制政府的压力提供了舆论力量，从而为人权监察机构有力地监督和批评政府机构提供了良好的社会环境。然而，国内人权机构负责人的职业态度直接影响着人权监察机构在保障人权和监督行政领域的实际效果，客观上也直接影响着人权检察官或者护民官个人的政治声誉和前途。从危地马拉、萨尔瓦多和秘鲁三国的事例可以看出在民主转型时期积极履行职务的护民官往往受到政府和议会多数党的排斥，然而获得民众、社会媒体甚至反对党的认可。de Leon Carpio 和 Santistevan 分别以个人政治声誉为资本参选本国总统。相反，如果人权监察专员消极履行职权、无法妥善处理与国内外人权组织关系抑或独断专行，那么尽管不会完全导致民众对该机构信心的丧失，但是会减少民众对其任期之内的人权监察机制的依赖，从而为国家的民主化转型和法治的建立造成了负面的影响。然而值得警惕的是人权监察专员消极抑或积极履行职权的背后似乎都存在着政治目的，不仅限于打击政治对手，同时也有为个人积累政治资本的考量。这就客观地影响了人权监察机构行使职权的中立性，同时也不利于与政府机关缓解紧张的关系以及保障监察机构工作人员的安全。毋庸置疑，从本文所引述的民调可以看出上述三国的人权监察机构在后威权时代的民主转型过程中发挥了积极的作用，为公民在传统的司法和行政权力之外提供了新的救济个人权利的渠道。

意大利法中的家庭协定[1]

【意】Fabrizio Panza[*]　著

王　静[**]　译

一、家庭协定[2]：禁止通过协定对自身继承作出安排的例外，制止启动削减之诉，遗产合算

意大利中小型企业数量的增长赋予了现实环境新的特点，生产性资产因继承而发生的移转是公司及社团成员面临的一个尖锐问题。

在许多案例中，随着企业主死亡，企业的共同继承人之间就公司分割问题频发纠纷，导致企业经营瘫痪，对多方主体（债权人，供货商，银行及其他各方）产生消极影响。[3]

---

〔1〕　译注：文中涉及的意大利民法典条文部分中译引用《意大利民法典》，费安玲、丁玫、张宓译，中国政法大学出版社 2004 年版；涉及 2014 年修订的民法典条文另外译出，并附原文供读者参阅。正文涉及的意式法律术语缩写依中文译出；拉丁文法律术语以斜体保留；脚注中的重要意式法律术语缩写依中文译出（如 Cass.（宪法法院））；拉丁文缩写依中文惯例译出，如 *cfr.*（参照）；*ss.*（以下）；*cp.*（对比）等，不再重复。

* Fabrizio Panza（法布里奇奥·潘扎），意大利巴里大学（Università degli Studi di Bari Aldo Moro）私法学副教授。

** 意大利罗马第二大学罗马法学博士生。

〔2〕　译注：原文为 patto di famiglia.

〔3〕　参照 N. Di Mauro, E. Minervini, V. Verdicchio, *Il patto di famiglia*, a cura di Enrico Minervini, Milano，2006，p. 7.

　　意大利涉及法定继承[1]和特留份继承[2]的法规细看来彼此呼应，促使财产的流转在企业主死后优先发生在家庭内部，但这也容易导致集结为一体的生产性资产发生崩解，因而不利于经济体系全局的生产效率。

　　如果说新的家庭协定制度（由 2006 年 2 月 14 日 55 号法令引入）一方面为公司监管的零散性问题策划了一种应对方案，这一新制度也在另一方面向释法者们提出了一些解释上的难题。

　　我们首先来分析此次法律改革的新内容：立法机关修改了民法典第 458 条，并新增了 7 条内容（民法典第 768 条之二——第 768 条之八）。

　　民法典第 458 条第 1 句规定，禁止达成关于继承的约定，本句载明，凡以约定就自己的继承作出安排者，约定均属无效（处分财物的继承协定[3]）。

　　此项禁止性规定的原因有二，一是为保护民法典第 457 条[4]中依继承类型分割遗产的原则，一是为保障立遗嘱人（民法典第 587 条）直至生命终结前均享有宣告撤销或修改遗嘱的自由。民法典第 679 条也确认了这一点，如立遗嘱人声明抛弃自身撤销或修改遗嘱的权能，此种弃权被视为无效。

　　根据 2006 年第 55 号法令，民法典第 458 条第 1 句纳入了如下陈述："除第 768 条之二及其以下内容另有规定者"。[5]这一条文将家庭协定规定为法律事实，构成禁止达成继承协定的例外，假定其法律属性是死因行为（*mortis*

---

　　〔1〕　根据民法典第二章第 457 条，在被继承人未立遗嘱或仅在遗嘱中对部分财产作出处分时，依法定继承办理（民法典第 565～586 条）。法定继承具有补足遗嘱继承的功能，理论上对其基础存在争议，主导理论认为，它维护了家庭作为具有社会制度的重要性。此处参照 C. Romano, *Le successioni legittime*, in *Diritto delle successioni e delle donazioni*, a cura di Roberto Calvo e Giovanni Perlingieri, Napoli, 2013, p. 617 ss.

　　〔2〕　特留份继承（民法典第 536～564 条）限制了立遗嘱人的财产处分权。根据民法典第三章第 457 条"遗嘱不得损害法律为法定继承人保留的权利（le disposizioni testamentarie non possono pregiudicare i diritti che la legge riserva ai legittimari）"的规定，法律为（合法的）最近宗亲属［译注：术语原文 i prossimi congiunti；定义可参照刑法典第 307 条第 4 句：直系卑亲属、直系尊亲属、配偶、兄弟姊妹、第一亲等内姻亲，旁系尊亲，旁系同辈亲属，如其配偶在世且育有后嗣，姻亲也计入在内（［…］ascendenti, discendenti, coniuge, fratelli, sorelle, affini nello stesso grado, zii, nipoti e affini solo se il coniuge non è morto e vi è prole）］。保留其自遗产中应得的份额，不随立遗嘱人的好恶改变。上述法定继承人享有的"法定份额"一旦受损，他们可以通过提起削减之诉（民法典第 553 条及其下文）还复自身的应得份额。

　　〔3〕　译注：原文为 patto successorio istitutivo，亦可作 patto istitutivo（可对照 patto dispositivo；patto rinunciativo）

　　〔4〕　实际上，民法典第 457 条规定，遗产的转移，或依法律，或依遗嘱，从而排除了以契约形式分割遗产。参照 F. S. e G. Azzariti-G. Martinez, *Successioni per causa di morte e donazioni*, Padova, 1979, p. 10.

　　〔5〕　译注：此句原文为 fatto salvo quanto previsto dagli articoli 768 bis e seguenti。见意大利 2006 新民法典第 458 条之一。

causa），激发了最早一批法律改革评论者对上述例外含义的质疑。

尽管继承编（民法典卷二第四章）条文以配置给家庭协定这一面貌，第768条之二的文本却截然相反，明确指出家庭协定具有合同属性："企业主以合同方式将自身份额全部或部分转移给一名或一名以上直系卑亲属，此种契约，即家庭协定，适用于对家族企业和各类结社团体作出安排"。[1]

尽管立法机构毋庸置疑使用了"契约"这一术语，对制度原则的分析可以证明，家庭协定足以产生确实的继承效果。

合同须经公证，否则归于无效（民法典第768条之三）。民法典第768条之四规定，"企业主之配偶及一切于遗产继承开始之时适格的法定继承人"[2]均须加入继承。

由此勾勒出如下情形：根据民法典第536条，亦即（关于特留份继承的规定），受企业主完全或部分移交公司之直系卑亲属（或社团成员）应向合同其他各方支付与各方所持份额相当的款项，或进行非金钱清算。本条规定还预设了一种可能：非通过代理人，亲自参与家庭公司合同的公司成员可以声明放弃受领自己应得的款项。

相对而言，这种处理方式及其效果对民法典第768条之四的规定可能意义最为重大："从合同相对人处受领的份额不纳入合算或削减"。[3]

在有关财产合算这一术语（民法典第737条）的意大利法规中，我们所指的乃是一种经由法律或遗嘱规定，保持属于配偶及直系卑亲属的份额不变的制度，这一制度的目的是保障遗产分割中的平等原则。立法机构认定，被继承人（de cuius）生前实施的赠与应视为预先发生的继承。比如说，一名直系卑亲属从父母一方处受赠一处不动产，受赠人或者将此处不动产的价值计入其应得遗产配额（假计合算[4]），或者放弃对该不动产的所有权，使其重归于遗产总体（自然合算[5]）。

---

〔1〕译注：此句原文为 è patto di famiglia il contratto con cui，compatibilmente con le disposizioni in materia di impresa familiare e nel rispetto delle differenti tipologie societarie，l'imprenditore trasferisce，in tutto o in parte，le proprie quote，ad uno o più discendenti。见意大利2006新民法典第768条之二。

〔2〕译注：此句原文为 il coniuge e tutti coloro che sarebbero legittimari ove in quel momento si aprisse la successione nel patrimonio dell'imprenditore。见意大利2006新民法典第768条之四。

〔3〕译注：此句原文为 quanto ricevuto dai contraenti non è soggetto a collazione o a riduzione。见意大利2006新民法典第768条之四。

〔4〕译注：此处原文为 collazione per imputazione。

〔5〕译注：此处原文为 collazione in natura。

而在特留份继承时，法定继承人（配偶，子女及直系尊亲属）受领其依法应得份额的权利受削减之诉保障，被继承人不得损害（此即所谓的抽象法定份额原理）。这里不便详细分析这套实现权利保障的机制，我们只能说，削减之诉的运作并不使遗嘱失效，但若法定继承人是唯一的，则法定继承人（或由其受让其权利的人）提起的削减之诉可以令赠与不发生与其利益相关的效果。如此一来，仅当遗嘱安排和生前赠与所处置的财产不能被还原到遗产的法定份额之中时，遗嘱处分和生前赠与才相应受限。削减之诉有一种恢复的功能。

读者至此可以对家庭协定规则的新颖效果有一个清晰认识：家庭协定以契约为手段制止合算机制的运行和削减之诉的启动。

二、处于变革的意大利继承法体系环境下的家庭协定

从法律原则和法学研究的方面看，意大利继承法的修订已然开始了相当时日，家庭协定必须在这一进程框架下被引入意大利法规。

举例而言，请读者思索上文谈到的对继承协议的禁止：民法典第 458 条的例外来自 2006 年第 55 号法令，根据理论和司法原则推导出的前述禁止性规定经受了长期的"侵蚀"，这则例外的确像是这一漫长侵蚀的终结。[1]

长期以来，理论和司法上都坚持强调受民法典第 458 条[2]罚则所规范的协定的一些特征，并肯定地指出，对继承协定的禁止"不能推广到所有情况，除非此种关系包含的法律事实具有受禁止性规定约束的一切要素。"[3]所以，在家庭协定进入意大利法律体系以前，上述禁止性规定作出的限制已经具有了司法上的可操作性。

死者的全部遗产须服从于同样的规定，即所谓继承的一体性原则[4][5]，必须注意到，就新家庭协定这一制度在继承方面产生的效果而言，它构成了

〔1〕 参照 F. M. Gazzoni, *Patti successori: conferma di una erosione*, nota a Cass., 9 maggio 2000, n. 5870, in *Riv. not.*, 2001, II, p 232 ss.; A. Palazzo, *Testamento e istituti alternativi*, Padova, 2008, p. 255 ss.; F. Panza, *L'autonomia testamentaria tra libertà e controllo*, Bari, 2005, p. 39 ss.; Cass., 22 luglio 1971, n. 2404, in Foro it., 1972, I, c. 700.

〔2〕 引自 1971 年 7 月 22 日宪法法院第 2402 号判决。

〔3〕 引自 1995 年 12 月 18 日宪法法院第 12906 号判决: in *Giust. civ.*, 1996, I, p. 2647.

〔4〕 译注：此原则原文为 principio di unità della successione.

〔5〕 G. Cattaneo, *La vocazione necessaria e la vocazione legittima*, in *Tratt. di dir. priv.* Rescigno, V, Torino 1984, p. 461 ss.; L. Mengoni, *Successioni per causa di morte. Parte speciale: Successione legittima*, in *Tratt. di dir. civ.*, Cicu e Messineo, Milano 1999, p. 213 ss.

原则的例外。

从学理的角度看，这不算新鲜，过去就已经从学理上分离出了某些称作"非常态职务履行"[1][2]的法律事实，受财产移转的特殊规定调整。

举例来说，请读者思考关于劳动关系终止时发放补偿的规定（雇佣劳动的情况）以及因劳动者死亡而未能预先告知雇主时补偿发放（单方面退出不定期劳动合同的情况）的规定。从这个角度看，相对于法定继承下的情况，民法典第 2122 条预见了劳动关系在所有不同终结情况下的补偿发放条件，覆盖了包括姻亲[3]（非旁系血亲，不属于民法典第 565 条法定继承人之列）在内的一切有权受领补偿金的主体，并认可位于不同继承顺序的主体平等主张受领[4]，还预设了全体人员分割补偿金的办法：全体人员需根据协议分割补偿金，如无分配协议，应"根据各人需要进行分配"（民法典第 2122 条第 2 句）。[5]

民法典第 230 条之二构成了另一例非常态职务履行，此条比照前文描述的法律事实作出规定，当进行遗产分割或移交家族公司时，连续不间断地从事家族企业工作的被继承人配偶，被继承人第三亲等内的旁系血亲，以及被继承人第二亲等内的姻亲具有先买权[6]。

现在请诸位思考以上两例中因死亡引起的财产移转，这两者似乎都符合以下逻辑：财产获得所具备的社会功能优先于家族内部的遗产保存。而民法典第 2122 条预先设置了继承权一体性原则的例外，目的在于实现死因财产取得的辅助方式所具有的社会功能（保障非被继承人旁系血亲，但由被继承人抚养的主体），民法典第 230 条之二对上述先买权的认可意在发挥一种生产性的功能（在"分割遗产或移交公司"的情况下，许可连续不间断参与公司运

---

〔1〕 译注：术语原文为 vocazioni anomale（*pl.*；*sing.* vocazione anomala）.

〔2〕 G. Panza, F. Panza, *Successioni in generale tra codice civile e Costituzione*, in *Tratt. di dir. civ.* Perlingieri, Napoli 2004；A. A. Carrabba, *Le vocazioni anomale nel codice civile*, in *Riv. not.*, 2007, I, p. 1045 ss.；G. Recinto, *Le successioni anomale*, in *Diritto delle successioni e delle donazioni*, a cura di Roberto Calvo e Giovanni Perlingieri, cit.，p. 707 ss.

〔3〕 民法典第 78 条："姻亲指配偶一方与另一方血亲之间的关系（L'affinità è il vincolo tra un coniuge e i parenti dell'altro coniuge）."

〔4〕 仅当被继承人第三亲等内的旁系血亲及第二亲等内的姻亲由该劳动者抚养时，他们才享有与被继承人配偶及子女平等的补偿金受领权。

〔5〕 G. Panza, F. Panza, *Successioni in generale tra codice civile e Costituzione*, cit.，p. 21 ss.

〔6〕 G. Panza, F. Panza, *Successioni in generale tra codice civile e Costituzione*, cit.，p. 155 ss.

营的各主体履行自身职责，从而确保公司的生产经营)。

这种诠释来自依据法律原则和宪法价值[1]对以上规定的重新解读，认为可以根据社会经济转型所产生的需求变化和新价值对死因继承的规则加以调整。

对此必须提醒读者，意大利民法典要追溯到 1942 年，而国家宪法（蕴涵法律位阶原则的首要文献）诞生于 1948 年，自此以降，意大利法学家们便一以贯之地在研究活动开展上文所述的文义解释，由于历史上的一些原因（篇幅所限，这里不加以概括），意大利立法机构首先将法规编纂成法典，继而才把法规必须遵守的法律原则法典化。

虽然这两部法律文件问世前后仅隔几年，它们表述的价值却截然不同：民法典诞生于法西斯政权统治下，因此采取了"社团型国家"[2]的模式，关注的中心是企业和私有财产权，表现了立法机构对于增强国家生产力的兴趣；法西斯政权垮台之后，宪法被详尽修改，呈现为各种异质价值的化合产物，并把复制自"天主教的连带共识与社会统制主义"[3]的保障一般共同利益的传统价值和保障经济活动的自由主义价值结合在一起。[4]

在这种视野下，新的家庭协定制度毫无艰涩地楔入了前文所述的法制改革进程中，使企业主有权就自身的继承作出安排，通过一份合同，排除适用死因继承的一般规定（一般规定导致家族财产的散落，阻碍企业生产活动的持续进行），并对潜在的合法继承人的权利实行回赎，从而可以把家族企业移交给一名据他看来更有能力或适合管领企业的子女。

三、若干涉及家庭协定之属性及原则的问题

虽然各方就家庭协定的法律属性观点不一，学理上通识认为它是一种合同，一部分效果在协定成立时发生（关于公司移交及对亲自参与经营管理的

---

　　〔1〕　参照 P. Perlingieri, *Il diritto civile nella legalità costituzionale*, Napoli, 1994, p. 535 ss.

　　〔2〕　译注：术语原文为 Stato corporativo.

　　〔3〕　译注：原文为 solidarismo cattolico e del dirigismo socialistico.

　　〔4〕　N. Irti, *L'ordine giuridico del mercato*, Bari, 2009, p. 17；A. Pisaneschi, *Dallo Stato imprenditore allo Stato regolatore e ritorno?*, Torino, 2009, p. 24 ss. 权威的看法是，以宪法为引民法典的重读跳出了 1865 民法典和 1942 民法典的价值论图式。这种图式的基础是存在范畴（la categoria dell'essere）从属于占有范畴（la categoria dell'avere）（即是说，人所占有的才表征了人的存在。译者注：关于人的存在与人的占有，参照 Erich Fromm：To Have or to Be, 1976），宪法模式则将人的充分发展及人的尊严置于核心。此处见 P. Perlingieri, *Il diritto civile nella legalità costituzionale*, cit. p. 170 ss.

法定继承人的安置），一部分效果在企业主死亡后发生（如削减之诉和财产合算的豁免）。一直以来认为死因处分的特点是对"遗留财产"的归属进行确认，财产的完整性仅在被继承人死亡之时受到解分，然而企业主可以借助家庭协定在生前对一宗集合性财产（即家族企业）加以处分，使一名或一名以上直系卑亲属受益。因此，家庭协定制度可以定位为死后行为（*post mortem*）：行为虽实施于生前，但旨在于死后产生某些效果。[1]

关于家庭属性的争议得到决断，从而达到了依据法律原则进行诠释的目的。

最早重构家庭协议的论述之一认为其有附负担赠与[2]（公司代理人对亲自参与经营管理的法定继承人加以安置补偿）的性质。[3]

这一角度来看，民法典第 768 条之四规定的义务—"企业主之配偶及一切于遗产继承开始之时适格的法定继承人必须参与（此契约）"—只能被理解为彼时对全体法定继承人的召唤义务。疏于履行义务不能对抗亲自管领公司者对自身应有份额的确认（其中的机制类似于民法典第 1113 条有关财产分割的规定）[4].

坚持家庭协定的分割—分配功能[5]的学说意见完全相反，认为民法典第768 条之四对于配偶及法定继承人加入的规定是家庭协定有效性的前提条件（比照财产分割中要求全体有权分割者参与财产分割的规定）。支持这一理论的人认为，协定由处分人，代理人及法定代理人本人三方构成。[6]

另一种理论更进一步，把家庭协定归入第三方受益契约的范畴（民法典第 1411 条）：如此一来，处分人的行为对代理人生效，并通过代理人对子女和配偶产生效果。[7].

---

〔1〕 A. Palazzo, *Testamento e istituti alternativi*, Padova, 2008, p. 437 ss.

〔2〕 译注：术语原文为 donazione modale.

〔3〕 A. Merlo, *Divieto dei patti successori ed attualità degli interesse tutelati*, in *Patti di famiglia per l'impresa*, Quaderno della Fondazione italiana per il notariato n. 2 ~ 3, 2006, p, 100 ss.

〔4〕 C. Caccavale, *Appunti per uno studio sul patto di famiglia: profili strutturali e funzionali della fattispecie*, in *Notariato*, 2006, p. 297 ss.

〔5〕 参照 S. Delle Monache, *Spunti ricostruttivi e qualche spigolatura in tema di patto di famiglia*, in *Riv. not.*, 2006, I, p. 893 ss.; G. Oberto, *Il patto di famiglia*, Padova, 2006, p. 97 ss.

〔6〕 根据这一理论，若全部主体均是受益人，全体法定继承人本人应被视为"集合性主体（parte soggettivamente complessa）"。

〔7〕 U. La Porta, *Il patto di famiglia*, Torino 2007, p. 10 ss.; Id., *La posizione dei legittimari sopravvenuti*, in *Patti di famiglia per l'impresa*, cit., p. 303 ss.

上述理论并非无懈可击：第一种理论主张，赠与中存在的负担（*modus*）构成偶因（因而赠与取决于双方的意愿），而在家庭协定中，代理人承担安置法定继承人这一负担是典型的依据法律本身产生的效果。

参照民法典第793条，产生了对附负担赠与这一看法的批评，当受赠人不能持续有效地履行管理公司的职责时，本条认可赠与人有权要求撤销合同，这显然与宪法第41条规定的自由开展经济活动的原则相左。[1]

从前述第二种理论中，我们发现，由于企业主，代理人，法定继承人本人三方之间不存在任何形式的共有财产，自始至终，都不能假设家庭协定具备分割财产的性质。

最后还要指明的是，家庭协定不可能被归入第三方受益合同范畴，原因在于，尽管存在这种令合同使第三方受益（可以是代理人应支付给相对人本人的补偿）的意愿，这种结果却并未源于合同各方的自治行为（正如在第三方受益合同中），而是法律本身赋予的效果。

而且，第三方受益合同中的第三方始终不是合同缔约方，读者可以在下文中看到，家庭协定则无法彻底排除这种情况的发生。[2]

以上综述了驳斥前文几种观点的理由，现在我们似乎可以认同这样一种理论：家庭协议属于"非赠与性质的无偿转让"范畴。[3]

从民法典第809条中可以发掘出非赠与无偿转让的形貌，本条设想了"以不同于第769条的形式作出的"无偿转让。因而，在意大利法中，无偿转让的概念比典型的赠与合同内涵更广。

立法机构则将无偿转让这一表达与另一种理论假定连接起来：无偿转让所产生的非赠与转让效果旨在符合社会需要，比如在餐馆就餐时支付的小费，节庆期间的赠礼（即民法典第770条第2句规定的依惯例的赠与）；这些行为蕴含的作为义务处于道德规范或家庭层面（例如民法典第742条赡养亲属和教养后代的费用，婚礼蜜月的支出，嫁资，后代的艺术教育或职业教育的支

---

〔1〕 G. Perlingieri, *Il patto di famiglia tra bilanciamento dei principi e valutazione comparativa degli interessi*, in *Rass. dir. civ.*, 2008, 1, p. 152 ss.

〔2〕 G. Perlingieri, *op. ult. cit.*, p. 188 ss.

〔3〕 关于非赠与无偿转让这一概念的难点，参照 G. Amadio, *La nozione di liberalità non donativa nel codice civile*, in *Liberalità non donative e attività notarile-Atti del Convegno*, Milano, 2008, p. 10 ss. 这一理论将婚礼聘金（民法典第80条）也纳入非赠与无偿转让范畴。参照 G. Tatarano, *Rapporti tra promessa di matrimonio e dovere di correttezza*, in *Riv. dir. civ.*, 1979, p. 653.

出）。

权威学说确实认为，在定义无偿转让的概念时，不能排除它的功用内容和偶然方面，解释无偿转让时，必须考虑到随后产生的经济效果。[1]

在实践中，间接赠与[2]经常借助于赠与之外的各类合同[3]或事实行为[4]实现无偿转让的意图，变相赠与[5]也十分常见（例如，为使买受人获益，以大幅低于物品自身价值的价格出售）。

因此，可以将非赠与的无偿转让视为"本质有异于典型赠与的行为方式，行为主体通过这些方式得以实现经济上等同或近似于赠与的效果或结果"[6]。

我们赞同家庭协定具有非赠与无偿转让性质这一理论，同时，为了能精确重构家庭协定的制度原则，有必要把最低转让数额（*minima unità effettuale*）或者说最小单位分离出来研究。

家庭协定由处分人和受益人之间的约定构成，因而只可能是双边的，即使法定继承人没有参与订约，协定仍然有效。卑亲属—代理人应根据订约时确定的价值偿付全体法定继承人（包括现有的和新出现的）应得数额，这一义务正是从上述约定中孳生的。

只有通过受领或声明抛弃家庭约定所附的法定债权，才可能产生削减之诉及财产合算的豁免，因而这种豁免应被视为是（转让数额）超过最低转让数额的结果，民法典第 768 条之四意味了这种可能性，豁免的发生也可以通过一项"嗣后订立，明示声称与家庭协定相关联，与前述协定具有相同主体的合同"。[7]

---

〔1〕 A. A. Carrabba, *Donazioni*, in *Tratt. di dir. civ.* Perlingieri, Napoli 2009, p. 10 ss.

〔2〕 A. A. Carrabba, *op. ult. cit.*, p. 771 ss.

〔3〕 联系向他人交付财产权（l'intestazione di beni a nome altrui）的情况：例如子女购置房产，由父母支付价金，或父母为某人订立预购合同并支付价金，随后确定子女为合同受益人。

〔4〕 联系为使权利生发而自愿进行的回避（l'astensione volontaria）：如第三方获得财产的权利即将因时效取得而完满，他人出于自愿不采取导致时效中断的行为。

〔5〕 译注：术语原文为 donazioni miste（*pl.*；*sing.* donazione mista）.

〔6〕 参照 G. Perlingieri, *op. ult. cit.*, p. 156 ss., 认为"就此类行为（或举动）的广泛及典型功用之整体而言，体现出的不仅仅是无偿转让因素。尽管这些行为在司法概念上有别于赠与，但就实现一种经济利益的让与而无相应（财产的增加）受益的目的而言，这些行为本身可以不受妨碍地（自发让与（spontaneità dell'attribuzione））产生与无偿赠与或附负担赠与等同的法律效果，与之对应的是处分人财产的减损。

〔7〕 译注：此条原文为 successivo contratto che sia espressamente dichiarato collegato al primo e purché vi intervengano i medesimi soggetti che hanno partecipato al primo contratto.

因而，虽然从技术层面看合法继承人可以参与协定[1]，他们却不必然参与上述利益安排[2]。

一旦未参与家庭协定的法定继承人决定不接受应有份额的偿付，他们可以提起削减之诉或主张财产合算。为使上述人员得以就运营清醒作一适当估价，此时将不再根据协定成立时的情况确定公司价值，而是根据继承开始时的情况来确定。

最后，法规中的一些细微之处产生了更多解释层面的问题，涉及单方退出和无效性的问题十分关键。

就民法典第 768 条之七来说，订立协定的人员可以通过再订合同或行使退出权（须向各方作出预告）的方式解除协定，或对协定作出修改。[3]

这种处理办法和促使家庭协定稳定且确定这一目标截然相反：实际上，协定的解除可能会启动一套复杂且不合时宜的损害赔偿机制。

退出的可能性完全由约定参与方自主掌握，因而不能排除径自（ad nutum）退约发生的可能（需要合法的理由或基础）。

行使退出权产生的效果仍然存在争论：理论上分成两派，一派认为这触发了合同的解除，另一派则认为，对于行使退出权的一方，这杜绝了削减之诉和财产合算发生的可能[4]（当然，除非企业主移交公司的对象本人退约）。

对于退出权行使的期限也存在争议，因为如果经过相当长时间后才行使退出权，可能无法发生其应有的效果。

在等待立法机构就退出权规则给出进一步精确定义的同时，我们期冀公证人员监督家庭协定退出权的合理使用。[5]

至于针对有关无效性法规的批评，不能只留意民法典第 768 条之五的内容，此条仅规定了协定合意存在瑕疵的归责（民法典第 1427 条及其后条文已经以穷举方式作了规定），并在同条之六中将提起相关诉讼的法定期限由 5 年（民法典第 1442 条）减为 1 年。

---

〔1〕 不能排除因企业主家庭情况变化而成为合法继承人的其他主体参与到家庭协定中的情形。例如，直系卑亲属全体声明放弃对其直系尊亲属的继承。

〔2〕 例如，上述合法继承人参与了补偿份额价值的确定，在这种情况下，他们可以参与有关利益安排（译注：利益安排这一术语原文为 regolamento d'interessi）.

〔3〕 此处参照 F. Pene Vidari, *Scioglimento*, *recesso e patologia del Patto di famiglia*, in *Patti di famiglia per l'impresa*, *cit. p. 262 ss.*

〔4〕 参照 V. Verdicchio, *Profili del patto di famiglia*, Napoli, 2008, p. 98.

〔5〕 G. Oberto, *Il patto di famiglia*, Padova, 2006, p. 132.

这样的法条激起了早期释法者的兴趣，它规定，一旦受益人不向未加入约定的法定继承人就份额（数额随法定利息增加）履行补偿义务[1]，（不确指由何人）可以根据第 768 条之 5 提起废除之诉[2]。

问题的复杂性在于，对不履行合同的救济采取了合同的废除，而非因不履行引起的合同撤销；根据民法典第 1453 条，只有互负履行内容的合同可以主张撤销。

这种悖论导致的结果是，一旦合同被宣告无效，法定继承人将丧失实现债权主张的基础。

换言之，法定继承人实现了合同的废除的同时，也将丧失对其未清偿债权的主张权。[3]

考虑到未参与协定的法定继承人可以提起削减之诉和财产合算，这种前后不一致愈显突出，前述救济可以径自提起，无须以废除合同为前提[4]，这与学说的主张部分相反。

研究可能促成协定废除的主体也许能使我们摆脱这一无解的困局，这些主体不仅指未参与协定的法定继承人，协定受益人本人，还包括在一定情形下与协定密切相关，但无意从事协定设置的运营机制的法定继承人，典型譬如，可能在合同订立后某一时刻出现的与协定有关的法定继承人（与被继承人具有自然血缘关系，并在司法上获得了认可的子女）。

根据这种视角，必须注意到，法律仅确认了行使诉请权的情势，但完全没有谈到有权提起废除之诉的主体的顺序。

一般原则仅认可处于法律事实中的各方主体有权提起废除之诉，而根据权威理论，提起废除之诉的权能可以推及一切合法继承人，这构成了相对于一般原则的例外，个中原因在于，家庭协定好比"一套由各种彼此关联的互异行为构成的复杂渐进机制"。[5]

---

〔1〕 此处对应一种理论：有权领受补偿的可以是受邀参与协定但并未参与的合法继承人，也可以是新出现的合法继承人（例如在协定订立后出生的子女）。G. Perlingieri, *op. ult. cit.*, p. 172；G. Recinto, *Il patto di famiglia*, in *Diritto delle successioni e delle donazioni*, a cura di Roberto Calvo e Giovanni Perlingieri, p. 689 ss.

〔2〕 译注：术语原文为 azione di annullamento.

〔3〕 U. La Porta, *La posizione dei legittimari sopravvenuti*, cit., p. 300 ss.

〔4〕 观点认为，未参与家庭约定的法定继承人必须在合同废除之前提起削减之诉。C. Cicala, *Profili del patto di famiglia*, Milano 2008, p. 59 ss.

〔5〕 G. Perlingieri, *op. ult. cit.*, p. 171.

死因继承中的意思自治和法定性

【意】Enrico del Prato[*] 著

李 媚[**] 译

一、死因继承的原因和方式

死因继承是不可避免的事实，因为每个主体都可能是某个财产的所有人：死亡的事实决定了划归法律关系的需要。权利本身不能缺乏权利人：属于死者的法律关系应当授予某人；无法设想一个权利"空缺"的状态，即某个财产缺乏所有权人的状态。[1]

有可能在（被继承人）死亡和指定继承人接受遗产间存在时间差（即所谓的"待继承的遗产"，参见《意大利民法典》第 528～532 条[2]），其接受遗产才成为真正的继承人。遗产接受产生的效力溯及至继承开始之时，即（被继承人）死亡之时（《意大利民法典》第 456 条）。因为遗产接受（的效力）溯及既往（《意大利民法典》第 459 条），因此，对于接受遗产之效果而言，在（被继承人）死亡和继承人获得遗产间并不存在时间差。

死亡仅消灭必须由债务人亲自履行的债务（例如，画一幅画）和（属于债务人）的人身性债权（例如，养育债权）。在死因继承中，授予遗产的原因

---

　*　Enrico del Prato（恩里克·德尔·普拉多），罗马第一大学私法学教授。

　**　中国政法大学比较法学研究院讲师，罗马第二大学法学博士。

　〔1〕　最近出版的论著中，对该问题作了全面论述的可参照 G. 伯尼里尼：《继承法和赠与教科书》（第 7 版），都灵，2014 年版，第 5 页及以下。

　〔2〕　有关这一问题的具体论述，最近的学术研究中可参见 T. 蒙特其亚里："待继承的遗产"，载 E. 德尔·普拉多主编：《继承》，博洛尼亚，2012 年版，第 17 页及以下。R. 奥列斯塔诺："主体权利和非主体权利"，载《法人主体权利诉讼》，博洛尼亚，1978 年版，第 115 页及以下，其在脚注中论述到这一问题。

恰恰是死亡[1]。

某个主体的死亡并不意味着直接将其财产给予了其他主体，而是提供给继承人一个接受遗产的权利[2]，如其他所有可行使的权利一样，这一（接受继承的）权利可在10年之内行使（《意大利民法典》第480条），除非法律另有规定（《意大利民法典》第485条）。

遗产授予的依据可能是遗嘱或法律规定，在缺乏遗嘱或遗嘱只处分了被继承人的部分财产时应依照法律规定（《意大利民法典》第457条）。

死因继承往往是概括继承，这意味着属于死者的所有法律关系移转给继承人。但死因继承也可能包含限定继承的情况：限定继承表现为在继承中只移转单个的权利，例如某财产的所有权或某债权，这一被转移给继承人的权利也可能是正在为被继承人创设中的物权、收益权或是债权（也就是所谓的正在创设中的继承权）[3]。

遗产以接受继承的方式取得（《意大利民法典》第459条）[4]：继承人获得全部遗产或是按份遗产，当存在多个继承人时，由他们继承死者的法律关系，在各继承人间依照权利内容划分份额。如果被继承人没有通过遗嘱做出不同安排（《意大利民法典》第752条），且并不涉及不可分之债（《意大利民法典》第1318条），那么债权和债务在各继承人间划分。除此之外，还存在连带之债的制度（《意大利民法典》第1317条），每个继承人按照各自的继承份额享有债权和承担债务。

共同继承人成为所有权和那些并未随着权利主体死亡而消灭的他物权的共同权利人（例如，用益权：《意大利民法典》第979条）；他们是不可分债

---

〔1〕 参见 G. 让姆皮克罗：《遗嘱的非典型内容：最后意志表达理论的研究》，米兰，1954 年版（再版，那波里，2010 年），第 37 页及以下；N. 利帕里：《意思自治与遗嘱》，米兰，1970 年版，全文处处可见；L. 比利亚兹·格里：《遗嘱（一）：法律行为概述》，课堂笔记，米兰，1976 年版，第 255 页；G. 克里斯科利：词条"遗嘱"，载《特莱卡尼法学百科全书》（第 31 卷），罗马，1994 年版，见词条，第 20 页；A. 帕拉索："继承"，载 G. 尤迪卡和 P. 萨迪主编《私法学》，米兰，2000 年版，第 626 页。

〔2〕 参见 R. 尼可洛：《直接和间接的继承指示》，墨西拿，1934 年版，现载《论著合集》（第一册），1980 年版，第 3 页及以下，以及第 75 页及以下。

〔3〕 参见 U. 卡内瓦里：词条"继承（第一部分）：概论"，载《特莱卡尼法学百科全书》（第 30 卷），罗马，1993 年版，见词条，第 4 页。

〔4〕 一般性的论述可参见 A. 布尔得瑟：词条"继承（第二部分）：死因继承"，载《特莱卡尼法学百科全书》（第 30 卷），罗马，1993 年版；S. 席卡列罗：《人与继承》，那波里，1994 年版，第 23 页及以下。

权的共同权利人和可分债权的按份权利人；最后，共同继承人也是被继承人
债务的按份债务人，除非遗嘱有不同规定（《意大利民法典》第752条）。

　　按照法律规定，在不存在第六顺位的亲属时，最后的继承人是国家，但
国家作为继承人对超出所获得遗产价值的遗产债务或遗赠债务不承担责任
（《意大利民法典》第586条）。

　　死因继承中的限定继承以遗赠名义作出（《意大利民法典》第649条及其
后），由于（被继承人）死亡的原因而获得某个特定权利。

　　总的来说，法律从概括继承的角度来规定继承制度，在概括继承中包含
了限定继承。

　　继承或依据法律进行或依据遗嘱进行，它们（法律和遗嘱）是继承的依
据，继承制度是被称为"声明"的一项历史悠久的传统[1]。《意大利民法典》
第457条规定只有在欠缺遗嘱或部分欠缺遗嘱的情况下，才适用法定继承。

二、死因继承的规定：生者间继承契约的禁止

　　在意大利民法中——与其他法律体系不同——只存在唯一一个某个主体
通过其可处分自身遗产的文书，那就是遗嘱。事实上，约定继承契约被禁止
（《意大利民法典》第458条）。

　　事实上，约定继承契约中的术语并不属于同质的法律范畴，因为其被用
于定义两类行为[2]。

　　第一类是设立继承的条款，某人通过这些条款安排处分自身遗产；第二
类是处分和放弃继承的条款，某人通过这些条款处分根据尚未开始的继承可
能获得的权利。

　　第一类设立继承的条款通常都是契约，第二类处分和放弃继承的条款可
以是契约，也可以是单方行为。

---

　　〔1〕　参见 F. 桑托罗 – 帕萨来利："法定声明和遗嘱声明"，载《民法期刊》，1942 年，第 193 页
及以下，现载《民法评论》（第二册），那波里，1961 年版，第 581 页及以下。

　　〔2〕　有关这一问题的论述，可参见如 M. V. 得乔治：《未来继承的协议》，那波里，1976 年；M.
伊瓦：《继承中的重要问题》，那波里，2008 年版；D. 阿奇勒：《继承协议的禁令：未来继承中的私法
自治研究》，那波里，2012 年版；E. 德尔·普拉多："继承中的契约体系：改革的前景"，载《公证期
刊》，2001 年版，第 625 页及以下；E. 德尔·普拉多："继承协议"，载 E. 德尔·普拉多主编：《继
承》，第 1 页及以下，在此有进一步的论述。有关"相似继承现象"的概括研究可参见 A. 帕拉索：
《契约自由与非典型继承》，那波里，1983 年版；A. 帕拉索：《继承》，第 47 页。

这两类条款都被禁止，但家庭契约的规定例外，这一 2006 年引入的例外规定已经改变了《意大利民法典》第 458 条的规定，现在该条表述为"除了《意大利民法典》第 768 条附条及其后条的规定外"。

设立继承的契约与遗嘱本身具有同样的功能。

但处分和放弃（继承）的契约并不具有与遗嘱相同的功能，也就是说这些契约并不是对死亡所引起的权利处分进行安排，而是通过这些契约某人可以处分或放弃其依据尚未开始的继承可能获得的权利。

在独生子女法定继承的情况下，该独生子女设想其将从父亲那继承遗产，因此，其转让部分其父亲的财产，即处分一个依据尚未开始的继承可能获得的权利，但其父亲仍然活着且身体健康，那么这一转让无效。从体系上来说，除非是出卖了他人的物，那么这一出卖直接具有债的效果而并非无效。

但该（转让）无效的理由并非严格从法律层面而言。

很多学者认为，按照传统应禁止（缔结）处分遗产契约。因为他们认为在该契约中隐藏了希望他人死亡的意图，即预示某人将死。但这更多是从不道德性而非违法性出发来做出判断。

事实上，转让无效的原因可认为是基于这样的事实，即依据尚未开始的继承可能获得的权利还不是真正的权利，也就是说，还不是具有显著法律意义的状态：人们可以处分的是其权利而不能仅是一种期待。

在这一情况下，涉及的是期待而不是权利[1]。不能处分依据尚未开始的继承可能获得的权利：只有一旦该继承开始才拥有权处分其。

第二个类别是放弃（继承）的行为，通过该行为某人放弃依据尚未开始的继承可能获得的权利。

在此，（放弃继承的行为）也应考虑特留份继承人的特殊情况（《意大利民法典》第 536 条）[2]，即其应在继承开始前放弃提起"削减之诉"的权利（《意大利民法典》第 553 条及其后）。

允许法定继承人可预先处分其（继承来的）权利的条件非常严格。唯一的例外是有关家庭契约的规范，其引入了在继承开始之前预先处分（继承来

---

〔1〕 参见更为著名的一本著作，E. 德尔·普拉多：《继承协议》，同上，第 12 页及以下。

〔2〕 特留份继承（也时常被称作"必要继承"）与法定继承一起论述的论著可参见 A. 帕拉索：词条"继承（第四部分）：必要继承"，载《特莱卡尼法学百科全书》（第 30 卷），罗马，1993 年版。C. 帕里内罗：《对法定继承人的保护和体系改革》，米兰，2012 年版。

的）权利的可能性，（家庭契约的规范）也允许法定继承人一旦面对破产清算，则可缔结弃权契约（《意大利民法典》第768条附条及其后）[1]。

禁止约定继承契约的理由非常复杂，通过该继承契约某人可处分其自身遗产。

约定继承契约是死因契约，因此从设立角度而言是生者之间契约，但从给予（财产）正当性理由角度而言是死因契约。

死因契约是什么？

契约的基本要件包括契约原因（《意大利民法典》第1325条第2点），以此来证明财产移转的正当性理由。在死因行为中，财产移转的原因是死亡，即财产授予的原因是死亡[2]。

约定继承契约使得有利于权利人的（财产）处分是不可撤销的，因为契约具有不可撤销性的特征（《意大利民法典》第1372条）。

因此，依照（约定继承）契约，由于死亡而发生的自愿的财产给予变成了不可撤销的行为，这与遗嘱的可撤销性相违背，而遗嘱的可撤销性是不可违背的（《意大利民法典》第587、679条及以下）。

因此，约定继承契约被禁止，或许是因为其与遗嘱可撤销性的性质存在冲突。

但这一传统的原因仅仅是该（禁止约定继承契约）禁令其中一方面的原因。事实上，由于约定继承是死因行为，处分人（被继承人）尚未死亡，那么其并未丧失在生者间处分相同财产的权利。事实上，约定继承契约的存在理由极其有限，以至于即使在允许缔结约定继承契约的国家，实践中也很少出现。

意大利的司法判决广泛认为，某人处分与其死亡相关的自身权利的契约

---

〔1〕 在此，涉及一个允许通过处分继承人的权利来提前继承的制度。但这一制度在实践中很少用到。有关之前已经谈到的这一制度改革的情况，可参见 E. 德尔·普拉多："继承中的契约体系：改革的前景"，载《公证期刊》，2001年，第625页及以下。有关这一制度形态的论述可参见 A. 帕拉索、G. 帕拉索罗：词条"家庭协议"，载《特莱卡尼法学百科全书》（第22卷），罗马，2005年版。

〔2〕 有关遗嘱原因研究的最新成果中，可参见 S. 斯帕里亚提尼：《遗嘱性规则的原因和目的》，那波里，2000年，全文处处可见，特别是第171页及以下，涉及所谓的目的缺乏，即突然缺乏遗嘱目的。在立遗嘱和死亡之间所附条件的事件发生了，那么对遗嘱目的有效性的考察是非常有价值的，最近有关这一问题的论述可参见 E. 德尔·普拉多：《民法的基础》（第一册），都灵，2014年版，第263页。

与约定继承禁令相冲突[1]。最后，考虑到授予（财产）的法定时刻如果是在契约缔结时，虽然（该契约）附延缓条件，但财产授予实际立即生效了，因此这并非是由于死亡原因（而给予财产）[2]（这又与继承是死因行为相矛盾）。

我们来考察以赠与人先死亡为延缓条件的赠与。这一赠与中，在生者之间设立（赠与）的契约立即生效：所附条件是为了在赠与人先死亡的情况下，使可能的财产授予变成现实的财产授予。如果被赠与人先于赠与人死亡，则赠与确定地消灭[3]。

三、遗嘱概述

遗嘱是唯一的死因行为，主体可以通过遗嘱安排其自身遗产。《意大利民法典》第587条规定了遗嘱的概念，依照该条规定，遗嘱是一个可撤销行为，某人通过遗嘱可对自己死亡时的全部或部分遗产进行处分。

因此遗嘱的首要特征，甚至说其本质特征是死因行为，即允许立遗嘱人处分其死亡时的财产。

遗嘱不需要处分立遗嘱人的所有财产[4]，通过遗嘱也可以只处分其部分财产。

遗嘱的特性有：可撤销性，直到死亡之前立遗嘱人都可以撤销遗嘱；单方行为性（遗嘱是单方行为，不论是否接受，遗嘱即产生其效力）；单主体性，遗嘱必须由单个主体作出（事实上，禁止联合遗嘱和相互遗嘱，《意大利民法典》原第589条）；要式性，遗嘱必须总是以书面形式作出（《意大利民

---

〔1〕 参见最近的司法判决，最高法院2010年2月12日第3345号判决，载《意大利司法》，2011年，第559页及以下，对这一案件的评注可参见 V. 库法罗：《约定继承禁令和法律条款的加强》；最高法院2011年12月29日第30020号判决，载《意大利裁判》2012年第1期，第2456页。相反的观点认为继承契约具有债的效果，参见最高法院2009年11月19日第24450号判决，载《民商法律新司法》2010年第1期，第556页及以下，对这一案件的评注参见 A. 托德斯奇尼·莱姆达：《有效的继承协议和无效协议的转变》。进一步的研究可参见 E. 德尔·普拉多：《继承协议》，同上，第7页及以下。

〔2〕 需要厘清的是由于该协议是在缔约人死亡后为第三人利益而履行的，在此当事人书面的放弃了撤销权，这并不构成"禁止缔结继承协议禁令"的例外：事实是，在第三人先于被继承人死亡时，必须向其继承人履行，这意味着第三人获得了生者之间缔结的权利，并非由于缔约人死亡这一原因。

〔3〕 参见 F. 桑托罗－帕萨莱利："基于偶然死亡的赠与和遗赠"，载《民法评论》（第二册），1961年，第849页及以下；F. 桑托罗－帕萨莱利，《人身性用益权赠与的有效性》，第853页。不同的观点参见 C. M. 毕安卡：《民法（二）：家庭、继承》，2005年版，第562页。

〔4〕 相关案件参见锡耶纳法院1992年10月19日判决，载《意大利司法》1994年第2期，第1088页及以下。

法典》第601条）；无需受领性，遗嘱无需任何人的意思受领；法定性，因为遗嘱通过法律来规范和调整。

可撤销性意味着立遗嘱人的决定可以被撤销或修改。

在此，就遗嘱的可撤销性需要做出说明：一般而言，法律行为的撤销应当作为例外，因为当法律行为无需意思受领时，一旦做出意思表示即产生效力，而当法律行为需要相对人意思受领时，在所指受约人知道该法律行为时则产生效力（生者间法律行为的规则依照《意大利民法典》第1334条）。

因为遗嘱的意思表示无需任何人受领，因此遗嘱是无需受领的，如果遗嘱在其作出时就是法律行为，应该认为遗嘱的可撤销性是例外，这与一般原则相矛盾，依照一般原则，法律行为做出的安排不能随意撤销。

但是，遗嘱的可撤销性有其特殊理由，因为遗嘱是死因行为，其效力基础不取决于立遗嘱人的意图，本质上取决于死亡的发生，死亡是遗嘱的首要基础（此外，人们时常将遗嘱说成是"最后意志的表达"）。

这意味着事实上遗嘱是（处理）死亡效力的法律行为，直到其死亡，立遗嘱人都可改变其自身决定，撤销遗嘱（《意大利民法典》第679条及以下）。

因此，遗嘱的可撤销性并不与法律行为的可撤销性在同一层面，因为遗嘱在立遗嘱人不能再撤销时也就是其死亡时才作为法律行为。直到死亡之前，遗嘱中的意志仍然处于运动状态，即依照所述的遗嘱的可撤销性，其可变更（《意大利民法典》第679条及以下）。

遗嘱是要式行为，《意大利民法典》第601条规定了遗嘱的形式：自书遗嘱和公证遗嘱。

这是遗嘱的两种主要形式；公证遗嘱又可分为公开的和秘密的公证遗嘱。

自书遗嘱的形式更为简单（《意大利民法典》第602条），自书遗嘱应当全部由遗嘱人亲笔书写，应包括日期和签名。自书遗嘱应该采用书面形式，也可以书信形式立遗嘱。重要的是确保立遗嘱人表达其最后的意思以处分其死亡时的财产。

自书遗嘱应该反映立遗嘱人的意志，因此必须全部由立遗嘱人亲笔书写，并且签名，因为按照古老的传统，应通过签名来认可遗嘱的内容。有立遗嘱人签名的遗嘱才完整：没有签名的遗嘱是遗嘱草稿，不能等同于遗嘱。

自书遗嘱应该由立遗嘱人亲自注明日期（日、月、年），以确定立遗嘱人的遗嘱能力。事实上，只有在涉及确定遗嘱人的遗嘱能力或几份遗嘱的时间先后时，才允许对遗嘱日期的真实性进行指证。

在自书遗嘱形式瑕疵的问题上，提出的疑问是：口头遗嘱被认为是无效的还是不存在的。

这一疑问是有意义的，因为无效遗嘱可以被确认无效，而不存在的遗嘱无法被确认。

无效遗嘱的确认规定在《意大利民法典》第590条，基于该条规定，"无论何种原因导致遗嘱无效，如果明知无效原因的人在立遗嘱人死亡后确认了遗嘱的效力或者自愿执行了遗嘱，则不得再对遗嘱主张无效"。

说到法定继承人，其也可承认因为形式瑕疵而无效的自书遗嘱（例如遗嘱是用打字机打出的）的效力，法定继承人同样可以自愿执行遗嘱，因为其想要尊重和承认死者的意愿。

提出的疑问是：这一规则在口头遗嘱的情况下是否也适用，当某人口头表达其最后意志时。

意大利的司法判决广泛认为口头遗嘱，即口述遗嘱并非是不存在的，而应是无效遗嘱，因此，可以通过自愿执行来确认其效力[1]。

自书遗嘱的局限是其可以随意撤销。如果想要立一个"稳固"的遗嘱，最好采取公证遗嘱的形式（《意大利民法典》第603条），（其通常情况是，自书遗嘱被委托给公证员或受托人做出）。

无效的秘密遗嘱可以转化其形式，即无效秘密遗嘱在符合自书遗嘱要件时，可以转化为自书遗嘱而产生效力，（《意大利民法典》第607条）。

四、遗嘱中的财产性规定

说到遗嘱内容，其是对财产性或非财产性内容进行各种处分的一类复合文书[2]。

《意大利民法典》第587条第2款也包含对非财产性内容的处分，这些处分作为遗嘱内容得到了法律的认可[3]。在即使缺乏财产性处分内容但符合遗嘱形式的文书中，这些非财产性内容仍然是有效的。例如，对没有被他人认

---

〔1〕 参见最高法院1965年4月24日第719号判决、最高法院1996年7月11日第6313号判决，载《公证员》，1996年，第509页。

〔2〕 有关遗嘱这一法律行为的全面论述可参见 A. 特拉布其："遗嘱性自治和否定性规定"，载《民法期刊》1970年第1期，第39页及以下，特别参见第63页。

〔3〕 最近的研究成果可参见 E. 达米亚尼："遗嘱中的非典型性内容"，载 E. 德尔·普拉多主编《继承》，第267页。

领的子女的认领，依照《意大利民法典》第 256 条，即使遗嘱被撤销，但该认领仍然自遗嘱人死亡之日起生效，不可撤销。非财产性内容的遗嘱时常包含没有特别法律意义的所谓的道德遗嘱（但这对私生子女的认领和对继承资格的恢复具有法律意义）。

有关遗嘱财产性的处分可以分为三种类型：继承制度、遗赠和负担，其中一类（即负担）相对于其他两类是附属性的。

存在争议的是，遗嘱是否可以只规定法定继承人承担某个义务（而不享有任何权利）：依照对"负担必须依附其他遗嘱规定"这一附随性的确定，答案是否定的（《意大利民法典》第 647 条第 1 款）。[1]

遗嘱可能包含其他典型的财产性处分：数量不匹配的财产分配（《意大利民法典》第 654 条第 2 款）、为遗产分割确定的规则（《意大利民法典》第 733 条）[2]、财产合算的分配（《意大利民法典》第 737 条）、分担遗产债务的规定（《意大利民法典》第 752 条）。

继承制度是概括性的规定，而遗赠是特定性的规定[3]。

《意大利民法典》第 588 条规定了这一原则：考虑到确定立遗嘱人意图的需要，无论立遗嘱人采用了何种表达方式或者称呼，在遗嘱解释中，必须探究立遗嘱人处分其财产的真实意图[4]。

因此，只要遗嘱处分包括了全部或者部分立遗嘱人的财产，就是概括性的遗嘱处分。而其他处分是特定性的遗嘱处分[5]。

如果根据立遗嘱人的意思，能够推断出立遗嘱人是将特定财产作为遗产

─────────

〔1〕 有关这一问题可参见 M. 乔治亚尼："遗嘱性负担"，载《法律和程序三月刊》，1957 年，第 889 页及以下；M. 加鲁蒂：《遗嘱性负担》，那波里，1990 年版；M. 罗斯"负担"，载 E. 德尔·普拉多主编：《继承》，第 427 页及以下。最近的研究成果可参见 L. 久斯托兹："遗嘱模式的功能和子模式"，将发表于《民法期刊》，在这篇文章中有进一步的论述。

〔2〕 这一问题可参见 C. 达帕里亚："立遗嘱人对遗产的分配"，载 E. 德尔·普拉多主编：《继承》，第 347 页。

〔3〕 这一问题可参见 G. 伯尼里尼：《遗嘱性意思自治和遗赠：非典型性遗赠》，米兰，1990 年版；F. 杰尔博：《先取遗赠和遗嘱内容的功能》，帕多瓦，1996 年；E. 达米亚尼："遗赠"，载 E. 德尔·普拉多主编：《继承》，第 233 页；V. 他瓦斯："先取遗赠"，载 E. 德尔·普拉多主编：《继承》，第 277 页；A. 马天尼："遗赠的类型"，载 E. 德尔·普拉多主编：《继承》，第 283 页。

〔4〕 参见最新的研究成果 F. 杰尔博：《实践中的制度：对民法典第 457 条和第 588 条的再批判》，米兰，2011 年版。

〔5〕 参见 L. 巴莱科尔斯："遗嘱的内容、继承制度、有关继承人的遗嘱性安排"，载 E. 德尔·普拉多主编：《继承》，第 175 页及以下；E. 达米亚尼："遗赠"，载 E. 德尔·普拉多主编：《继承》，第 233 页及以下。

份额而进行处分，则立遗嘱人对某一项特定财产或者对某一些特定财产的处分并不意味着排除概括继承。例如，在现实中，遗嘱只涉及一套房子作为遗产的情况。

如果继承人没有接受继承，则继承不产生法律效果。由于被遗赠人不以自身财产承担所继承的债务责任，所以其可自动取得遗赠。但遗赠可以放弃，因为不能强迫某人接受即使是免费的某物。有关遗赠的要件参见《意大利民法典》第649条。

遗赠的客体可能是债，例如债权遗赠，遗赠人授予被遗赠人针对继承人的一个债权。

放弃遗赠相当于拒绝（接受遗赠的财产），是不能反悔的。因此，放弃遗赠就相当于其从来没有获得过遗赠的财产，这有利于负有（给付遗赠物）义务的继承人，可使其财产增加，除非存在多个被遗赠人。

遗赠履行义务人一般是继承人，其负责执行遗赠，但是可以设想一下存在次遗赠的情况，在此，遗赠履行义务人则是被遗赠人。例如，立遗嘱人将一套公寓以及所有家具遗赠给被遗赠人，除了一幅画留给第三人：那么，交付该画的义务人就是被遗赠人。

如果处分的客体是移转所有权，继承人或是被遗赠人的给付义务则是交付遗赠物。

负担（《意大利民法典》第647条）的本质是继承人或被遗赠人所承担的给付。提出的疑问是，负担和附义务的遗赠间的区别是什么，这一问题存在争议。较好的回答是，当存在（相对的）债权人时，则是附义务的遗赠，当不存在相对的债权人时则是负担，例如，你应该建造一个纪念碑。

赠与中的负担（《意大利民法典》第793条），可以是没有确定对象的给付（例如，修复我赠与给你的别墅），或是针对被赠与对象本身的给付（例如，我赠与给你这些金钱为的是你用于学习一个专业课程），或是针对第三人的给付（例如，我赠与你这一别墅，你必须每年夏天接待我的姐姐去住）。

在遗嘱中，为第三人利益的处分是遗赠，因此，第三人变成了债权人（这正是为第三人利益的情况）。

立遗嘱人——如赠与人一样——可以预先规定：负担如果未被履行则撤销财产授予（《意大利民法典》第648条第2款和第793条最后1款）。意思是说，因不履行而解除契约，这是针对授予该财产所期望的利益并未实现而进行的补救措施，而不仅仅针对契约中对价给付的落空（《意大利民法典》第

1453 条及以下)[1]。

任一利害关系人都可以提起诉讼请求履行该负担(《意大利民法典》第648 条第 1 款和第 793 条第 3 款)。(提起诉讼的) 合法性应该做广义理解,因此这与程序性的规则相关(《意大利民事诉讼法典》第 100 条),依照这一规定提起诉讼必须有明确的法益支持:第三人提起诉讼,请求履行负担应该拥有一个诉讼名义,这一名义使其成为立遗嘱人所规定的负担利益的享有者。

对遗嘱能否仅进行消极处分这一问题,学界一直存在争议,消极处分是指剥夺继承权,即排除某个法定继承人继承其遗产的权利。

虽然一直以来主流观点的回答是否定的(即不能排除法定继承人的继承权)。肯定的回答(即可以排除) 要求证明(被继承人)有授予他人(继承权)的竞合性意图[2]。换句话说,即必须证明(对某人)继承权的剥夺反应了被继承人要将其赋予其他继承人的隐含的意图,因此,其他继承人成为遗嘱继承人。

这一解释的思路最近被超越,因为通过剥夺某人继承权,立遗嘱人可处分其财产(《意大利民法典》第 587 条),因此增加其他法定继承人的份额。[3]然而,仍然存在疑问的是,其他继承人是依照法律还是依照遗嘱默示地被确定为指定继承人的。

传统观点认为不能剥夺特留份继承人的继承权(在意大利法中,特留份继承人是配偶、婚生子女,非婚生子女,直系尊亲属),法律为他们保留了部分遗产(《意大利民法典》第 536 条)[4]。不允许意味着(这样的剥夺)无效。

---

〔1〕 有关这一问题可参见 E. 德尔·普拉多:"缺乏协议的一致性问题及其补救方法",载《债与协议》,2012 年,第 405 页及以下。

〔2〕 参见最高法院 1967 年 6 月 20 日第 1458 号判决,依照该判决"立遗嘱人可以明示或是默示的排除某个法定继承人的继承权,因此,其并非继承人了,但是需具备的条件是该遗嘱中包含了其他积极性的处分,即以继承或是遗赠的形式将财产授予给了其他主体。因此,如果遗嘱没有其他的内容,只是排除了某个继承人的继承权,这一遗嘱无效。因此,对遗嘱内容解释时表明,立遗嘱人明确表示剥夺某个继承人的继承权,但同时将财产隐含地授予了其他主体,那么这一遗嘱是有效的,其包含了真正的对遗产积极有效的处分,这足够赋予该遗嘱可剥夺他人继承权之否定性处分以效力";参见最高法院 1984 年 11 月 23 日第 6339 号判决;以及最高法院 1994 年 6 月 18 日第 5895 号判决。

〔3〕 参见最高法院 2012 年 5 月 25 日第 8352 号判决,载《民商法律新司法》2012 年第 1 期,第991 页及以下,对这一案件的评注参见 R. 帕西亚:"意思自治的原则和只含有剥夺他人继承权条款的遗嘱的有效性",在这篇文章中有进一步的论述。

〔4〕 同脚注〔2〕。

然而，需要考虑的是，对特留份继承人权利的保护并不是通过确认损害其利益的遗嘱无效来实现，而应通过提起"请求削减之诉"来实现（《意大利民法典》第 553 条及其后）[1]。

依我看，剥夺特留份继承人继承权的无效性符合《意大利民法典》第 457 条第 3 款的规定："遗嘱不能损害法律为特留份继承人保留的权利"，也符合《意大利民法典》第 554 条的规定："超出遗嘱人能够处分份额范围作出的遗嘱处分属于被削减的标的，应当削减至可处分份额范围以内。"

实际上，只有从《意大利民法典》第 457 条第 3 款才可以推断出："请求削减之诉"代表了保护特留份继承人的唯一方式。相反，《意大利民法典》第 554 条是用于限制遗嘱可处分财产范围的。

因此，从这两个条款的协调性出发可得出以下结论：剥夺特留份继承人继承权的遗嘱性处分无效；为了达到相同的剥夺特留份继承人继承权之目的而将遗产授予其他人的做法，可对之提起"请求削减之诉"。

---

[1] 事实上，也有学者认为该遗嘱的无效性尚未有定论，参见 G. 伯尼里尼：《继承法和赠与教科书》，都灵，2014 年版，第 279 页。

兄弟间的情感分量和继承份额的确定：
罗马法、意大利法和中国法

【意】Massimiliano Vinci* 著

李 媚** 译

一

兄弟间继承这一问题非常值得讨论，可从历史—教义学的角度来考察。可以查明各个法典（针对兄弟间继承这一问题）在立法上的变化，多大程度上是由于总的法律政策变化的结果，又在多大程度上是对"社会"情感需求的必要反应，这里特别涉及对情感关系和家庭关系进行（法律）评价，将会介入到各种不同类别的兄弟关系当中。

在这一意义上，对中国法上和意大利法上的规定进行比较研究是非常有趣的。我们将会看到中国法和意大利法中所表现出的不同特性，这是这两个国家特殊历史背景和不同"社会"情感需求的反应。面对这样的差异性，我们试图寻找它们在罗马法体系中的共性，但任何时候都不能忽略二者所明显表现出的（法律继承的）间断性和调适性。

二

这篇文章的目的并非对罗马法历史发展进程中所承认的两个继承制度进行总结和概括（优士丁尼统一了这两个制度[1]）：值得指出的是，一方面，

---

* Massimiliano Vinci（马西莫米利亚诺·文奇），罗马第二大学教授。

** 中国政法大学比较法学研究院讲师，罗马第二大学法学博士。

〔1〕 从历史的角度来看，父系亲属关系在优士丁尼《新律》中是非常明确的，而且从《新律》开始就排除了单方血缘关系兄弟（即同父母或是同母异父）间的继承权，只承认同父母兄弟间的继承权。然而，这一"无情的规定"在优士丁尼有关遗嘱继承改革这一更广阔的背景下被重新评估，首先通过废除仅依据宗亲联系才能取得继承权，且认为宗亲继承更"强大"的这一规定，最终克服了障碍。

缺乏遗嘱的继承（法定继承）更为古老；另一方面，遗嘱继承权是由裁判官引入的。人们总将注意力集中在二者间关系这一问题上，相对于结构视角，人们更多的是从功能视角出发来概括二者的不同之处。

1. 因此，弄清法定继承的"原则"非常重要，即宗亲关系（*agnatio*）。事实上，男性间的血缘联系决定了法定继承中遗产的划分。

事实上，如果被继承人在活着时并没有将其财产留给任何处于其父权之下的主体，该被继承人一旦死亡，这些主体将变成法律上独立的主体，被继承人的遗产将会被交给最近的宗亲属（依据《十二表法》）。

这显示出宗亲这一概念和兄弟间的亲属关系之间至关重要的联系，盖尤斯在其法学阶梯中对此有所论述（Gai. 3，10.）。

"……所谓宗亲属，是指那些被法定亲属关系联系在一起的人。法定亲属关系就是通过男性人员相互联系的亲属关系。因此，由同一父亲所生的兄弟之间是宗亲属，他们也被叫做同父兄弟，而不问他们的母亲是否是同一人……"

只有同父兄弟才是宗亲属，他们之间可以相互继承，不论他们是否同母。因此，对民法继承制度而言，同父兄弟等于兄弟间是同血缘的。因此，之前在优士丁尼罗马法和各个民法典中都非常重视的同父同母的嫡亲兄弟间的关系，其实并没有那么重要。相反，同母兄弟（由同一个母亲所生，但父亲不同）间并没有相互的继承权。简单的排除他们之间的继承权是因为宗亲联系（和父权）只与父亲相关，但他们是同母异父的："……通过女性亲属关系联系在一起的血亲，同样不允许继承（Gai. 3，24.）"。

2. 民法上的法定继承制度基于《十二表法》，随后法定继承被认为是不公平的，因为在法定继承中宗亲联系被看作是绝对的判断标准，而不考虑血亲联系，血亲联系可能与是否同父无关。裁判官通过建立完整的继承制度对该不公平的规则提供了补救措施（这种不公平的法则被裁判官告示加以修正 Gai. 3. 25.），提供了其他选择，即遗产占有制度（虽然该制度从法律效果上看较弱）。在此无需考察细节，我们只需要记住如何确定四类继承人：直系卑亲属；法律确定的人；有血缘关系的亲属；丈夫和妻子。我们所感兴趣的正是上面所提到的同宗兄弟，他们属于"法律规定的人"这一类别（如在《十二表法》体系中所确定的），但是同母异父的兄弟则属于下一类，即"有血缘关系的亲属"这一类。在"遗产占有"体系中，并不适用不同顺位宗亲间的顺位继承（Gai. 3. 28.），例如，对兄弟遗产的继承，死者有一个同父异母的兄弟，一个同母异父的兄弟和一个叔叔（其爸爸的兄弟），如果同父异母的兄弟不愿意或是不能接受遗产，这些遗产将转移给同母异父的兄弟，将排除叔叔的继承，虽然叔叔属于更高顺位的继承人。

3. 从裁判官继承所代表的继承模式逐步扩展的历史进程，我们可以看到法定继承制度在后古典时期经历了许多革新。我们在优士丁尼皇帝公元 543 年的第 118 号新敕中可以找到最终的规定。法定继承的基础仅仅基于亲属关系，基于宗亲关系的法定继承被正式废除了。值得指出的是，就这一意义而言，在第 118 号新敕颁布之前，优士丁尼皇帝已经特别关注兄弟间继承这一问题，其早在公元 539 年第 84 号新敕中就废除了同父异母和同母异父兄弟间不同法律对待的区别，但优士丁尼确立了另一个差异性，即同父同母的嫡亲兄弟和同父异母或同母异父的单亲兄弟间存在差异，这从法律上看仍然很重要。

事实上，在第 84 号新敕中，立法者通过对一个具体案件的判决明确地表明了其态度，这一案件的解决办法随后被扩展应用于这类案件。现在我们考察一下这一案件，其包含在以希腊语编撰的法律规范文本中。

某甲与其妻子结婚，生育了几个儿子；随后，在该妻子死亡后，某甲又与另一妇女结婚，共同生育了几个儿子，后生育的几个儿子相对于之前生育的儿子是同父异母的兄弟。随后，某甲又第三次结婚，在这次婚姻中又生育了其他几个儿子。在某甲死亡后，该第三任妻子又与他人再婚，且又生育了几个儿子，这些儿子相对于其与第一任丈夫所生育的儿子，只是同母异父的兄弟。该第三任妻子死亡后，其中一个没有子女也没有立遗嘱的兄弟也死亡了，留下了很多的兄弟，但是其中一些是同父异母的，一些是同母异父的，还有一些是同母同父的兄弟。

因此，兄弟的不同性质使他们属于不同类型。但是，一旦我们确定了可以溯源至的起点，对我们而言，就可以找出这些兄弟间不同关系的些许区别：或是通过丈夫的死亡，或是通过妻子的死亡，或是通过再婚或法定离婚，这都有可能。因此，在此应讨论是否允许所有兄弟都继承这一已经死亡的兄弟的遗产，无论是同父异母或是同母异父的兄弟，或者同父同母的兄弟。

针对这一案件的特殊性及其判决根据，优士丁尼提出了一个有价值的观点：同父同母的兄弟间是通过"双项权利"而连接的（旨在作为他们的更有利地位的象征），因为他们拥有相同的父亲和母亲。相反，同父异母或同母异父的兄弟，仅仅只有单方（父亲或是母亲）是相同的，他们之间通过"单项权利"相连接。依照第 84 号新敕，这一差异性是接受同父同母兄弟间享有继承权而排除同父异母或同母异父兄弟间继承权的足够理由。

我们在查阅了所有的法律之后——无论是古老的法律还是我们现行的法律——都没有找到有关相同问题的规定。因此，有必要由法律来最终规范，法律应该考虑兄弟之间的不同关系，一些兄弟是通过亲属权而与死者相联系的，我们将其看作合法的亲属；另一些兄弟是通过合法权利来联系的，事实上，（这后一类）他们有共同的父亲，而前一类只是有共同的母亲；最后，一些兄弟完全是由于他们享有法律规定的或基于其自身性质可获得的关照而相互联系，他们或由同一母亲所生育，或拥有同一父亲的基因，同父同母嫡亲兄弟的血统对其自身而言是一种象征。因此，如果一个兄弟（如前述案例中的那个一样，先死亡了），其想要避免法律上的问题或是兄弟间的争议，其应倾向于立遗嘱，以明确表达其意愿，则那些通过书面遗嘱被确定的人可以继承遗产。因此，在死者的确不想或不能立遗嘱的情况下（事实上，人们会有很多不情愿的理由而不愿意立遗嘱，或是遭遇突然的死亡来不及立遗嘱），那么，我们的法律应该规范这类案件。①的确，在死者财产的继承中，法律想要赋予同父同母的嫡亲兄弟相对于那些同父异母或是同母异父的兄弟而言更为优先的继承权。我们不否认他们之间性质的差异，并将这一差异纳入法定调整的范畴，以区分不同的状态，赋予地位更为优越的兄弟更为优先的权利，而不允许地位较低的兄弟与其权利相同。②事实上，在这一判决中涉及各种因素。……因此，这一法律是为这一案件而制定的，正如我们所说，（这一案件）代表着颁布法律的合适时机。在这一案件中兄弟间关系的性质取决于三次婚姻关系，有足够理由——如果设想这里只有两次婚姻，也可能产生同父异母或是同母异父的兄弟，其他的是同父同母的兄弟——导致这一类型的情况：因此，在这一特殊情况下应该讨论这一类情形，法律规定了享有双项权利的同父同母兄弟间的继承权，而排除了同父异母或是同母异父兄弟间的继承权。

三

意大利 1861 年统一之前，大部分民法典的规定都基于（以上所述的）这一相同原因：例如，皮埃蒙德地区的《阿尔贝蒂诺法典》规定在有同父同母兄弟的情况下排除同父异母或是同母异父兄弟的继承权。随后，意大利北部的其他法典也采取同样的模式。但两西西里王国的法典却做了不同规定，将同父异母或是同母异父的兄弟完全等同于同父同母的兄弟，且从此认为在这两种情况下，他们之间的亲等毫无疑问是相同的。

面对这一明显的差异，1865 年意大利民法典的立法者采取了纯经验准则，并未以之前的任何法律体系为模型，也未以任何法学理论为支撑，可以说 1865 年的法典只是临时编纂的产物。概括的说，1942 年现行《意大利民法典》几乎完全遵照 1865 年《意大利民法典》的规定[1]，给付可以说是一样的：一半的血缘等于一半的继承份额；同父异母或是同母异父兄弟只能获得同父同母兄弟所继承份额的一半。

1865 年《意大利民法典》第 741 条：某人死亡，没有留下后代，也没有父母和其他尊亲属，由其兄弟姐妹按照份额以及他们的后代按照血统继承死者的遗产。但是那些同父异母或是同母异父的兄弟姐妹以及他们的后代与同父同母的兄弟姐妹以及他们的后代竞合，前者只能获得后者继承份额的一半。

1942 年《意大利民法典》第 570 条，兄弟姐妹间的继承：某人死亡没有留下后代，也没有父母和其他尊亲属，由其兄弟姐妹按照相同份额继承遗产。同父异母或是同母异父的兄弟姐妹只能获得同父同母兄弟姐妹的继承份额的一半。

一个相似的规范在当代学者间引起很大争议，但在立法上却超越了绝大部分的争议，例如，在婚生子和非婚生子（即在婚姻之外出生的子女）之间，2012 年 12 月 10 日生效的第 219 号法律完全承认了二者之间的平等。现行兄弟间继承的法律规范，实际上既是现行立法的变化，也是对有关家庭关系的各类社会情感的深刻反应。

四

向中国同行们介绍 1985 年《中华人民共和国继承法》有关法定继承的详

---

〔1〕 相关争论在实质上是一致的，这可以在法典的立法报告中读到，有关《意大利民法典》草案第 3 编的立法报告是当时的司法部长皮萨内里先生在 1863 年 11 月 26 日第 75 次会议中提交给参议院的。每个人都承认同父同母的兄弟间他们更为紧密地一起成长且受到同样的对待，因此，他们之间情感更深，这加深了血缘的联系，且使得他们在成熟之后这样的血缘联系仍然不可切断。相反，同母异父或是同父异母的兄弟姐妹他们来自不同的家庭，各自独立成长和受教育，并没有在同一个家庭受到一样的对待而成长，所以他们之间的感情深厚和稳固程度并不如同父同母的兄弟姐妹那般（这是我自己的遐想）。1939 年 10 月 26 日第 18 次会议时，立法报告提交给国王陛下的司法部长 D. 格朗地先生，以作为《意大利民法典》"死因继承与赠与"这一编中的内容通过了，处于第二章"法定继承"第一节"法定亲属的继承"第 52 条中。"（对不同兄弟姐妹）不同对待的传统规定……是为了回应他们之间不同的血缘和情感联系，他们之间有些是同父同母的有些是同父异母或是同母异父的。非常明确的是，他们觉得同父同母的兄弟姐妹比同父异母或是同母异父的兄弟姐妹之间的联系更为坚固和紧密（这是我自己的遐想）。"

细规定，我内心有些忐忑。我只是想针对《继承法》第 10 条提出自己的一些思考，特别是对第 10 条的最后一款。

《继承法》第 2 章：法定继承

第 10 条第 1 款：遗产按照下列顺序继承：第一顺序：配偶、子女、父母。第二顺序：兄弟姐妹、祖父母、外祖父母。

第 10 条第 5 款：本法所说的兄弟姐妹，包括同父母的兄弟姐妹、同父异母或者同母异父的兄弟姐妹、养兄弟姐妹、有扶养关系的继兄弟姐妹。

对一个西方学者而言，不可忽视的是 1985 年中国《继承法》的立法者们将同父母的兄弟姐妹与同父异母或同母异父的兄弟姐妹完全等同。因此，按照规定（《继承法》第 13 条第 1 款：同一顺序继承人继承遗产的份额，一般应当均等）他们可以获得相同份额的遗产。因此，在中国并没有赋予"双项权利"的同父同母的兄弟姐妹相对于"单项权利"的同父异母或同母异父的兄弟姐妹以任何不同的法律效果。基于统一对待的相同思路，《继承法》也赋予养兄弟姐妹同样的地位，在此，法律联系取代了血缘联系。但大部分的研究兴趣着眼于最后一类主体，法律将这类主体看作兄弟姐妹；即有抚养关系的继兄弟姐妹。如果正确理解这一规范的内容，兄弟姐妹可区分为"生物血缘性"和"外在法律性"两类主体，法律性的主体如配偶在前一婚姻中所生的继子女。事实上，这些主体间如果没有所谓的共同居住，则没有任何共同因素，这一共同居住是由各自父母的再婚导致的。他们之间的"距离"实际上是通过他们之间说建立的抚养关系超越的，这一抚养关系正好弥补了他们之间联系的缺失，正如上面所提到的。

总之，在兄弟姐妹间继承这一问题上，中国的法律规范中也存在着一个按照法律认为值得保护的程度而排列的特殊价值等级。事实上，对由于某人死亡而发生的财产转移的安排必须服务于家庭团结互助原则，这一原则是中国法律体系的基础。

注释和参考文献：

1. 有关这一特殊问题，涉及优士丁尼时期这一制度的发展情况，以及与欧洲各国民法典的对比研究可参见 M. 文奇："兄弟间的情感分量与继承份额的确定：罗马法基础和明确规定"，载《罗马法研究所学刊》2013 年第 107 期。为了方便中国读者阅读，在此列出这篇文章的英文摘要："对全血缘关系（同父同母）和半血缘关系（同父异母或是同母异父）兄弟间继承规则的分析，使我们意识到这两类人之间继承份额的确定规则存在很大差异，这与对'社会'价值的反应紧密相关，这一社会价值观实际体现出不同家庭的特征。除了继承方面特殊的法律规定外，实际上，在各种不同法律地位的等级中，我们都会发现全血缘联系比半血缘联系的地位更优。从这一观点看，兄弟姐妹间全血缘联系或是半血缘联系的相关法律规定与优士丁尼皇帝在《新律》中的规定密切相关，这一规定使得如果存在全血缘关系兄弟的话，那么将排除半血缘关系兄弟之继承权。但是，这一'无情的规定'在优士丁尼有关遗嘱继承体系改革这一更广阔的背景下被重新评估了，这一改革取消了依据宗亲联系才能取得继承权且认为宗亲继承更为'强大'的规定，最终克服了障碍。"

2. C. 法塔：《罗马法继承法的基本概念》（第一册），那波里，1900 年版。

3. G. 拉皮那：《罗马法上的法定继承、遗嘱继承和遗嘱的违反》，佛罗伦萨，1930 年版。

4. P. 沃齐：《罗马继承法》（第二册），米兰，1963 年版。

5. R. 拉贝尔蒂尼：《优士丁尼第 118 号新律的特征》，米兰，1977 年版。

6. R. 博尼尼：《优士丁尼时代研究导论》，博洛尼亚，1979 年版。

7. G. 拉那塔：《优士丁尼新律中的法律规定和性质》，那波里，1984 年版。

8. N. 范得尔瓦：《优士丁尼新律教科书：优士丁尼新律内容的系统概述》，格罗林根，1988 年版。

9. M. 蒂莫特奥：《中国法中的继承：历史发展与现实规定》，米兰，1994 年版。

论环境侵权责任法的功能、作用和地位

侯佳儒* 著

如何对环境侵权责任法的功能和作用进行定位，直接影响到环境侵权责任的概念界定、归责原则、成立要件、免责事由、责任承担方式等问题的制度建构和学理阐释。但在目前，学界对这一基本问题缺乏深入研究，许多观点似是而非，经不起推敲。尤其是一些学者提出的环境侵权责任法保护"环境权"或"环境权益"、环境侵权责任法救济对象包括环境损害等观点，更是站不住脚。为此，本文将以之为对象进行研究，分析我国环境侵权责任法的功能、作用[1]，并将其置于人身、财产损害填补与预防的法律体系中，探究其应有的地位。

一、环境侵权责任法的功能

（一）环境侵权责任法的权益保障功能

权益保障是环境侵权责任法的首要功能。环境侵权责任法是侵权责任法的特别法，而侵权责任法又是民法体系的重要组成。民法采取的是以个人为

---

　* 中国政法大学民商经济法学院教授。本文系"中国政法大学青年学术创新团队项目资助成果"。

　〔1〕 所谓"规范功能"，是指法律规范通过具体调整个体行为所能达到的法律目标，所谓"社会作用"，则是从宏观视角，描述法律调整对整个社会秩序带来的影响。黎国智主编：《法学通论》，法律出版社 1998 年版，第 65 ~ 67 页；张文显主编：《法理学》，法律出版社 1997 年版，第 256 页。这里的规范功能也相当于英美法学者提出的"显性功能"，社会作用相当于"隐性功能"之说。按该英美法上的观点，侵权法具有所谓"显性功能（manifest function）"和所谓"隐性功能（latent function）"。前者是指侵权法通过赔偿等手段，将受害人恢复至受害前的状态；而后者是"隐藏的功能"，是指侵权法通过制裁过错行为从而实现矫正正义，促进社会公正的实现。参考王利明、周友军、高圣平：《侵权责任法疑难问题研究》，中国法制出版社 2012 年版，第 6 页。

本位、以权利为本位的民法思维方式：所谓以个人为本位，是指"个人是主体，一切从个人意思为出发点"；所谓以权利为本位，是指"一切以权利为出发点"〔1〕。根据这种个人为本位、权利为本位的民法思维方式，近代民法确立了私权神圣原则，肯定个人权利神圣不可侵犯，旨在捍卫人的自由与尊严〔2〕，环境侵权责任法也不例外。权益保障是环境侵权责任法发挥其他功能和作用的规范依据，其限定了侵权责任法的适用空间，是侵权责任成立要件的重要组成内容，也为损害赔偿提供前提。〔3〕

明确了权益保障是环境侵权责任法的首要功能，还须进一步明确环境侵权责任法的权益保障范围。对于环境侵权责任法的权益保护范围，应包括"他人的人身、财产权益"，对此学界并无异议，但其是否还应包括"环境权"或"环境权益"，环境法学界绝大多数学者都持肯定立场。〔4〕但笔者认为，如果从现行法规定出发，我国《侵权责任法》将其保护对象明确限定为"他人的人身、财产权益"，这从立法层面排除了将"环境权"或"环境权益"纳入环境侵权责任法权益保护范围的可能性。

《侵权责任法》第1条规定，"为保护民事主体的合法权益，明确侵权责任，预防并制裁侵权行为，促进社会和谐稳定，制定本法"，开宗明义，侵权法之立法宗旨，首当其冲在于保护民事主体的"合法权益"。第2条第1款进一步明确，"侵害民事权益，应当依照本法承担侵权责任。"可见，依照《侵权责任法》所保护的对象，必是"民事权益"。究竟何为"民事权益"，该法第2条第2款规定："本法所称民事权益，包括生命权、健康权、姓名权、名誉权、荣誉权、肖像权、隐私权、婚姻自主权、监护权、所有权、用益物权、担保物权、著作权、专利权、商标专用权、发现权、股权、继承权等人身、财产权益"。可见，侵权责任法保护的"民事权益"，既包括民事权利，也包括法律保护的合法"人身、财产利益"，但总体范围仅限于"人身、财产权益"。

《侵权责任法》第八章第65条至68条对"环境污染侵权"做出特别规

〔1〕谢怀栻：《外国民商法精要》，法律出版社2006年版，第9页。
〔2〕侯佳儒："民法基本原则解释：意思自治原理及其展开"，载《环球法律评论》2013年第4期。
〔3〕朱岩：《侵权责任法通论·总论》，法律出版社2011年版，第123页。
〔4〕参考曹明德：《环境侵权法》，法律出版社2000年版，第9～25页；王明远：《环境侵权救济法律制度》，中国法制出版社2001年版，第1～12页；邹雄：《环境侵权法疑难问题》，厦门大学出版社2010版，第19～29页。

定，但有关环境污染侵权仍然要适用《侵权责任法》第一章的"一般规定"，因此环境侵权责任法的保护范围也应限于该法第一章第 1 条和第 2 条规定的"人身、财产利益"范围。

有学者可能会提出，《侵权责任法》第 2 条第 2 款是一开放性规定，"本法所称民事权益，包括……人身、财产权益"，第 2 款表明除了具体列举的 18 种权利之外，还有其他民事权益也属于侵权责任法的保护对象，而"环境权"或"环境权益"就应该是第 2 条第 2 款所列举的 18 种权利之外的法益。这一观点看似有理，实则无据。根据该款，即便有新型民事权益纳入到侵权责任法的保护范围，但这种权益的法律属性也应属于"人身、财产权益"，这一点确定无疑。但问题在于，即便"环境权"或"环境权益"真属于第 2 条第 2 款所列举的 18 种权利之外的法益，但其属性则又为"人身、财产利益"，果真如此，又违背了"环境权"或"环境权益"概念主张者的理论初衷——毕竟，绝大多数学者认为环境侵权的权益保护范围应包括"环境权"或"环境权益"，其最终目的是意图通过环境侵权责任法对环境系统自身的损害实现救济。

（二）环境侵权责任法的人身、财产损害之预防与填补功能

权益保障是环境侵权责任法的重要功能。除此之外，面对现代社会日益增多的环境事故，"如何防止和减少危害事故"和"如何合理填补所生的损害？"[1]成为环境侵权责任法所亟待解决的问题，亦是现代环境侵权责任法所须具备的重要功能。换句话说，环境侵权责任法的功能之一在于"给一个高度分工、充斥各种危险活动的社会提供一个高效可行并且令人信服的赔偿机制"[2]。对于环境侵权责任法的损害预防与填补功能，有如下要点须作说明：

第一，这里所谓的"损害"，首先是、并且主要是受害人因环境污染事件所遭受的人身、财产和精神损害，环境侵权责任法不对环境系统自身的损害进行救济。

第二，对损害进行填补，是环境侵权责任法最基本的功能，其主要表现形式就是赔偿损失，赔偿经济损失是环境侵权责任中最常采用的、也是最纯粹的责任承担形式。"恢复原状"也是环境侵权责任的承担方式，但"恢复原

---

〔1〕 王泽鉴：《侵权行为法》，中国政法大学出版社 2001 年版，第 4 页。
〔2〕 朱岩：《侵权责任法通论·总论》，法律出版社 2011 年版，第 97 页。

状"民事责任方式并不是恢复环境的原状，而是恢复受害人受损财产的原状。[1]

第三，预防损害的发生是环境侵权责任法的第二大功能。由于现代社会中事故频发、损害巨大，预防功能的地位日益突出，成为现代侵权法与传统侵权法的重要区别之一。环境侵权责任法又是现代侵权责任法的典型形态和标准样本，因此预防损害的发生是环境侵权责任法的一大功能。

但对环境侵权责任法的预防功能不能有过高期待。有学者认为，预防观念将对侵权法的传统范式带来一场"范式革命"，应以预防为中心来重构现代侵权法。[2]对此观点，笔者持怀疑态度。环境侵权责任法固然具有预防功能，但损害填补才是其最基本、最重要的职能，这是由环境侵权责任法作为事后救济法这一本质属性所决定的："侵权责任法本身作为救济法不能主动介入到某种社会关系里面去"，"侵权责任法是权益遭受到侵害之后所形成的社会关系，它的核心是解决在权利受到侵害的情况下应该怎么救济的问题"，而且，"从责任的角度来看，侵权责任以损害为前提，而违约责任中的违约金责任则没有这样的要求，这也表明侵权责任法具有更强的补偿性"[3]——这一观点值得赞同。

（三）环境侵权责任法不具有制裁功能

侵权责任法制定过程中，关于侵权责任法是否具有制裁功能，曾有争议。笔者认为，从我国现行法出发，"制裁侵权行为"既不是环境侵权责任法的功能所在，也不是侵权责任法的功能。理由有四：

第一，环境侵权责任法系属私法，私法之责任形态系向来以"恢复"受侵害权利至初始状态为其主要目的，民事责任并不以"制裁"为要旨。

第二，现代社会环境事故频发，环境侵权责任法系以填补损害、分散损害及预防损害为重要课题，其缺乏传统侵权法对侵权行为的"道德非难"意味。

第三，现代社会招致环境侵权的肇事事实自身，往往都是合法行为，而且其往往牵涉高科技背景和高度环境风险，并且这种环境风险往往为社会所认知、为社会发展所必须、亦为环境政策所许可，这种肇事事实自身缺乏

---

〔1〕 王胜明主编：《中华人民共和国侵权责任法解读》，中国法制出版社 2010 年版，第 80 页。

〔2〕 石佳友："论侵权责任法的预防功能"，载《中州学刊》2009 年第 4 期。

〔3〕 王利明、周友军、高圣平：《侵权责任法疑难问题研究》，中国法制出版社 2012 年版，第 15 页。

"社会非难性"[1]，因此对其予以制裁，缺乏合法性根基。

第四，在我国环境侵权责任法中，没有规定惩罚性损害赔偿制度，我国的损害赔偿采纳了以恢复原状为目的的立场。可见，至少在我国目前的现行法上，环境侵权责任法并不具有惩罚、制裁的功能。

二、环境侵权责任法的作用

（一）界定群己界限

界定群己界限是侵权责任法的重要社会作用。欧洲侵权法小组在《欧洲侵权法原则：文本与评注》中特别指出："侵权法必须在象征自由两面的、冲突的个人利益之间寻求平衡：一方面是'活动利益'，它对应于我们所享有的发展个性、开展经济、体育、娱乐活动等的自由；另一方面是'固有利益'，它对应于我们不受干扰地享有自己生理、心理能力和财产的自由。"[2]这里所说的"活动利益"其实就是意思自治原则所保护的行为自由，而所谓"固有利益"即私权神圣原则所保护的私人权利，二者结合其他民法基本原则，其核心内容不过是为维护个人自由来界定群己权界，即"在'自由的合法行为'与'应负责任的不法行为'之间划定一个界限，以维护广大行为人的行为自由"。[3]环境侵权责任法是侵权责任法的特别法。受到民法思维范式影响，保障个人权益与行为自由、界定群己权界也是环境侵权责任法的核心任务。

（二）增进社会福祉

传统侵权法一直将维护个人行为自由作为唯一要旨。但随着风险社会的来临，侵权责任法制度设计的指导理念，日益关注如何满足"人们对社会生产、生活基本安全的需求"[4]。尤其是法经济学思想的渗入，侵权责任法开始关注如何通过分配社会资源来提高整个社会的福祉，"行为自由与法益保护之间的协调涉及具体主体：从单个的自然人或者企业来看，如何保障自己的生命身体和财产不受侵害，是每个个体关心的首要问题；而且从宏观角度来看，如何从成本和收益的角度来分散风险和各种损害，也是各国立法普遍关

---

［1］ 叶俊荣："环境问题的制度因应"，见于叶俊荣：《环境政策与法律》，中国政法大学出版社2003年版，第136～142页。

［2］ 欧洲侵权法小组：《欧洲侵权法原则：文本与评注》，于敏、谢鸿飞译，法律出版社2009年版，第118页。

［3］ 王利明、周友军、高圣平：《侵权责任法疑难问题研究》，中国法制出版社2012年版，第8页。

［4］ 王利明、周友军、高圣平：《侵权责任法疑难问题研究》，中国法制出版社2012年版，第8页。

注的重点"[1]。在这方面，环境侵权责任法是较能体现侵权责任法追求增进社会福祉、效益目标的领域。

这里需要进一步明确，环境侵权责任法的制度设计能够或者应该在何种程度上服务于增进社会福祉，焦点是如何确定增进社会福祉和界定群己界限这两者的优先位序。在侵权责任法领域，对此争议较多。有观点认为，侵权责任法首要功能在于减少事故发生的数量和减少事故成本，而不是为受害者提供损害赔偿机制，其代表性学者如卡拉布雷西，在《事故的成本》一书中明确提出：事故法的首要目标是公平，其次是降低事故成本，而如何降低事故成本又和公平问题息息相关。[2]日本民法学者我妻荣也持有此种观点："法律的指导原理不是以保障个体的自由为最高理想，而应该以提高社会共同生活水平为其理想，侵权行为法应该建立一个对社会生活中产生的损害的公平妥当的负担分配机制。……然而要使侵权行为制度作为一个社会生活中的损失公平妥当地分配的制度，就要探讨侵权行为制度的新指导原理。"[3]

笔者对此持异议。尽管现代侵权责任法——包括环境侵权责任法——制度设计趋向于增进社会福祉，但维护个人行为自由仍然是其最核心的作用，即增进社会效益只应是侵权责任法弥补损害这一目标的副产品。其理由，诚如王泽鉴先生所言，"侵权行为法提供了个人权益受不法侵害时的保护机制，使被害人得依私法规定寻求救济，令加害人就其侵权行为负责，其所维护者，系个人的自主、个人的尊严，其重要性不低于冷酷的效率，实为人类社会存在的基本价值"。[4]

（三）环境侵权责任法与环境保护

我国《环境保护法》第 1 条规定，"为保护和改善生活环境与生态环境，防止污染和其他公害，保障人体健康，促进社会主义现代化建设的发展，制定本法"。此外，我国的《水污染防治法》《大气污染防治法》等环境保护单行法中也有类似规定。由于这些法律当中也包含关于环境侵权责任的条款，因此，"保护和改善生活环境与生态环境，防止污染和其他公害"被许多学者顺理成章地视为是环境侵权责任法应当具有的作用。

---

〔1〕 朱岩：《侵权责任法通论·总论》，法律出版社 2011 年版，第 92 页。

〔2〕 ［美］卡拉布雷西：《事故的成本》，毕竞悦等译，北京大学出版社，2008 年版。

〔3〕 ［日］圆谷峻：《判例形成的日本侵权行为法》，赵莉译，法律出版社 2008 年版，第 30 页。

〔4〕 王泽鉴：《侵权行为法》（第一册），中国政法大学出版社 2001 年版，第 36 页。

但是，环境侵权责任法是否具有环境保护作用、能在何种意义上保护环境、如何发挥环境保护作用，这些问题对绝大多数人而言依然暧昧不明，亟待澄清。笔者认为：

第一，虽然学界一直有观点认为或者期望环境侵权责任法能对环境系统自身的损害予以填补和预防，这种理论诉求主要体现在环境法学界提出的"环境权"理论当中，也体现在环境法学界对环境侵权侵害权益对象涵盖"环境权、环境权益"的表述当中。但通过前文分析我国《侵权责任法》第 1 条和第 2 条的规定，可以看出这种观点在我国现行法上找不到法律依据。

第二，环境侵权责任法究其本质，是侵权责任法的特别法，性质属于民事法。传统民法学理论把侵权视为债的发生原因之一，强调侵权责任法也归属于债法，这种观点的要害在于，能把侵权责任法的关注焦点落在侵权加害人与受害人二者之关系上考察。以此观点视之，环境侵权责任法固然关注环境事故所生损害之预防、分配，但其关注焦点，仍然在因环境侵权而产生债之关系的双方当事人，仍在于保障赔偿权利人有权请求赔偿义务人给予损害赔偿。由此可以看出，环境侵权责任法的视野仍然局限于环境侵权肇事方与受害人之间的损害填补问题，而不及于环境系统的自身损害。

第三，通过侵权责任法对环境系统的损害进行修复、恢复，缺乏可行性。现代社会环境损害极其巨大，影响深远，样态繁复，具有高科技背景，易造成严重的社会问题，这种环境损害的修复需要强有力的资金支持、技术支持、人力支持和管理支持，往往耗时经年累月，这无法通过调整私人之间关系的环境侵权责任法得到解决。[1]

第四，对于环境损害救济而言，环境侵权责任法是必要的，其作用也是不可替代的。现代社会的环境治理，需要政府和市场的协调发挥作用，需要政府、公民社会、企业、每个社会成员的协调行动，每一种主体、每一种手段各有其价值所在，从这个角度而言，环境侵权责任法保护社会个体利益、激发个人自由和活力，这对于环境保护具有积极意义，但却不是其主要功能。

总之，环境侵权责任法的功能在于预防和填补环境污染造成的人身、财产损害，也包括对精神损害予以法律救济，但其不对环境系统自身的损害进行填补，但在客观上对环境系统自身损害的预防能起到间接的影响和作用。

---

〔1〕 叶俊荣："环境问题的制度因应"，见于叶俊荣：《环境政策与法律》，中国政法大学出版社 2003 年版，第 136 ~ 142 页。

对于环境保护，环境侵权责任法固有其用，但功能有限；过高预期和拔高环境侵权责任法的价值、作用，不但于事无补，反而有伤环境侵权责任法自身的属性、品性。

三、环境侵权责任法的地位

为进一步明确环境侵权责任法的功能和作用，有必要将环境侵权责任法置于现代社会多元的损害预防与填补机制当中，确定其功能界限所在。

首先要看到，在现代社会，风险剧增，事故频发，传统侵权责任法不足以填补和预防损害，为顺应时变，现代侵权责任法自身机理发生重大变化，"损害（风险）负担"和"损害（风险）分散"已经成为侵权责任法的重要功能之一。弗莱明就指出，"意外引起的经济损失不断消耗社会的人力和物资，而且有增无减。民事侵权法在规范这些损失的调节及其费用的最终分配的工作上占重要的地位"。[1]在这一点上，环境侵权责任法就是现代侵权责任法的典型范例。

还要看到，基于现代社会的损害（风险）的程度和规模巨大，任何单一的法律制度都不足以解决损害之填补和分散问题，为此一些国家不断推出新的立法，形成了目前以侵权责任法、无过失补偿制度和社会保障制度构成的三阶层的损害赔偿与补偿体系："最基层的系安全保障制度，如全民健康保险；在其上者为无过失补偿制度，如劳工职业灾害保险、预防接种、药害的受害救济、强制汽车保险、犯罪被害人保护等等；居于顶层的则是侵权行为法"。[2]这一套三阶层的损害赔偿与补偿体系也是各国立法应对因环境侵权事故对个人所造成的损害的填补方法。[3]

那么，在这种多阶层的损害赔偿与补偿体系中，应如何认识环境侵权责任法具有的地位？笔者认为：

第一，对于环境事故造成的损害分配而言，侵权责任法不再是最为有效的制度。因此，损害分配必须通过其他途径达成。如通过价格机制来分配损害，即由企业承担损失，然后再由企业把赔偿费用计入成本进而转嫁到消费

---

〔1〕　〔英〕约翰·G. 弗莱明：《民事侵权法概论》，何美欢译，香港中文大学出版社1992年版，第1页。

〔2〕　王泽鉴：《侵权行为》，北京大学出版社2009年版，第23页。

〔3〕　周珂、杨子蛟："论环境侵权损害填补综合协调机制"，载《法学评论》2003年第6期。

者身上；通过责任保险、基金等社会安全机制来分散损害。[1]

第二，环境侵权责任法对于损害的分配仍然具有基础性地位。虽然西方一些学者提出损失分担理论，认为在生态的破坏、工业危险等领域，要通过侵权责任制度来实现损失的分担，由最能够承受损失、分散损失或投保的人来承受损失。但从社会一般公平正义理念出发，"污染者付费"仍然是环境法最为基本的原则，通过侵权责任法确定损害责任承担人，仍然是最为基本的损害救济途径。

第三，环境侵权责任法对于损害分配具有不可替代的地位。按照王泽鉴先生的观点，"不仅应该综合通盘研究各种填补制度始能得其全貌"，"并应该参照社会、政治、经济之发展状态，彻底检讨各项损害填补制度所应负担之功能，以决定何种损害事故，应该由何种制度加以规范，最为恰当"。[2]在现代多层次的损害填补机制当中，环境侵权责任法不仅负担损害分配功能，更重要的是附在权益保障功能，发挥界定群己界限作用，这些都是其他机制不可取代的。

结　语

环境侵权责任是处于民法和环境法"边界上"的法律领域。究其实质，它只是民法为应对现代环境危机而采取的一种制度手段。环境侵权法是一支隔墙花，在环境法这边花开锦绣，但其根蔓却出自墙那侧民法的土里。因此，对于环境侵权责任法的属性、功能和价值，仍在于保护个体自由同时兼顾增进社会福祉，环境侵权责任法的功能和作用，仍在于通过保障私人的人身、财产权益，只是间接地对环境保护产生影响和作用。对环境侵权责任法的功能、作用必须予以恰当把握，不应过低地位，更不应过高期待，否则都不利于准确把握环境侵权责任法的地位，也不利于进一步理解环境侵权责任的概念界定、归责原则、成立要件、免责事由、责任承担方式等问题。

---

〔1〕 周珂、杨子蛟："论环境侵权损害填补综合协调机制"，载《法学评论》2003 年第 6 期。

〔2〕 王泽鉴:《民法学说与判例研究》（第二册），中国政法大学出版社 1998 年版，第 169 页。

扩张与强化：环境侵权责任的综合适用

张新宝[*]　庄　超^{**}　著

　　中国共产党第十八次全国代表大会报告明确提出建设美丽中国的战略目标，要加强生态文明制度建设，加强环境监管，健全生态环境保护责任追究制度和环境损害赔偿制度。自 1979 年《环境保护法（试行）》以来，我国环境保护立法逐渐增多，就环境侵权责任的民事立法而言，《物权法》、《侵权责任法》和最高人民法院司法解释的相关规定呈现出逐渐强化侵权人民事责任的趋势，但相对于环境侵权行为的复杂性、严重性而言，现行规定并未产生令人满意的综合叠加效果。近年来，民法学界对环境侵权责任的研究成果有所增多，但多数研究比较注重从部门法的法律责任视角出发，对环境法律责任的整体性把握和综合性运用重视不够，导致对被害人救济不足，对加害人威慑乏力，对环境保护强度偏弱。环境侵权责任并非单一民法问题，在侵权主体认定、责任构成和法律责任上，经常牵涉复杂侵权主体认定以及民事责任、行政责任和刑事责任叠加和区分适用问题。本文拟以我国现行立法与最高人民法院的相关司法解释为基础，力求打破不同部门法之间的分野，依据侵权责任法理，从各种环境污染责任综合运用的角度，扩张和强化环境侵权责任，以弥补现行规定散乱、责任强度不够以及法律适用混乱等诸多问题。

一、环境侵权责任制度的演进：进步与局限

（一）不断强化的环境侵权责任

　　1979 年《环境保护法（试行）》第 32 条第 1 款是关于行政处罚的规定，第 2 款涉及环境侵权的"经济责任"（金钱赔偿），其责任要件包括：行为违

　　* 中国人民大学法学院教授。
　　** 武汉大学法学院博士研究生。

法性、行为的严重性（"严重污染和破坏环境"）、损害（严重财产损失与人身损害）、因果关系。[1]这样的"惩罚"性条文表现为行政处罚优先及行政责任、经济责任和刑事责任综合适用的法律责任模式。这被后来的相关法律法规所承继。这种环境侵权责任可被理解为较宽松的过错责任：不仅要求行为违法，而且要求污染和破坏环境的行为严重。1986年《民法通则》第124条受到上述《环境保护法（试行）》第32条第2款的影响，仍将"违反国家保护环境防止污染的规定"作为侵权责任的构成要件，合规排污即使造成损害也不承担任何法律责任。[2]但其进步之处在于对于污染行为，不再要求"严重"；对于"损害"的要求有所放松，对财产损失的要求不再是"重大经济损失"。1989年的《环境保护法》第41条通过确立无过错责任原则、限制免责条件等方式，从立法上极大强化了环境侵权责任：①该条确立了环境侵权的无过错责任原则，是否违反"国家保护环境防止污染的规定"不再是责任构成要件；②环境侵权责任的方式主要是"排除危险"与"赔偿损失"；③赔偿责任的实现，可以通过行政途径，亦可通过诉讼途径；④免责条件限于损害是"完全由于不可抗拒的自然灾害"引起且污染者及时采取合理措施。[3]

　　2009年《侵权责任法》第8章以4个条文（第65～68条）的篇幅，较为全面地确立了我国的环境侵权责任制度。这些规定既是对20年来环境侵权责任立法的重述，亦在多个方面强化了环境侵权责任：①坚持环境侵权为无过错责任（第65条）；[4]②规定污染者应当就法律规定的不承担责任或者减

---

　　〔1〕《环境保护法（试行）》第32条规定："对违反本法和其他环境保护的条例、规定，污染和破坏环境，危害人民健康的单位，各级环境保护机构要分别情况，报经同级人民政府批准，予以批评、警告、罚款，或者责令赔偿损失、停产治理。""对严重污染和破坏环境，引害人员伤亡或者造成农、林、牧、副、渔业重大损失的单位的领导人员、直接责任人员或者其他公民，要追究行政责任、经济责任，直至依法追究刑事责任。"

　　〔2〕《民法通则》第124条规定："违反国家保护环境防止污染的规定，污染环境造成他人损害的，应当依法承担民事责任。"

　　〔3〕《环境保护法》第41条规定："造成环境污染危害的，有责任排除危害，并对直接受到损害的单位或者个人赔偿损失。""赔偿责任和赔偿金额的纠纷，可以根据当事人的请求，由环境保护行政主管部门或者其他依照法律规定行使环境监督管理权的部门处理，当事人对处理决定不服的，可以向人民法院起诉。当事人也可以直接向人民法院起诉。""完全由于不可抗拒的自然灾害，并经及时采取合理措施，仍然不能避免造成环境污染损害的，免于承担责任。"

　　〔4〕《侵权责任法》立法过程中，有人主张"合规排污造成损害的也应承担侵权责任"，但是最后的文本并没有采纳这一建议。参见梁慧星主编：《中国民法典草案建议稿附理由：侵权行为编·继承编》，法律出版社2004年版，第1606条。

轻责任的情形及其行为与损害之间不存在因果关系承担举证责任（第66条）；③在第三人造成损害的情况下，侵权人可以向污染者请求赔偿，也可以向第三人请求赔偿。污染者赔偿后，有权向第三人追偿。环境侵权责任是《侵权责任法》规定的无过错责任中最严格的一种。特别值得指出的是，《侵权责任法》第66条以立法形式确认了2001年《最高人民法院关于民事诉讼证据的若干规定》（以下简称《民事诉讼证据解释》）第4条第3项有关因果关系推定的规定，确立了环境侵权诉讼的举证责任倒置规则。[1]

（二）现行环境侵权责任制度的局限性

改革开放三十多年来，片面追求经济效益的发展思路严重危害了生态环境，立法者随之逐渐提高了对环境保护重要性、必要性的认识，进而不断完善相关立法，强化了环境侵权人的责任。然而，在生态环境恶化日益严重的前提下，现有环境侵权责任制度在实践中并未取得明显效果。[2]这虽然与法律规定未真正得到实施有关，也与现行立法存在的一些缺陷密切相关。具言之，与自然人之间的侵权行为相比，环境侵权行为一般由经过严格组织化的法人或社会组织实施，在责任发生（如由雇员实施）与责任承担（如公司承担独立责任，而控股股东可能游离于责任之外）上存在独特之处。以自然人侵权为模型构建的侵权责任制度必然不能完全适合对法人侵权行为的规范。此外，环境侵权相比于其他侵权行为在责任认定与责任承担两方面都更加复杂，单纯依据传统侵权责任制度追究侵权人的民事责任，则存在诸多局限性。因此，在研究如何强化环境侵权责任时，不能仅仅从侵权构成要件上作抽象思考，须一并考虑到更为复杂的法律解释与适用问题，特别是应该考虑各种侵权责任方式的综合适用、关联民商事法律中相关制度的适用，以及正确处理环境侵权责任与相关行政法律责任、刑事法律责任的关系，强调各种责任的互补替代性与侵权赔偿责任的优先性。

---

〔1〕《民事诉讼证据解释》第4条第3项规定："因环境污染引起的损害赔偿诉讼，由加害人就法律规定的免责事由及其行为与损害结果之间不存在因果关系承担举证责任。"

〔2〕截至2012年底，我国重点城市各项污染控制略有好转，但农村地区随着工业化、城镇化和农业现代化不断推进，环境形势依然严峻。参见中华人民共和国环境保护部：《2012年中国环境状况公报》，2013年6月6日，http://jcs.mep.gov.cn/hjzl/zkgb/2012zkgb/201306/t20130606_253423.htm，访问时间：2013年10月20日。

二、环境侵权双罚制：个人责任与企业责任

（一）雇员的连带责任与被追偿责任

强化个人侵权责任是强化环境侵权责任的主要组成部分。虽然法人属于法律意义上的民事主体，但是法人的行为需要特定自然人（如其法定代表人、雇员等）实施；法人获得利益或者遭受损失，其结果最终都将归属于特定的自然人，如其股东。正是基于这两个事实，可以通过相应的制度设计和实际运作，达到强化法人环境侵权责任的目的。

雇员在执行雇佣事务过程中造成第三人损害的，雇主对该损害一般承担过错推定责任或者无过错责任。这是近代以来普遍的法律责任规则。[1]例外的规则是，如果该雇员在执行雇佣事务中对第三人造成损害是故意的或者有重大过失，该雇员则：①与雇主一起对受害的第三人承担连带的侵权责任，或者②雇主对受害的第三人承担侵权责任后，有权向有故意或者重大过失的雇员追偿。[2]

最高人民法院 2003 年 12 月 28 日发布的《关于审理人身损害赔偿案件适用法律若干问题的解释》（以下简称《人身损害赔偿解释》）对此采用了连带责任和责任追偿的双重责任安排，即雇员在执行雇佣事务过程中给第三人造成损害有故意或重大过失的，雇员与其雇主对该受害的第三人承担连带赔偿责任，雇主在承担连带责任后有权向雇员追偿。《人身损害赔偿解释》第 9 条第 1 款规定："雇员在从事雇佣活动中致人损害的，雇主应当承担赔偿责任；雇员因故意或者重大过失致人损害的，应当与雇主承担连带赔偿责任。雇主承担连带赔偿责任的，可以向雇员追偿。"《侵权责任法》没有对此种连带责任和追偿权做出规定，学界有人反对连带责任与追偿权，有人反对连带责任但

---

〔1〕《法国民法典》第 1384 条规定："主人与雇佣人对仆人与受雇人因执行受雇的职务所致的损害，应负赔偿的责任……前述的责任，如父、母、学校教师或工艺师证明其不能防止发生损害的行为者，免除之"；《瑞士债法典》第 55 条第 1 款："营业的业主应当对其雇员或者其他辅助人在履行服务或者经营职责时造成的损害承担责任；但其能够证明在该条件下已经尽到避免损害产生的合理主义义务或者损害不管有没有尽到该主义义务均会产生的除外。"

〔2〕《瑞士债法典》第 55 条是关于业主（雇主）责任的规定，其中第 2 款规定："业主有权对造成损害的人在可归责于他之范围内进行追偿。"《德国民法典》第 831 条规定了雇主责任，其第 1 款规定："为某事务而使用他人的人，就该他人在执行事务中不法加给第三人的损害，负赔偿义务。使用人在挑选被用人时，并且，以使用人须办机械或器具或指挥事务的执行为限，使用人在置办或指挥时尽了交易上必要的注意，或即使尽此注意损害也会发生的，不负赔偿义务。"

是支持追偿权。[1]本文认为，规定故意或者重大过失的雇员在此种情形下承担直接的（如连带责任）或者间接的（如被雇主追偿）侵权责任是十分必要的：既有利于被侵权人损害赔偿请求权的实现，又有利于规范雇员的行为，要求其在执行雇佣事务过程中谨慎行事，避免或者减少损害的发生。[2]而对于雇员责任的追究，应该在连带责任和被追偿责任之间择其一从之。这一方面符合国际民事立法惯例，另一方面也可以避免对雇员过于苛严导致三方（雇主、雇员和受害的第三人）之间的利益失衡。

本文主张，在环境侵权领域，雇员因故意或者重大过失造成污染，致使受害人遭受损害的，雇主在承担损害赔偿责任之后，有权向该雇员追偿。裁判依据是《人身损害赔偿解释》第9条第1款。通过这样的裁判，既保证被侵权人的损害赔偿请求权得到实现，又能在一定程度上可以抑制基于故意或者重大过失的污染事件的发生。环境侵权责任在这个方面的强化，有利于实现《侵权责任法》第1条规定的立法目的。

（二）对控股股东的"直索责任"

通常情况下，公司实施环境侵权行为时，应由公司以其财产承担侵权责任，公司股东对此无须承担责任，这是公司法人人格独立的当然内涵。这一制度安排为公司控股股东和实际控制人规避环境侵权责任提供了可能，"揭开公司面纱"制度是公司法对此种问题的应对。揭开公司面纱制度又称为"公司人格否认""股东直索责任"，是指控制股东为逃避法律义务或责任而违反诚实信用原则，滥用法人资格或者股东有限责任待遇，致使债权人利益严重受损时，法院或仲裁机构有权责令控制股东直接向公司债权人履行法律义务、承担法律责任。[3]《中华人民共和国公司法》（以下简称《公司法》）第20条第3款明确规定了该制度，即"公司股东滥用公司法人独立地位和股东有限责任，逃避债务，严重损害公司债权人利益的，应当对公司债务承担连带责任"。这为环境侵权受害人突破公司股东有限责任的束缚，直接请求股东承担侵权责任提供了法律依据。

在公司的环境侵权行为中，适用该法条，需要注意以下几点：①这里的

---

〔1〕 参见杨立新主编：《中华人民共和国侵权责任法草案建议稿及说明》，法律出版社2007年版，第191~194页。

〔2〕 参见杨立新主编：《中华人民共和国侵权责任法草案建议稿及说明》，法律出版社2007年版，第194页。

〔3〕 刘俊海：《新公司法的制度创新：立法争点与解释难点》，法律出版社2006年版，第86页。

"公司股东"可以包括一人公司中的唯一股东，也可以是有限责任公司、股份有限公司中的控股股东或者实际控制人（积极股东）。[1]②"滥用"的常见情况包括公司资本不足或者公司空壳、股东存在欺诈或者虚假、股东过度控制公司或者像对待个人财产那样处置公司财产。[2]③"逃避债务"应作广义理解，包括逃避合同之债、税收之债、不当得利之债、侵权之债，等等。[3]就本制度的适用，学者主张按照债权人对于债权的发生是否出于自愿而将债权人划分为自愿债权人与非自愿债权人，并认为非自愿债权人的利益更应受到保护。[4]侵权之债中的受害人或利害关系人则属于非自愿债权人。这类债权人的特点是，通常缺乏事先与侵权人讨价还价和预先防备的机会，这一点在肆意污染环境以使公司股东获取不当利益的情况中尤为明显，且此时的受害者往往人数众多，相对公司的强大力量而言属于社会弱势群体，对这类非自愿债权人更应加强保护。

由此，当公司的控股股东或实际控制人违反法律规定，滥用公司独立人格，使公司人格形骸化，发生污染环境的侵权行为并使债权人因此而遭受严重损害时，债权人有权根据《公司法》的规定要求揭开公司面纱，由控股股东或者实际控制人与公司共同承担连带责任。

三、连带责任的扩大适用：以侵权责任法第 67 条为中心

（一）从客观说到主观说：《侵权责任法》的不当转折

对于多数人侵权造成同一损害，是否构成共同侵权并承担连带责任，理论上存在争议，立法例上也不尽相同，大致存在主观说、客观说和折中说三种观点。[5]《人身损害赔偿解释》第 3 条规定："二人以上共同故意或者共同过失致人损害，或者虽无共同故意、共同过失，但其侵害行为直接结合发生同一损害后果的，构成共同侵权，应当依照民法通则第 130 条规定承担连带责任。""二人以上没有共同故意或者共同过失，但其分别实施的数个行为间接结合发生同一损害后果的，应当根据过失大小或者原因力比例各自承担相应的赔偿责任。"显然，这一司法解释采用的是"客观说"或者"行为关联

---

〔1〕 朱慈蕴："论公司法人格否认法理的适用要件"，载《中国法学》1998 年第 5 期。

〔2〕 朱慈蕴："公司法人格否认：从法条跃入实践"，载《清华法学》2007 年第 2 期。

〔3〕 参见王保树、崔勤之：《中国公司法原理》，社会科学文献出版社 2006 年版，第 48 页。

〔4〕 参见刘俊海：《现代公司法》，法律出版社 2011 年版，第 545 页。

〔5〕 参见张新宝：《侵权责任法原理》，中国人民大学出版社 2005 年版，第 80 页以下。

说"，共同侵权的构成不以数个行为人之间存在共同故意或过失为必要条件，在数个行为人分别实施加害行为导致同一损害发生且这些行为存在高度关联性（即"直接结合"）时，也构成共同侵权，数个行为人应承担连带责任。

一些学者对《人身损害赔偿解释》第 3 条采取行为关联说持反对态度，而且将这一立场带到《侵权责任法》的起草中。[1]尽管《侵权责任法》第 8 条原则性地规定"二人以上共同实施侵权行为，造成他人损害的，应当承担连带责任"，但由于该法第 12 条规定，"二人以上分别实施侵权行为造成同一损害，能够确定责任大小的，各自承担相应的责任；难以确定责任大小的，平均承担赔偿责任"，实际上其后半段是将行为关联的情况纳入了平均的按份责任。可见，《侵权责任法》背弃了《人身损害赔偿解释》第 3 条的精神，对于共同侵权之构成从"客观说"转向了"主观说"。《侵权责任法》有关共同侵权连带责任在立法政策上的转向，在侵权人与被侵权人之间做出了重大的利益调整：侵权人一方的行为自由得到更多保护，部分侵权人不再需要对连带责任项下的全部损害负责；被侵权人一方对部分承担按份责任的侵权人的求偿可能发生困难，导致损害赔偿难以实现。《侵权责任法》这一规定的合理性，仍然受到了学界的质疑。[2]

（二）《侵权责任法》第 67 条之解释

《侵权责任法》第 67 条规定："两个以上污染者污染环境，污染者承担责任的大小，根据污染物的种类、排放量等因素确定。"从文义来看，该条无疑接受了《侵权责任法》第 8 条和第 12 条所确定的路线，将没有意思联络的数人排污致害规定为按份责任而非连带责任，而确定各责任主体赔偿份额的依据也是完全客观的：一是污染物的种类；二是排污量因素。

该条将缺乏意思联络的数人排污导致同一损害规定为按份责任，在利益衡量上具有如下特征：①部分排污者无须为其他排污者的排污行为承担责任，从而轻松地从连带责任中摆脱出来。这有利于有赔偿能力、经济状况好的大企业。②被侵权人在向部分排污者尤其是缺乏赔偿能力、经济状况不好的企业主张损害赔偿时，可能会发生求偿困难。这样的制度安排导致的结果是，被侵权人会处于不利地位，环境侵权责任法"预防并制裁侵权行为，促进社

---

〔1〕　参见杨立新：《侵权法论》，人民法院出版社 2011 年版，第 702～704 页。
〔2〕　参见竺效："论无过错联系之数人环境侵权行为的类型——兼论致害人不明数人环境侵权责任承担的司法审理"，载《中国法学》2011 年第 5 期。

会和谐稳定"(《侵权责任法》第 1 条)的立法目的难以实现。

《侵权责任法》第 67 条的规定与主流学说、判例和晚近的立法例是背道而驰的。有学者指出：在较近的各国判例中，法官们逐渐认为，即使多数加害人之间没有意思上的联络，共同行为造成危害的，也为共同侵权行为。[1] 行为关联性理论不仅在数人排污行为具有"强关联性"的案件中得到确认，即使在仅仅具有"弱关联性"的案件中也被确认。认定此种情形下的共同侵权，判决数个排污者承担连带责任是一个基本趋势。[2]

从立法例来看，规定数个排污者造成同一损害的，构成共同侵权且承担连带责任是主流。如《德国水利法》第 22 条第 1 款规定："向水体（包括河流、湖泊、沿海和地下水）投放或导入物质，或者变更水体原来的物理、化学或生物血脂，致损害他人者，就其所生损害负赔偿责任。如果是多人使水域产生影响，他人作为整体负债人而承担责任。"[3]《日本民法典》第 719 条第 1 款规定："数人因共同侵权给他人造成损害的，各自对其损害的赔偿负连带责任。在不能知晓共同行为人中由何人加害时，亦同。"《日本大气污染防治法》第 25 条第 2 款规定："对于两个以上的事业者向大气中排放有害健康的物质而引起该损害赔偿责任，适用民法第 719 条第 1 款的规定的情况下，当认为事业者对于该损害的造成应负责任明显小时，裁判所在决定该事业者的损害赔偿金额时可以对这一情况加以考虑。"[4]可见，日本是将连带责任作为原则加以规定的，考虑份额差别属于特别情形。综合观察《侵权责任法》第八章，整体而言是向强化环境侵权责任这一方向努力的，其价值取向是明确的。但是第 67 条是一个例外，而出现这一情况的原因大致有三：①保持与第 8 条和第 12 条（后半段）在体系上的和谐性，因此，第 67 条的问题本质上是第 8 条和第 12 条（后半段）问题的延续；②缺乏对比较法资料的全面参考；③利益衡量上可能受到排污大企业的影响，或者自觉不自觉地将利益天平偏向了他们。

---

〔1〕 参见高圣平主编：《中华人民共和国侵权责任法立法争点、立法例及经典案例》，北京大学出版社 2010 年版，第 683 页。

〔2〕 参见 [日] 原田尚彦：《环境法》，于敏译，法律出版社 1999 年版，第 29 页。

〔3〕 陈国义："民法因果关系之理论、概念及举证责任在德国环境损害赔偿事件的适用及其转变"，载《法学丛刊》总第 160 期。

〔4〕 徐春丽、李保新："日本大气污染的控制对策及现状"，载《环境科学动态》2001 年第 03 期。

（三）《侵权责任法》第 67 条缺陷之避免

对《侵权责任法》第 67 条缺陷的克服，有两条路径可以选择：一是将来通过修改法律来实现，二是在现有法律的适用上来实现。两者相较，通过现有法律适用来克服第 67 条的缺陷是现实可行的。具体做法是对《侵权责任法》第 11 条进行扩大解释，极大限度地限制第 67 条的适用，从而基本上避免其消极作用。

《侵权责任法》第 11 条规定："二人以上分别实施侵权行为造成同一损害，每个人的侵权行为都足以造成全部损害的，行为人承担连带责任。"这是关于"原因叠加"或"原因竞合"情况下数人侵权承担连带责任的规定。在数个行为人分别实施加害行为造成同一损害的情况下，如果个人的行为都足以造成损害，则不管他们是否存在共同的故意或者过失（意思联络），也不管他们的行为之间是否存在密切的关联性，每一个人都要对损害后果承担连带责任。在数人排污致人损害的案件中，尽管各排污者所排放污染物种类有差别、数量不相同，如果每个排污者排放的污染物都足以导致全部损害的发生，就应当适用第 11 条关于连带责任的规定，进而避免第 67 条的适用。

从技术的角度看，尽可能优先适用《侵权责任法》第 11 条而尽可能避免适用第 67 条，需要对相关举证责任进行分配：①对于一般案件，法官可以推定每个排污者的排污行为都足以导致全部损害的发生，被侵权人（原告）无需对此进行证明。②给予排污者（被告）反证的机会，如果他能够证明自己的排污行为不能导致全部损害的发生，并能够证明自己的排污行为对损害发生所起作用大小，则适用第 67 条，判决其承担相应的按份责任。反之，如果他不能证明自己的排污行为未导致全部损害的发生，且不能够证明自己的排污行为对损害发生所起作用大小（份额），则适用第 11 条，承担连带责任。③在部分排污者就前项成功反证的情况下，剩余排污者对于剩余的损害赔偿（全部损害赔偿减去前项已经证明的份额）承担连带责任。

上述举证责任的分配，既符合法官自由裁量权的要求，也遵循了《侵权责任法》第 66 条的立法精神：污染者对不承担责任或者减轻责任的事由承担举证责任，对不存在因果关系承担举证责任。对此，最高人民法院可以通过司法解释或者指导性案例予以确认。通过法律适用上的技术方法控制，尽可能避免适用第 67 条。此外，在数人排污的环境侵权案件中，是否可以引用《侵权责任法》第 10 条，判决数个排污者承担连带责任，也是一条可以进一步研究的路径。如果第 10 条能够得到适用，也将大大降低第 67 条适用的可能性。

四、多种民事责任方式的叠加适用：责任加重的另类形式

《侵权责任法》第 15 条规定："承担侵权责任的方式主要有：①停止侵害；②排除妨碍；③消除危险；④返还财产；⑤恢复原状；⑥赔偿损失；⑦赔礼道歉；⑧消除影响、恢复名誉。以上承担侵权责任的方式，可以单独适用，也可以合并适用。"在环境侵权领域，强调各种侵权责任方式在适用上的特殊性以及综合适用它们，对于强化对被侵权人的保护、预防和制裁环境污染行为、遏制环境恶化具有十分重要的意义。《环境保护法》规定的环境民事责任承担方式是排除危害与赔偿损失。[1]其他环境保护法律法规也作了类似的规定，即把"排除危害"和"赔偿损失"作为环境侵权民事责任的主要方式，包括《海洋环境保护法》《大气污染防治法》《水污染防治法》《森林法》《环境噪声污染防治法》在内的大多数环保单行法，对污染民事责任承担方式所作的具体规定与《环境保护法》相同。而《固体废物污染环境防治法》除规定排除危害与赔偿损失外，还规定了恢复环境原状。这些单行立法规定的责任承担方式，成为环境侵权责任认定的主要法律依据。

（一）赔偿损失

赔偿损失也称为损害赔偿，是最基本、最重要的侵权责任方式。《侵权责任法》第 65 条规定："因污染环境造成损害的，污染者应当承担侵权责任。"有学者认为，赔偿损失是指在环境侵权中污染者对受害人所遭受的人身损害和财产损失的赔偿；在范围上，既包括直接损失，也包括间接损失。[2]这里存在的主要问题是：①在环境侵权案件中，赔偿是否包括对被侵权人所遭受的精神损害的赔偿；②整治、恢复环境发生的费用是否属于赔偿的范围；③"纯粹经济损失"可否得到赔偿。[3]本文认为，从强化环境侵权责任的角度出发，上述问题可以从以下路径寻求答案：首先，《侵权责任法》第 22 条规定的精神损害赔偿的使用范围是"人身权益"遭受损害并"造成他人严重

---

〔1〕《环境保护法》第 41 条第 1 款规定："造成环境污染危害的，有责任排除危害，并对直接受到损害的单位或个人赔偿损失。"第 44 条规定："违反本法规定，造成土地、森林、草原、水、矿产、渔业、野生动物等资源破坏的，依照有关法律规定承担民事责任。"

〔2〕 参见王利明：《侵权责任法研究》（下卷），中国人民大学出版社 2011 年版，第 505～506 页。

〔3〕 参见张新宝：《侵权责任法立法研究》，中国人民大学出版社 2009 年版，第 420 页。

精神损害的"情形，并不刻意突出或者排斥某种特定的侵权行为，因此在环境侵权案件中可以适用精神损害赔偿。具体而言，如果环境侵权涉及生命、健康等人身权（即发生死亡、人身伤残）或者被侵权人生存、生活等重大人身利益，[1]造成严重精神损害的，排污者应当承担精神损害赔偿的责任。其次，整治、恢复环境所发生的费用，与侵权行为有因果关系，属于应当赔偿的范围，只是在技术上既可以将其归入财产损失的赔偿也可以将其归入"恢复原状"发生的费用之赔偿。[2]最后，"纯粹经济损失"在环境侵权案件中的赔偿，实际上含有两个方面的内容：一是"被侵权人"范围的界定，二是间接损失的计算标准。适当扩大被侵权人的范围，将那些无直接物权性权利但是有较强利益关系的受害人纳入"被侵权人"范围，将具有一定因果关系属于可预见范围内的间接损失确认为财产损失，对于强化环境侵权责任也是十分必要的。

（二）停止侵害与排除妨碍、消除危险

《侵权责任法》第八章没有对停止侵害以及排除妨碍、消除危险的责任方式在环境侵权案件中的具体适用做出规定，第65条规定的"民事责任"在解释论上显然包括赔偿损失的责任方式，而不包括停止侵害与排除妨碍、消除危险，因为它设定了"造成损害"的责任构成要件，而停止侵害与排除妨碍、消除危险责任方式的适用是不以侵权行为造成损害为要件的。[3]因此，停止侵害与排除妨碍、消除危险责任方式在环境侵权案件中的适用，应当遵循《侵权责任法》第21条确立的一般规则。停止侵害的侵权责任方式通常适用

---

〔1〕《侵权责任法》第2条在对侵权责任法保护的各种权益进行列举性后，还规定了"等人身、财产权益"。因此，生存、生活等重大人身利益，也应属于侵权责任法保护的范围。

〔2〕 2010年发生的墨西哥湾漏油事件中，英国石油公司向受事件影响的渔民和其他索赔人赔偿78亿美元，向美国国家科学院、国家鱼类和野生动物基金会等政府实体公益赔偿32亿美元，刑事罚款13亿美元。相较之下，2011年6月发生在我国的康菲溢油案件的赔偿数额和类型上相差甚远。康菲溢油事故不仅造成了海洋生态环境的大面积破坏，而且在河北、辽宁、山东等地均出现了水产品海参、扇贝大量死亡的现象，养殖户损失惨重。康菲的合作方中国海洋石油总公司与农业部就损失赔偿和补偿问题达成协议。康菲公司出资10亿元人民币（约1亿6千万美元），用于解决河北、辽宁省部分区县养殖生物和渤海天然渔业资源损害赔偿和补偿问题。这表明，康菲公司的赔偿金只限于生态环境的损害赔偿，并不包括由于溢油导致生态环境损害已发的渔民利益损害赔偿。但生态赔偿本身包含了生态环境损害的赔偿和基于生态环境破坏引起人的利益性损害。渔民财产性损害赔偿是环境损害救济的应有之义。

〔3〕《侵权责任法》第21条规定："侵权行为危及他人人身、财产安全的，被侵权人可以请求侵权人承担停止侵害、排除妨碍、消除危险等侵权责任。"可见，停止侵害、排除妨碍、消除危险责任方式的适用不以过错为要件，也不以产生损害结果为要件，当然也无需讨论因果关系。

于正在进行的、持续的侵权行为。停止侵害的责任方式，可以在诉前提出，也可以在诉中提出，当然更应在诉讼判决中适用。

昆明市中级人民法院与昆明市公安局 2011 年出台了《关于在环境民事公益诉讼中适用环保禁止令的若干意见（试行）》和《关于公安机关协助人民法院执行环保禁止令的若干意见（试行）》两个规范性文件，对环保禁止令的相关程序性问题及公安机关协助执行问题作了进一步的细化规定，统一两级法院和公安机关开展环保禁止令的工作。[1] 上述文件在全国首创了对环境污染行为的"禁止令"，即出现紧急情况，如果不及时制止被告的行为，将严重危及环境安全、可能造成环境难以恢复、加重对环境破坏的，公益诉讼人可以向法院申请"禁止令"。法院经审查认为确有必要的，可以发出"禁止令"，责令被告立即停止相应行为，并由公安机关协助执行。风险社会中环境污染事故频发，危及国家和公民的财产和人身安全，安全成为环境风险社会的第一需求。依据马斯洛需求层次理论（Maslow's hierarchy of needs），安全作为第一需求和紧缺利益应当优先保护。[2] 环境侵权责任的强化应当设立"诉前禁令"制度。加之，环境污染和生态破损事故自身的不可逆性以及事故发生后难以制止性，都呼吁司法力量的提前介入，通过司法机关发布环保"诉前禁令"并由公安机关协助执行，可以形成更为有力的保护。如果排污行为对他人的生命财产安全构成威胁或者妨碍他人正常的生产、生活，则可以适用排除妨碍、消除危险的责任方式。[3] 值得注意的是，停止侵害的适用，是一种预防性的侵害排除，不以造成实际损害为前提，只要排污者的污染行为处于持续状态，相关主体就有权请求停止侵害。

由于环境污染行为在多数情形下是由合法的、能够增进社会利益且难以

---

[1] 《关于在环境民事公益诉讼中适用环保禁止令的若干意见（试行）》规定，人民法院接受申请后，对情况紧急的，必须在 48 小时内作出裁定；裁定采取环保禁止令措施的，应当立即开始执行。法院作出环保禁止令的裁定后，应当及时送达申请人和被申请人，至迟不超过 5 日。《关于公安机关协助人民法院执行环保禁止令的若干意见（试行）》规定，公安机关协助人民法院执行环保禁止令应当依法、及时，不得推诿。公安机关收到人民法院的协助执行通知书后，应当在 5 个工作日内作出决定，并根据人民法院的要求出警。情况紧急的，应当及时出警。

[2] ［美］亚伯拉罕·马斯洛：《动机与人格》，许金声等译，中国人民大学出版社 2007 年版，第 23 页。

[3] 丁敏："环境违法成本低"问题之应对——从当前环境法律责任立法缺失谈起，载《法学评论》2009 年第 4 期。

避免的企业经营行为造成的，要求责任人完全排除妨碍、消除影响是不现实的。因而，排除妨碍、消除影响的实践运用更为严格，一些更具灵活性的制度在实践中得以生成和发展。两大法系在此方面的具体制度设计虽有差异，但都是以"利益衡量"和"均衡论"为逻辑起点的。日本和德国等大陆法系国家以侵权行为法为依据处理环境损害赔问题，以物权法或者人格权法等为依据处理侵害排除问题。[1]如《德国民法典》"干扰侵害法"中创立的"衡量补偿请求权"制度;[2]日本和我国台湾地区司法界创设的"中间排除侵害"和"部分排除侵害"的理论和制度。[3]英美法系中，代表性的责任方式是由国家设立的"代替排除侵害"法理和制度，由法院根据个案的具体情形，通过运用"均衡衡平"法理，进一步进行利益比较，自由裁量，认为确有排除侵害的必要时才得准许，以更好地兼顾企业利益和保护公众权益、维护社会公平正义的需要。

（三）恢复原状

在传统侵权责任法中，恢复原状的责任方式与赔偿损失的责任方式可能是对立的：如果恢复原状达到了填补损害的目的，则无须再为赔偿；如果赔偿损失，亦即填补了损害，也无须再为恢复原状。但是在环境侵权领域，恢复原状既包含对受害人财产和权益损害的原状恢复，也包括对环境再生的涵义。恢复原状的责任方式与赔偿损失的责任方式存在诸多相容性：①在恢复原状不能完全恢复到损害发生前的状况时，未能恢复部分仍然需要赔偿损失；②精神损害赔偿与环境的整治恢复不冲突；③恢复原状不一定由排污者亲自完成，可以是由其他主体（如专业的清污公司）完成，恢复原状的执行主体

---

〔1〕 参见［日］加藤一郎、王家福主编：《民法和环境法的诸问题》，中国人民大学出版社 1995年版，第 20~23 页。

〔2〕 《德国民法典》第 906 条第 2 款规定："在重大妨害由对另一块土地作当地通常的使用而引起，且不能被在经济上对于这类使用人可合理地期待的措施所阻止的限度内，亦同。土地所有人据此须容忍某一干涉，且该干涉超过可合理的期待的限度，侵害对其土地作当地通常的使用或侵害其土地的收益的，土地所有人可以向另一块土地的使用人请求适当的金钱补偿"。

〔3〕 中间排除侵害的制度是指国家采取立法或司法判例的方式，通过限制责任人的生产或营业时间或排污时间，或采取限制污染产生的措施，甚至禁止部分侵害行为。部分排除侵害是指法律规定环境行为责任人对其产生环境侵害的行为加以一定的限制（而不是全部排除），同时加大受害者的忍受义务。［日］牛山積：《现代的公害法》，东京劲草书房 1976 年版，第 145~1521 页。转引自：王明远："相邻关系制度的调整与环境侵权的救济"，载《法学研究》1999 年第 3 期。

在不断扩张。"代履行"制度在各国法律中被确立，如《奥地利水法》规定的，如果当事人不采取清除水污染的措施，有关的水管理部门得执行必要的清除行为，水管理部门有权从造成水污染的当事人取得此项费用。[1]我国的《水污染防治法》和《固体废物污染环境防治法》也有"代履行"的规定，这已经成为一种环境法领域的立法走向。发生恢复原状的费用既可以归入赔偿损失的费用，也可以归入恢复原状费用。从强化环境侵权责任的角度来看，恢复原状责任方式的适用应当注意以下几个问题：一是与赔偿损失、停止侵害、排除妨碍、消除危险责任方式的兼容性及其综合适用；二是恢复原状的费用以实际发生或者未来确实必要为限，着眼于整体恢复、全面恢复与及时恢复；三是注重发挥专业评估机构、专业清污公司的作用。[2]

在环境侵权领域实施恢复原状，可能面临的障碍是：被侵害的环境可否恢复到原状。恢复原状的责任承担方式在环境侵权领域的变通方向是向生态修复责任的转变。生态修复责任的产生发展也是前文所述专业环境修复公司等环境机构发展的动力。生态修复追求的不仅是环境污染的清理和排除，还应包括环境功能之恢复。作为事后救济的有效措施，民事责任中也需要有恢复原有生态功能、进行适合环境特点的生态修复等责任形式。

五、刑事、行政与民事责任的协调适用

《环境保护法》和各部门环境法对各种破坏环境的行为规定了详细的行政法律责任。行政法律责任在"命令＋控制"的手段运用下，成为追究环境损害法律责任的主要方式。近年来，我国环境行政责任的研究在国家与地方的环境行政法治研究方面均有突破，但总体而言，地方立法领先于国家立法；补救性行政责任不断普及，[3]如责令改正、责令限期治理情形的广泛创设。

---

〔1〕 杨留强等："论我国环境侵权责任实现方式的重构"，载《环境法治与建设和谐社会——2007 年全国环境资源法学研讨会（年会）论文集（第 1 册）》2007 年 8 月。

〔2〕 我国"十二五"规划提出后，环境修复行业也被视为战略性新兴产业加以培育。专业环境修复公司和环境评估公司是由有资质的第三方提供的社会化服务。环境修复公司与环境评机构多为科研机构，也有隶属于环保部门的下级单位，但基本与环保部门脱钩，以确保整个中介市场真正独立。

〔3〕 行政责任的形式可分为惩罚性行政责任与补救性行政责任。惩罚性行政责任是指行政违法行为必然导致的在法律上对违法主体进行惩罚的法律后果。补救性行政责任是指环境行政违法行为的主体补救履行自己的法定义务或补救自己的违法行为所造成的危害后果的法律责任。这类责任既适用于环境行政主体，又适用于环境管理相对人。

加重处罚力度是环境行政责任发展的一大走向，并体现在《水污染防治法》（2008）第 83 条第 2 款中。[1]与此同时，将刑法处罚的"双罚制"引入行政处罚领域，对违法企业及其责任人员都作行政处罚，遏制企业工作人员盲目听从企业所有者和管理人员的现象，这体现在《大气污染防治法》第 83 条第 1 款的规定中。[2]

由于我国刑事立法对环境犯罪多采取空白罪状的方式，具体的破坏环境行为是否构成犯罪需要结合刑法和相关行政法规的规定而加以确定。这类行政法规包括《环境保护法》《水污染防治法》《大气污染防治法》《固体废物污染环境防治法》《环境噪声污染防治法》，等等。在这些法规中也有依法追究刑事责任、比照或依照《刑法》某种规定追究刑事责任的规定，从而与刑法的规定相呼应。[3]

从整个刑法罪刑体系来看，环境犯罪的刑罚力度相对较轻。环境犯罪所适用的制裁手段过于宽松，环境犯罪的特殊性，特别是其危害行为方式及其违法性有别于其他传统刑事犯罪，大大增加了通过现有法律规定惩处环境犯罪的难度，经济制裁方式占据了主要地位。创设罪刑相适应的刑罚处罚措施，符合环境"公地悲剧"理论制度设计中"分级制裁"的原则，利于监督并维护"公地"成员群体内的"互惠与合作"，其积极意义不言而喻。[4]世界范围内有许多立法例也从不同角度出发，以危害人类健康或安全为视角界定环境损害，例如德国刑法典中规定的环境犯罪[5]和我国刑法所规定的惩罚危害公民健康和安全的环境损害行为的一系列条文。有鉴于此，《刑法》修正案（八）规定了破坏环境罪，将《刑法》原第 338 条所保护的法益由人扩展到环

---

〔1〕《水污染防治法》第 83 条第 2 款规定：对造成一般或者较大水污染事故的，按照水污染事故造成的直接损失的百分之二十计算罚款；对造成重大或者特大水污染事故的，按照水污染事故造成的直接损失的百分之三十计算罚款。

〔2〕《大气污染防治法》第 83 条第 1 款对造成重大或者特大水污染事故的，对直接负责的主管人员和其他直接责任人员可以处上一年度从本单位取得的收入百分之五十以下的罚款。

〔3〕 如《环境保护法》第 43 条规定："违反本法规定，造成重大环境污染事故，导致公私财产重大损失或者人身伤亡的严重后果的，对直接责任人员依法追究刑事责任"；《水污染防治法》第 90 条规定："违反本法规定，构成违反治安管理行为的，依法给予治安管理处罚；构成犯罪的，依法追究刑事责任"。

〔4〕 王树义等：《环境法前沿问题研究》，科学出版社 2012 年版，第 219 页。

〔5〕 徐久生主编：《德国刑法典》，中国法制出版社 2000 年版，187 页。

境。[1]但法律适用中依然存在对环境恶性犯罪适用不明确、犯罪行为定性不清晰、环境案件在司法移送上不易操作等问题。为此，最高人民法院和最高人民检察院两次通过司法解释对破坏环境犯罪的构成要件以及量刑做了强化规定：首次是最高人民法院 2006 年 7 月制定的《关于审理环境污染刑事案件具体应用法律若干问题的解释》，明确了 1997 刑法规定的环境犯罪的定罪量刑标准，统一了法律适用。最高人民检察院同期发布了《关于渎职侵权犯罪案件立案标准的规定》，详细规定了环境监管失职罪的立案标准。以上两个司法解释体现了依法保护人权、保障公民环境权益和维护执法公正的要求，对《刑法》中关于惩治环境污染和环境监管失职犯罪行为的规定进行了补充和细化，进一步增强了追究环境刑事责任的可操作性。第二次是 2013 年 6 月最高人民法院和最高人民检察院联合发布的《关于办理环境污染刑事案件适用法律若干问题的解释》。该《解释》结合办理环境污染刑事案件取证难、鉴定难、认定难等实际问题，对环境污染犯罪的定罪量刑标准作出了新的规定。[2]在环境犯罪的客体方面，将环境纳入《刑法》的直接保护对象，彰显了环境刑事立法理念的变化。环境犯罪理论不再仅仅建立在"人类中心主义"的伦理观基础之上，即刑罚的设立不只是关注人类利益是否受到实际损害为刑罚适用的前提条件；传统的测量和评估环境损害的方法是以考量损害行为对人类的影响为视角，而并未关注环境本身。[3]

　　司法资源的整合、"三审合一"的审判模式是环境侵权责任的主要特征。综合运用民事、行政、刑事手段，充分发挥禁止令的功能，强化司法威慑机制，维护生态安全。在 2010 年墨西哥湾漏油事故中，美国司法部在事故发生

　　〔1〕 2011 年 5 月 1 日起施行的《刑法修正案（八）》第 46 条对 1997 年《刑法》第 338 条规定的"重大环境污染事故罪"作了三处修改：一是在文字上，删除了原条文中规定的排放、倾倒、处置行为的对象，即"土地、水体、大气"；二是扩大了污染物的范围，将原来规定的"其他危险废物"修改为"其他有害物质"；三是降低了入罪门槛，将"造成重大环境污染事故，致使公私财产遭受重大损失或者人身伤亡的严重后果"修改为"严重污染环境"。罪名由原来的"重大环境污染事故罪"相应调整为"污染环境罪"。

　　〔2〕 该解释明确了"严重污染环境"的 14 种情形、对非法处置进口的固体废物罪的结果加重要件、擅自进口固体废物罪的入罪要件"致使公私财产遭受重大损失或者严重危害人体健康"，环境监管失职罪的入罪要件"致使公私财产遭受重大损失或者造成人身伤亡的严重后果"的认定标准作了明确规定，规定了 8 种情形应当认定为"致使公私财产遭受重大损失或者造成人身伤亡的严重后果"，以环境监管失职罪定罪处罚。

　　〔3〕 Christopher D. Stone, "*Should Trees Have Standing? —Toward Legal Rights for Natural Objects*", *California Law Review*, vol. 45, 1972, pp. 473 ~ 474.

伊始就直接介入刑事调查,同时以《清洁水法》《石油污染法》等数部法律为根据,展开民事和刑事双重调查,追究英国石油集团公司的责任,并要求索赔和惩罚。英国石油公司向受事件影响的渔民和其他索赔人赔偿 78 亿美元,向美国国家科学院、国家鱼类和野生动物基金会等组织进行公益赔偿 32 亿美元,缴纳刑事罚款 13 亿美元以及接受长达 7 年的石油和天然气开采禁令。[1]与之相比较,2011 年 6 月发生在我国的康菲溢油案件的赔偿数额和我国司法部门的应对态度上相差甚远。这一事件中,无论是从国内法还是从国际法来看,康菲公司都应当承担赔偿损失、被追究公司总裁刑事责任以及停产停业等法律责任。但司法的缺位直接导致了康菲公司微弱的赔偿,仅出资 10 亿元人民币(约 1 亿 6 千万美元),用于养殖生物和渤海天然渔业资源损害赔偿和补偿问题,并不包括由于溢油导致生态环境损害引发的渔民利益损害赔偿。[2]对比这两起溢油事故,可以看出必须整合司法资源以形成合力才能真正应对环境损害和侵权行为。也只有综合运用民事责任、行政责任、刑事责任,"多管齐下",建立健全科学、有效的责任追究机制,才能真正维护受害者的合法权益。

《侵权责任法》第 4 条规定:"侵权人因同一行为应当承担行政责任或者刑事责任的,不影响依法承担侵权责任。""因同一行为应当承担侵权责任和行政责任、刑事责任,侵权人的财产不足以支付的,先承担侵权责任。"本条规定是处理因环境侵权产生的各种法律责任之间相互关系基本准则。

基于这条规定,首先要纠正的是各种法律责任相互替代的问题。长期以来,在对环境侵权责任追究的认识上和实践中形成了这样错误的"潜规则":一是用行政罚款替代刑事责任,使得环境侵权的肇事主体逃避刑事制裁;二是用刑事责任替代侵权责任,使得遭受侵害的主体得不到合理救济,环境损害难以得到恢复。这一"潜规则"的长期存在,使得环境侵权法律责任疲软,法律的救济功能、预防功能和惩罚功能大打折扣。在今天强化环境侵权法律责任的大背景下,有必要全面落实法律责任互不代替的规则,在加大对被侵权人的保护力度的同时,加大对破坏环境者的行政处罚和刑事打击力度。

---

〔1〕 BP: "Claims and Government Payments Gulf of Mexico Oil Spill PublicReport ", http://www. ar-al. de/assets/bp_internet/globalbp/globalbp_uk_english/incident_response/STAGING/local_assets/downloads_pdfs/Public_Report_9_7_10_Revised. pdf, 2012 年 10 月 23 日。

〔2〕 阮煜琳:"蓬莱溢油事故康菲中海油生态损害赔偿16. 83 亿元", http://finance. chinanews. com/ny/2012/04 - 27/3852864. shtml, 访问时间:2013 年 7 月 11 日。

另外，在污染者需要同时承担侵权赔偿责任、刑事罚款（罚金）责任和行政罚款等财产性责任的情况下，如果该侵权人的财力不足以承担此三项财产性法律责任，应以其财产优先支付侵权损害赔偿金，以使得被侵权人尽可能得到充分救济。侵权责任法的这一规定，将有限的资源配置到最需要的地方，体现了国家保护人权，立法、司法为民，建构和谐社会的理念。[1]

结语

我国长期以来粗放式经济发展导致了生态环境的整体恶化，近年来环境侵权案件频发。对此，立法和司法解释通过强化环境侵权责任以救济受害人、制裁和遏制环境侵权行为的效果比较明显。在现有的制度构架下，通过法律解释特别是对连带责任、雇员责任、企业控股股东的"直索责任"等的扩张解释，以及严格适用与综合适用各种侵权责任方式，正确处理环境侵权责任与相关行政法律责任及刑事法律责任之间的关系，能够实现环境侵权责任的强化，达到救济受害人、制裁和遏制环境侵权行为的法律效果，实现环境友好、生态文明的社会效果。

法治经验告诉我们，好的法律制度只有得到正确的、严格的实施才能取得好的效果。"整体而言，现行环保立法关于环境违法行为法律后果的规定，行政处罚普遍偏轻，民事赔偿范围过窄，刑事制裁乏力。较低的环境违法成本，难以对违法行为起到有效惩罚和威慑作用。"[2]要想"走向社会主义生态文明新时代"，即使单从法律解释和适用上考虑，还有大量的研究工作需要做，行政执法和司法审判则更任重道远。

---

〔1〕 参见张新宝：《侵权责任法》，中国人民大学出版社 2013 年版，第 55 页。

〔2〕 中华人民共和国环境保护部：《"十二五"全国环境保护法规和环境经济政策建设规划》，2011 年 11 月 01 日，http://www.zhb.gov.cn/gkml/hbb/bwj/201111/t20111109_219755.htm. 访问时间：2013 年 10 月 10 日。

环境侵害的归责原则

童光法* 著

一、引言

在我国侵权责任法颁布之前，学界就采纳环境侵权、环境侵害、环境损害等不同概念存在分歧。[1]关于环境侵权民事责任的归责原则，也主要存在二元归责说和一元归责说不同观点。曹明德、罗丽等教授主张采取无过错归责即一元归责说，[2]而另有少数学者主张无过错归责与过错归责并存的二元归责说。[3]尽管传统大陆法系国家如德国、日本等民法过去采取了过错归责和无过错归责并存的二元归责体系，但是在环境侵权方面采取无过错责任归责原则已经成为世界各国立法和司法实践的发展趋势。[4]

* 北京农学院文法学院副教授。

[1] 周珂、王灿发、曹明德、王明远、邹雄等教授采取的是环境侵权概念，李艳芳等教授采取的是环境损害概念，陈泉生、吕忠梅、汪劲等教授采取的是环境侵害概念。具体表述可以参见各位教授的专著或教材，也可以参见吕忠梅：《侵害与救济：环境友好型社会中的法治基础》，法律出版社2012年版，第17～31页。

[2] 参见罗丽、李玉平："环境侵权民事责任归责原则研究——以中日法的比较为中心"，载《北京理工大学学报（社科版）》2004年第5期；曹明德：《环境侵权法》，法律出版社2000年版，第155页。

[3] 例如张宝光："环境侵权的归责原则"，中国政法大学2004年硕士学位论文。

[4] 大陆法系国家通常采取民法典与特别法相结合，明文规定或者对民法典进行修改、解释等方式规定环境侵权无过错责任归责原则；而英美法系国家则通过立法和判例创设方式，确立无过错责任归责原则。如法国通过判决对《法国民法典》第1384条赋予新的涵义而确立了无过错责任原则。此外，法国还以《民航法》《核损害赔偿法》《矿业责任法》《政治公害责任法》等特别法形式规定了特殊活动所生环境污染损害适用无过错责任原则。在德国，将无过错责任称为危险责任，除《德国民法典》第906条、第907条、第1004条等均明确规定了危险责任之外，还通过1957年的《水利法》、1959年的《原子能和平利用及防止危害法》、1974年的《联邦公害防治法》、1991年的《环境责任法》等特别立法立法规定了危险责任的具体适用情形。英美法系国家通常通过特别法形式，确立无过错责任归责原则。如1949年的英国《民航法》、1959年和1965年的英国《原子能装置法》、1980年的

　　2010 年 7 月 1 日实施的《中华人民共和国侵权责任法》在环境侵权方面也采纳了无过错归责原则。[1]该法第 65 条规定："因污染环境造成损害的，污染者应当承担侵权责任。"尽管本条规定了环境侵权的无过错归责原则，但是何谓污染环境侵权？它与环境侵权有什么不同？环境侵权与环境侵害是否一致？学界对这些问题远没有达成共识。例如，吕忠梅教授在《吉林大学社会科学学报》2010 年第 1 期上发表了《环境侵权的遗传与变异——论环境侵害的制度演进》一文，又十分鲜明的阐述了她一向主张有别于环境侵权的环境侵害概念。同时，学者们对《侵权责任法》第 65 条的不同解读以及对环境侵权内涵的不同理解，也充分表明环境侵权、环境侵害等不同认识并没有因为侵权责任法的颁行而终止。因此，本文首先拟解读不同学者关于环境侵权的不同表述，然后提出一个大家可以认可的共识含义。基于此含义的环境侵权，可适用《侵权责任法》第 65 条所规定的无过错归责原则。而不属于此环境侵权含义的纯生态环境损害，就不能够适用第 65 条的规定，也就是说不能够当然的采取无过错归责原则。

　　那么，纯生态环境损害可否纳入既有的法律救济机制中去呢？或者更进一步说，它能否被纳入到传统的私法救济体制中去？我国学者曾主张不同的尝试，试图运用环境权或生态权理论的建构或者通过"纯经济损失"的法律解释方法将纯环境损害纳入传统私法救济路径。[2]笔者经过分析和论证，认为

美国联邦《综合环境责任反应、赔偿与责任法》、1987 年修订的美国《联邦水污染控制法》、1990 年美国修订的《清洁空气法》等。此外，英美法系国家还通过判例法形式，进一步完善了有关环境侵权民事责任适用无过错责任归责原则的制度。尽管日本民法典采取了过错责任主义原则，但是，为应对日本近代产业勃兴期开始的因矿山、工厂而引起的环境污染，而且也为解决其内部的劳动灾害问题，1911 年制定的日本《工厂法》第 15 条的规定被认为是日本最早规定无过错责任的立法。之后，1950 年制定、1951 年施行的《矿业法》在第 109 条规定了无过错责任。此后，日本 1958 年的《水洗炭业法》第 16 条、1961 年制定的《原子能损害赔偿法》第 3 条，1972 年的《大气污染防治法》和《水质污浊防治法》第 25 条和第 19 条至第 20 条，1976 年开始施行的《油浊损害赔偿保障法》等都规定了无过错责任原则。

〔1〕张新宝教授认为环境侵权适用无过错归责原则的理由：①对此适用无过错的归责原则，为当代世界各国环境保护立法和侵权行为法的基本趋势，我国民事法律与国际民事经济立法接轨，必须顺应这一趋势；②适用无过错责任的归责原则，有利于强化污染环境者的法律责任，促进其履行环保法律义务，严格控制和积极治理污染；③适用无过错责任的归责原则，更有利于保护被侵权人的合法权益，减轻被侵权人证明侵权人的过错（在污染环境的案件中，通常是十分困难的）的举证责任；④适用无过错责任的归责原则，有利于简化诉讼程序，及时审结案件。参见张新宝：《侵权责任法》，中国人民大学出版社 2010 年版，第 288 页。

〔2〕学者关于通过环境权或纯经济损失的分析路径，具体可参见下文。

其并非可行；于是去找寻域外法律资源，认为欧盟有关环境责任指令比较科学可信。最后，提出我国可考虑借鉴欧盟环境责任指令，制订《环境责任法》，规定一定目录的企业、行业、场地、设施、装置等的所有者、经营者、持有者或占有者对其运营所致的生态环境损害承担无过错责任，除此之外的纯生态环境损害则实行过错责任归责。也就是说，针对纯生态环境损害的救济，应当实行无过错归责和过错归责二元并立的归责原则。

二、无法回避的环境侵权内涵界定

（一）我国环境法学者就环境侵权的不同界定

1. 老一辈环境法学者的观点

马骧聪先生认为，环境侵权民事责任"首先是指损害赔偿。即在因污染和破坏环境而对他人的人身、财产或对国家、集体的公共财产造成损害时，造成损害的单位或个人应对受害者赔偿损失。其次，还指环境的污染和损害者应负责清除和治理他所造成的污染和损害，或者负担清除污染和治理损害的全部或部分费用。"[1]结合注释，我们可以从马骧聪先生的表述得知，环境侵害的形式有污染环境和破坏环境，侵害的客体有人身权、财产权（包括公共财产）、环境权，侵害的救济为损害赔偿。

金瑞林先生认为，环境侵权民事责任是"公民或法人因过失或无过失排放污染物或其他损害环境的行为，而造成被害人人身或财产的损失时，要承担的民事责任"。[2]结合注释，我们可以看出金瑞林先生对环境侵权的理解，首先，他还是坚持无过失归责原则的。其次，在他的表述中环境侵害的形式

---

〔1〕 马骧聪：《环境保护法基本问题》，中国社会科学出版社 1983 年版，第 85 页。马骧聪先生在其著《环境保护法》中指出："危害环境的侵权行为，是一种特殊侵权行为。其侵犯的客体包括他人的财产权、人身权和环境权。在这里，对财产权的侵犯，是指因污染或破坏环境而使他人的财产受到损害，如污染或破坏了他人的土地、树木、设备、器材、衣物、农作物、牲畜、家禽、养殖的水产品，等等。对人身权的侵犯，是指因污染和危害环境而对他人的健康和生命造成的损害，包括致人患病、受伤、致残、死亡等。对环境权的侵犯，是指因违反环境保护法规，污染、损害、破坏环境而损害了他人享有的正常环境质量或环境舒适度，如以噪声、振动危害他人的安宁，妨害正常休息、工作和学习；或者违章建筑，非法挡住他人的住房采光、通风；等等。"参见马骧聪：《环境保护法》，四川人民出版社 1988 年版，第 141～142 页。

〔2〕 金瑞林：《环境法——大自然的护卫者》，时事出版社 1985 年版，第 98 页。金瑞林先生在其主编的《环境法学》中指出"民事责任，一般是指公民或法人因污染和破坏环境，造成被害人人身或财产损失而应承担的民事方面的法律责任。"参见金瑞林：《环境法学》，北京大学出版社 1999 年版，第 216 页。

除了污染环境外，还包括其他损害环境的行为；"其他损害环境的行为"解释上可以理解为破坏环境所导致的损害等。最后，环境侵害的客体包括人身和财产、主体主要为公民和法人。

罗典荣先生认为，环境法制中的民事责任是指"违反环境保护法规造成环境污染和破坏的单位和个人，依照民事法规所应承担的法律责任"[1]。罗典荣先生除了指出环境侵害的形式、主体外，还将违法性作为环境侵权的构成要件。

曲格平先生认为，环境侵权民事责任是"公民或法人或者其他组织因污染或破坏环境，给他人造成人身或财产损失时应承担的民事方面的法律后果和责任"[2]。曲格平先生除了对环境侵害的形式、客体进行了界定外，还指明环境侵害的主体除公民、法人外可以包括其他组织。

2. 当代环境法学权威学者的观点

蔡守秋教授认为，环境侵权民事责任是指"违反国家保护环境、防止污染的规定，污染环境造成他人损害者依法应当承担的民事责任"[3]。蔡守秋教授对环境侵权的界定也强调违法性，并且在环境侵害的形式上仅指污染环境，这一定义是深受《民法通则》第124条[4]影响的结果。

陈泉生教授认为，"环境侵权是因人为活动致使生活环境和生态环境遭受破坏或污染而侵害相当地区多数居民生活权益或其他权益的事实，包括环境破坏和环境污染"[5]。陈泉生教授在界定环境侵权时，强调人为活动所产生的环境问题，并对环境侵害的对象进行了界定，即生活环境和生态环境。在环境侵害的客体上，她指明是多数居民生活权益或其他权益，旨在强调环境侵权后果广泛性和严重性，但是"生活权益或其他权益"究竟是指私法上的权益还是公法上的利益没有给予解释。

汪劲教授认为，环境侵权的民事责任是指"公民、法人因其排污行为（产生环境污染和其他公害的行为）导致造成他人权利侵害时应依法承担的赔

---

〔1〕 罗典荣：《环境法导论》，中国政法大学出版社1988年版，第223页。

〔2〕 曲格平主编：《环境与资源法律读本》，解放军出版社2002年版，第91页。

〔3〕 蔡守秋主编：《环境资源法学教程》，武汉大学出版社2000年版，第529页。同在武大的韩德培教授指出环境侵权民事责任是指"违反环境保护法规造成环境污染或破坏的单位和个人依照民事法规所应承担的法律责任。"参见韩德培主编：《环境保护法教程》，法律出版社1998年版，第308页。

〔4〕 《民法通则》第124条规定："违反国家保护环境防止污染的规定，污染环境造成他人损害的，应当依法承担民事责任。"

〔5〕 陈泉生："论环境侵权的诉讼时效"，载《环境导报》1996年第2期。

偿损失或者恢复原状的责任"[1]。结合注释，我们可以看出汪劲教授在界定环境侵权时，不仅注意到普通的损害赔偿还注意到针对环境侵权的特殊性而产生的恢复原状责任，同时有意将环境侵权的对象范围扩大到环境侵害、生态系统损害，这或许代表了环境侵权的发展方向。

周珂教授认为，环境侵权"是指污染或破坏环境，从而侵害他人环境权益或财产、人身权益的行为"[2]。周珂教授很简洁精练地表述了环境侵害的形式污染环境和破坏环境，以及环境侵害的客体人身权、财产权和环境权。

王灿发教授认为，"环境侵权民事责任是指环境法律关系主体因不履行环境保护义务而侵害了他人的环境权益所应承担的否定性的法律后果。"[3]王灿发教授是从法理的高度即从义务的违反来阐述环境侵权民事责任。他认为，环境侵权就是违反环境保护义务而损害他人环境权益的行为。

吕忠梅教授认为，"环境民事责任，即公民、法人或其他组织的行为，给他人造成了人身或财产的损害，或者污染了环境、破坏了生态而应承担的民法规定的法律责任"[4]。吕忠梅教授似乎是从两个层面来讨论环境侵权，即一般意义上通过环境媒介侵害了他人的人身、财产权益和直接损害环境的行

---

[1] 汪劲：《中国环境法原理》，北京大学出版社2000年版，第349页。汪劲教授在其著的《环境法学》中指出"环境侵害有广义和狭义之分，广义的环境侵害是指因任何人利用环境造成环境和生态系统的不良影响或不利改变。狭义的环境侵害特指开发利用环境行为导致环境质量下降、生态效益降低或者造成人体健康损害和财产损失的现象。本书仅指狭义上的环境侵害。"参见汪劲：《环境法学》，北京大学出版社2011年版，第277页。

[2] 周珂：《生态环境法论》，法律出版社2001年版，第96页。

[3] 王灿发：《环境法学教程》，中国政法大学出版社1997年版，第129页。

[4] 吕忠梅：《环境法》，高等教育出版社2009年版，第199～200页。吕忠梅教授在其著的《沟通与协调之途——论公民环境权的民法保护》中指出"所谓环境侵权行为，是指由于人类活动所造成的环境污染和破坏，以致危害公民的环境权益或危机人类生存和发展的侵权行为。"参见吕忠梅：《沟通与协调之途——论公民环境权的民法保护》，中国人民大学出版社2005年版，第262页。吕忠梅教授在其著的《侵害与救济——环境友好型社会中的法治基础》中深入的剖析了公害、环境侵害、环境侵权、环境损害、生态损害等概念含义，指出了环境侵权不同于传统侵权：①损害原因的二元性，即环境污染和生态破坏。前者是指人的活动向环境排放了超过环境自净能力的物质和能量，从而使自然环境的物理、化学、生物学性质发生变化，产生了不利于人类及其他生物的正常生存和发展的影响的一种现象；后者是指人类不合理地开发利用环境的一个或数个要素，过量地向环境索取物质和能量，使它们的数量减少、质量降低，以致破坏或降低其环境效能、生态失衡、资源枯竭而危及人类和其他生物生存与发展的一种现象。②损害后果的二元性，无论是环境污染行为还是生态破坏行为，行为人通过向自然环境过度输入或输出物质和能量，造成他人的人身、财产等损害和环境本身的损害如物种灭绝、湖泊消失、水土流失、土壤污染、大气污染、水污染等。③救济主体的二元性，针对人的损害的救济主体为受害人和针对生态环境本身的损害救济主体为公益性的"人类"。参见吕忠梅：《侵害与救济——环境友好型社会中的法治基础》，法律出版社2012年版，第14～35页。

为，避开了谈论他人的环境权问题。但是，结合注释，我们会发现她还是比较主张和强调侵害或危害公民的环境权这一点的。

3. 著名中青年环境法学者的观点

曹明德教授认为："环境侵权是由于人为活动导致环境污染、生态破坏，从而造成他人的财产或身体健康方面的损害的一种特殊侵权行为。"[1]曹明德教授主要是从传统民法学者的观点来讨论环境侵权，所以他没有指出环境侵害的另一个环境法学界普遍认可的客体——环境权。当然，曹明德教授不同于传统民法学者仅局限于环境污染侵权，他指出环境侵权的缘由，不仅包括污染环境还包括破坏生态。

王明远教授认为环境侵权是："因产业活动或其他人为原因，致生自然环境的污染或破坏，并因而对他人人身权、财产权、环境权益或公共财产造成损害或有造成损害之虞的事实。"[2]王明远教授不同于以上学者的表述主要体现在两个方面，第一就是环境侵害的客体不仅包括他人的人身权、财产权、环境权益外还包括公共财产，这或许是出于我国自然资源全民所有和环境本身的公共财产属性的考虑；第二环境侵害的后果形态既包括损害也包括损害之虞。

罗丽教授认为环境侵权是指："因产业活动或其他人为的活动致使环境污染、生态环境破坏等侵权行为发生，造成或可能造成他人生命、身体健康、财产乃至环境权益等损害的，行为人依法应承担的民事责任。"[3]罗丽教授与王明远教授的表述大同小异，都注意到了环境侵权除造成实际损害外，还存在"可能造成损害"；尽管在环境侵害客体的表述上没有王教授所指的"或者公共财产"类型，但是，罗丽教授很聪敏，在她的表述中加了一个"等"字，从而使她的表述又与王明远教授的表述区别不大。

4. 一个可能的结论

上述学者观点主要区别在于：首先，环境侵权除污染环境外是否还包括生态环境破坏，多数学者主张应当包括生态破坏或破坏环境；其次，环境侵权的客体除了他人的人身权、财产权损害外是否还包括环境权益或环境本身

---

〔1〕 曹明德：《环境侵权法》，法律出版社 2000 年版，第 9 页。
〔2〕 王明远：《环境侵权救济法律制度》，中国法制出版社 2001 年版，第 13 页。
〔3〕 罗丽："环境侵权民事责任概念定位"，载《政治与法律》2009 年第 12 期。或者参见罗丽：《中日环境侵权民事责任比较研究》，吉林大学出版社 2004 年版，第 85 页。

等，多数学者主张还应当包括环境权益，但能否包括环境、公共财产等存在不同看法；最后，"损害"是否仅限于现实发生的实际损害，还是包括具有预防性质的损害危险或损害之虞，存在不同看法。

综合上述学者的见解，我们可以就环境侵权内涵得出如下结论：

第一，环境侵权的原因是指人为原因而非自然原因，即主要是因产业活动或者开发利用自然资源以及其他人类活动而导致的；具体原因既包括污染环境，也包括破坏（生态）环境。

第二，环境侵权的客体既包括他人的人身权、财产权，又包括环境权益[1]，同时，环境法学界也主张包括环境生态本身或者公共财产。这反映了环境侵权所保护的对象范围存在着一个不断扩张的趋势。但是，环境生态本身或者自然资源等公共财产的损害能否纳入传统的民事侵权领域的确存在理论解释上的难题。

第三，环境侵权的后果既包括损害又包括损害之虞。强调损害之虞，则体现了环境法上十分重要的预防原则。

第四，环境侵权的救济方式不仅包括损害赔偿，还包括恢复原状、危害的防止、排除等。

基于上述结论，我们可以得出这么一个环境侵权的概念，即因人的活动而污染或破坏生态环境，从而导致损害或可能损害他人的人身权、财产权或环境权益等的行为。

（二）域外法上的考察

为了验证上述结论和有关环境侵权含义的科学性，我们拟对德国、日本和我国台湾地区相关的立法进行考察，并主要针对环境侵权的内涵进行分析，以期得出更加科学的界定。

1. 德国

在德国法中，德国《民法典》第906条规定，"①土地所有人不得禁止煤气、蒸汽、烟气、臭气、煤烟、热气、噪声、振动以及从另一块土地发出的类似干涉的侵入，但以该干涉不妨害或仅轻微地妨害其土地的使用为限。在通常情况下，法律或法规命令确定的极限值或标准值不被依照这些规定算出和评价的干涉所超出的，即为存在轻微的妨害。依照《联邦公害防止法》第

---

〔1〕 关于环境权，其概念内涵及其种类环境法学界历来存在不同争议，也同时存在否定环境权论者。

48 条颁布并反映技术水平的一般行政法规中的数值,亦同。②在重大妨害由对另一块土地作当地通常的使用而引起,且不能被在经济上对于这类使用人可合理地期待的措施所阻止的限度内,亦同。土地所有人据此须容忍某一干涉,且该干涉超过可合理期待的限度,侵害对其土地作当地通常的使用或侵害其土地的收益的,土地所有人可以向另一块土地的使用人请求适当的金钱补偿。"该条规定主要是通过相邻关系即不可量物侵入等轻微损害,使土地所有者负有忍受义务,进而来规制轻微的污染或破坏环境行为。

德国《环境责任法》第 1 条规定:"因环境侵害而致人死亡,侵害其身体或者健康,或者使一个物发生毁损的,以此项环境侵害是由附件一中所列举的设备引起的为限,对于由此发生的损害,设备的持有人负有向受害人给付赔偿的义务。"该条直接保护的目标并非环境和生态法益的赔偿,而只是通过环境影响与个人损害的责任的联系,间接地起到了对环境的保护作用。[1]

由此可见,德国法上的环境侵权主要是通过环境责任法和民法中相邻关系规则来共同发挥相应的作用。环境侵害的客体包括生命、身体、健康和物等,但不包括环境。这里的"物"主要是受害人的动产或不动产,解释上应不包括公共财产。环境侵权"损害"是指死亡、侵害身体或健康、物的毁损,即为实际发生的损害,不包括损害危险或未来的损害。

2. 日本

在日本法上,因社会经济发展等人类活动所产生的对生活环境的破坏并造成环境侵权的,称为公害。日本《环境基本法》第 2 条规定,"公害是指伴随企(事)业活动及其他人为活动而发生的相当范围的大气污染、水体污染、土壤污染、噪声、振动、地面下沉和恶臭,并由此而危害人的健康或生活环境(包括与人的生活有密切关系的财产以及动植物及其繁衍的环境)"而且,日本判例也承认了日照和通风妨害、风害和光害、眺望和景观破坏、填海破坏海岸、文化遗产和舒适生活环境破坏、放射线危害等环境破坏现象为公害。[2]日本《民法典》第 709 条规定,"因故意或过失侵害他人权利或受法律保护的利益者,负因此所发生的损害赔偿责任"。在公害这种侵权行为类型中,受害人不仅可以基于该条的规定请求加害人承担损害赔偿责任,而且还可以让加害人承担侵害排除责任。

〔1〕[德]马克西米利安·福克斯:《侵权行为法》,齐晓琨译,法律出版社 2006 年版,第 297 页。
〔2〕[日]森岛昭夫、淡路刚久:《公害环境判例百选》,有斐阁 1994 年版,第 46~210 页。

由上可得出，在日本法上，环境侵权或者说公害是一个范围比较大的概念，它不仅包括污染环境和破坏环境所导致的侵害，而且还包括与环境有紧密关系的而在德国法上本应由相邻关系规则所规制的内容。而且，公害所规制的客体不仅包括我们常见的身体健康、财产，还包括环境本身。在环境侵害的救济方式上，由于日本法将公害的范围包括不少本应当由相邻关系规则所规制的内容，所以采取了损害赔偿和妨害排除或防止等多种责任救济方式。

3. 台湾地区

我国台湾地区借鉴日本立法，将环境侵权也视为公害，由公害纠纷处理法来规制。台湾地区"公害纠纷处理法"第2条规定，"公害系指因人为因素，至破坏生存环境，损害人民健康或有危害之虞。其范围包括水污染、空气污染、突然污染、噪音、振动、恶臭、废弃物、毒性物质污染、地盘下陷、辐射公害及其他经中央主管机关指定公告为公害者。公害纠纷指因公害或发生公害之虞所造成之民事纠纷"。此外，台湾地区"环境基本法"第4条第2款规定"环境污染者、破坏者应对其所造成至环境危害或环境风险负责"。可见，我国台湾地区的环境侵权或公害的范围与日本相似，在侵害原因上包括污染环境和破坏环境，在侵害结果上包括现实损害和危害的可能性，在救济的对象上主要是人民健康，可能是一群人受到生命、身体和财产方面的侵害。[1]

当然，台湾地区"民法"也有其相邻关系规则，相关的如第793条规定"土地所有人与他人之土地、建筑物或其他工作物有瓦斯、蒸汽、臭气、烟气、热气、灰屑、喧嚣、振动及其他与此相类者侵入时，得禁止之。但其侵入轻微，或按土地形状、地方习惯，认为相当者，不在此限。"此时，涉及公害纠纷，就需要运用法律适用规则在个案中具体援引不同规定加以应用问题。

综合上述域外法上的考察，我们可以得出如下结论：

第一，关于环境侵害救济，主要是通过物权法上的相邻关系规则和侵权法上的特殊侵权规则共同协作来实现的。

第二，环境侵权的救济方式和手段由最初的只救济损害发展到救济与预防并重。可以断言，环境法制发展正朝着预防环境污染或破坏的方向发展，这也是日本和我国台湾地区公害保护范围和救济方式扩张的原因。

第三，域外法上都认可环境侵害是因为人类活动所导致的环境污染或环境破坏的现象，从而导致侵害了人民的健康、财产和其他权益。至于其他权

---

[1]　陈慈阳：《环境法总论》，中国政法大学出版社2003年版，第303页。

益包括不包括环境权益乃至环境本身，存在不同立法例。

因此，笔者前面所界定的环境侵权含义符合域外法的结论，不仅体现了日本和我国台湾地区环境侵权救济方式扩张的趋势，而且顺应了时代潮流扩张了环境侵权的客体范围，既包括人身权、财产权，又包括环境权益，甚至可能会扩大包括环境本身，当然这里又涉及与传统民事侵权在解释上存在冲突问题。

（三）我国《侵权责任法》第65条适用范围的可能解释

我国《侵权责任法》第65条规定："因污染环境造成损害的，污染者应当承担侵权责任。"本条渊源于《民法通则》第124条的规定，即"违反国家保护环境防止污染的规定，污染环境造成他人损害的，应当依法承担民事责任。"通过文字表述上的相比较，我们发现第65条删除了"违反国家保护环境防止污染的规定"和"他人"。

删除前者就是删除有关违法性的规定。根据《民法通则》第124条的规定，由于环境侵权者可以基于"合法排污"或者"达标排放"来否定自己应有的责任，从而使该条规定不利于切实有效地保护受害者的权益。基于此，国家环境保护局曾于1991年10月10日做出了《关于确定环境污染损害赔偿责任问题的复函》。[1]该复函明确指出："承担污染赔偿责任的法定条件，就是排污单位造成环境污染危害，并使其他单位或者个人遭受损失。现有法律法规并未将有无过错以及污染物的排放是否超过标准，作为确定排污单位是否承担赔偿责任的条件。至于国家或者地方规定的污染物排放标准，只是环保部门决定排污单位是否需要缴纳超标准排污费和进行环境管理的依据，而不是确定排污单位是否承担赔偿责任的界限。"

因此，之后的《环境保护法》第41条第1款规定，"造成环境污染危害的，有责任排除危害，并对直接受到损害的单位或者个人赔偿损失"以及相关环保单行法都摒弃了《民法通则》第124条所规定的"违法性要件"。《侵权责任法》第65条取消了"违法国家保护环境防止污染的规定"，是对上述环境法制发展成果的重申。其实，在环境侵权诉讼中，因为损害的多是人身权、财产权、环境权益等绝对权，因此纵使不取消该规定，通常也可根据结果违法来认定某一污染或破坏行为具有违法性。当然，侵权责任法对违法性要件的抛弃无疑会更好的做到救济损害、制裁不法、进而达到保护环境的立

---

[1] 国家环境保护局［1991］环法函字第104号。

法目的。

删除后者即删除"他人"二字，是否可以理解为环境侵权不再仅限于"人的损害"？还可以包括其他损害如环境本身损害、生态破坏等？立法者为什么除掉了"他人"二字呢？这里可能的解释有三：其一，考虑到"他人"通常是指民事主体意义上的法人而不包括国家，但是在不少环境侵权场合，国家作为自然资源所有者和环境容量的代表人也常常是受害人，却很难主张相应的环境损害救济和生态修复赔偿。其二，生态环境破坏或污染致损的受害者不仅包括当代人，而且还包括后代人，甚至当代人侵害的完全是后代人的权益，而"他人"很难涵盖后代人。其三，立法者有意扩大损害的适用范围，留一个口子让司法机构通过解释将环境本身的损害也纳入到可调整和可救济的范围。无论哪种解释，要么通过扩大救济主体的方式，要么通过扩大救济对象的方式，或者兼采两种解释方式，都能够实现环境侵害的司法救济，从而实现保护良好环境质量的目的。但是，从环境侵权属于民事侵权之一种来看，这两种类型的解释都有过于扩大环境侵权范围之嫌，因为：其一，环境本身能否作为私法上的财产存在争议；其二，国家的环境资源权益能否民法救济也存在争议。

结合前文的结论和上述认识，我们再回过头来看《侵权责任法》第65条，"因污染环境造成损害的，污染者应当承担侵权责任"，拟构建如下比较科学合理的解释。

第一，我们需要对"污染环境"加以解释。"污染，是人类直接或间接将物质或能量引入环境而造成有害的后果，可能危害人类健康，损害生物资源和生态系统、减损环境的优美、妨碍环境的其他正当用途。"[1]它通常有别于环境破坏。环境破坏，一般是指人类不合理地开发利用自然环境，过量地向环境索取物质和能量，使得自然环境的恢复和增殖能力受到破坏的现象，如水土流失、气候异常、物种灭绝等。可见，环境污染是向环境导入过多的物质和能量，环境破坏是向环境导出过多的物质和能量；二者实质上都是忽视了环境容量，破坏了生态平衡和环境自净能力的客观规律。为了更好地适用该条，我们这里可以通过扩张解释的方法，将环境破坏、生物多样性破坏、生态失衡等也解释为环境污染。因此，这里的污染环境可以解释为"所有破

---

〔1〕　参见：1974年11月14日经济合作与发展理事会通过关于跨界污染原则的建议所提出的关于环境污染的定义。

坏环境容量，导致生态失衡的向环境输入或输出物质和能量的行为"。[1]

第二，我国需要对"损害"进行解释。损害通常是指受保护的法益所遭受的不利益。我国学者多表述为损害事实，是指一定的行为致使权利主体的人身权利、财产权利以及相关利益受到侵害，并造成财产利益和非财产利益的减少或灭失的客观事实；此处的非财产损失，是指侵害他人人身权益所造成的对他人的严重精神损害，是无形的人格利益损害。[2]因此，在传统民法学者就损害的表述中是不包括环境本身损害的。当然，越来越多的学者接受公民环境权益的提法，因此第65条所说的"损害"范围除了人身权、财产权遭受侵害外，解释上还包括公民环境权益遭受侵害。这里包括不包括环境本身的损害，但从文义解释，即根据上文删除"他人"的两种解释即既包括扩大救济主体又包括扩大救济客体对象范围，似乎可以得出国家的自然资源权益、环境容量的损害和公共环境本身的损害也可以纳入本条的"损害"当中。但是，如同上文所分析的那样，作为私法救济的环境侵权不可能过分游离于私法的范畴，因此目前很难将其纳入环境侵权所规制的范围。

至于此处的"损害"包括不包括"损害之虞"或者"侵害危险"，考虑到《侵权责任法》第66条以下分别规定举证责任、共同侵权和第三人过错致损等规定，这些规定都是围绕着现实发生的环境侵权损害来展开的，所以从体系的解释方法上看，第65条所规定的"损害"应当解释为现实损害为宜，而不包括未来发生的损害或者说侵害危险。至于环境侵害危险或者损害预防类型的纠纷，可以参考《侵权责任法》第15条和《物权法》第七章有关相邻关系的规定来处理和解决。就损害之虞类型的纠纷，由于采取的是损害预防和防止措施，无需考虑行为人的过错与否，所以应当采取无过错归责或严格责任原则。

第三，我们可以扩大"污染者"的范围，解释上也应当同时包括破坏者。

综上所述，尽管我国《侵权责任法》第65条规定了环境侵权的民事责任

----

[1] 其实，我国现行法律多规定污染和破坏环境两个方面都需要承担民事责任。参见《宪法》第26条第1款："国家保护和改善生活环境和生态环境，防治污染和其他公害"；《环境保护法》第6条规定："一切单位和个人都有保护环境的义务，并有权对污染和破坏环境的单位和个人进行检举和控告。"第41条第1款："造成环境污染危害的，有责任排除危害，并对直接受到损害的单位或者个人赔偿损失"，第44条规定："违反本法规定，造成土地、森林、草原、水、矿产、渔业、野生动植物等资源的破坏的，依照有关法律规定承担民事责任。"；《水污染防治法》第85、87条；《大气污染防治法》第62条；《固体废物污染环境防治法》第85条；《海洋环境保护法》第90条。

[2] 王利明：《民法》，中国人民大学出版社2005年版，第783页。

采取无过错归责原则，但是由于学理上的争论以及立法上的不周延性，导致只规定了污染环境引起的环境侵权而没有规定破坏环境而引起的环境侵权，属于立法漏洞，需要通过解释学的方法进行扩张解释。即无论是因为环境污染还是由于生态破坏而导致损害他人的人身财产权益或环境权益的民事责任，出于对受害者权益保护和强化污染破坏环境者的责任等方面的考虑，都应当采取无过错归责原则。

三、游离于环境侵权之外的纯生态环境损害的法律救济机制

纯环境损害或纯生态环境损害即为生态环境本身的损害，表现为生物多样性的丧失、物种灭绝、江河断流、湖泊消失、水土流失、土壤污染、大气污染、水污染、放射性污染等生态环境要素的损害，从而使原有的生态服务价值和环境价值发生变更，最终影响地球上的人类和其他生物的生存、发展。

如上所述，环境、生态本身的损害目前很难纳入到环境侵权救济之列。何去何从？能否通过扩大权利的范围或者通过扩大损失的范围解决这一难题？通过扩大权利的范围，也就是通过构建私权意义上的环境权（或生态权）理论寻求侵权法等私法途径的救济；通过扩大损失的范围，也就是通过扩张解释、目的性扩张等法律解释学的方法将环境生态本身的损害解释为"纯经济损失"等寻求侵权法的救济。这两种传统救济机制的路径能否解决纯环境损害或纯生态环境损害问题，接下来一一进行分析。

（一）私权意义上的环境权理论

1. 环境公共信托理论

1968年，美国萨克斯教授在《保卫环境——公民行动战略》一书中提出环境公共信托理论。他认为，像水、空气等人类生活不可或缺的环境要素应当为全体公民的共有资源和公共财产，政府行使环境管理权力是由公民信托所赋予的，因此公民与政府之间的关系即为信托关系中的委托人和受托人之间的关系。作为环境生态这一公益的所有者，公民有权对政府的行为进行监督，促使其履行环境保护义务；作为环境生态公益的受托人，政府应为公民管理好这些财产，未经公民的许可，政府不可处置财产或采取其他使财产价值贬低的行为。

萨克斯教授认为，公共信托理论有三个相关原则：其一，像大气、水这样的一定的利益对于市民全体是极其重要的，因此将其作为私的所有权的对

象是不明智的；其二，由于人类蒙受自然的恩惠是极大的，因此，与各个企业相比，大气及水与个人的经济地位无关，所有市民应当可以自由地利用；其三，增进一般公共利益是政府的主要目的，公共物不能为了私的利益将其从可以广泛、一般使用的状态而予以限制或改变分配形式。[1]

从萨克斯教授所提倡的环境公共信托理论，我们看到他运用信托理论来为公民督促政府履行环境保护职责以及采取环境公民诉讼等措施构建了权利基础。但是，我们很难也不可能推导出环境生态公益能够或可以被划为公民的私有权利。

2. 环境共有理论

环境共有理论认为，大气、水、土壤、日照、通风、景观、文化性遗产、公园等环境要素对于人类生活而言都是不可欠缺的要素，它们应属于人人共同拥有的财产。共有者中的一人在没有得到其他共有者全员的承诺时独占地支配利用，使之污染和减耗的行为侵害了其他共有者的权利，从而在理论上也就是违法的。[2]依照环境共有理论，不论是环境的所有者还是环境的利用者都应当有义务努力使环境保持良好的状态。一旦发现某一公民或企业等组织进行了侵害环境的行为，作为环境共有人的居民可以个人或团体的名义提起民事诉讼，请求停止环境侵害行为或请求损害赔偿。

环境共有理论同样存在先天不足，环境真的能归属于某些人或某一地区的居民共有吗？也就是说，能将环境地区化、区域化或社区化吗？如果能够将环境社区化或区域化，那么环境的共有理论才真正具有实用价值。但是，稍有环境生态常识的人，绝不会认同作为整体的环境是可以或能够被区域化、社区化的。因此，企图通过环境共有理论来使环境成为具有排他性的支配权的客体的主张难以令人信服。原岛重义教授也认为，为实现维持作为社会共有资产的环境的利用秩序之目的，只有在存在环境破坏实体的场合，才能承认市民的损害赔偿请求权乃至侵害排除请求权；因环境侵权行为而产生的侵害排除请求权并非是因为特定地域的环境属于地域居民，而是在遭受环境破坏被害的居民的集团权利之下，对是否违反环境保全秩序和环境利用秩序的

---

〔1〕 萨克斯：《环境保护——为公民之法的战略（日文版）》，山川洋一郎等译，岩波书店 1970 年版，第 186 页。转引自汪劲：《环境法律的理念与价值追求——环境立法目的论》，法律出版社 2000 年版，第 240 页。

〔2〕 王社坤：《环境利用权研究》，中国环境出版社 2013 年版，第 18 页。

法律规范的监督。[1]由此可见，原岛重义教授也并不认为特定地域的环境属于地域居民共有，该地域居民诉求环境保全的依据不是因其享有权利，而是依据环境保全的法律。

当然，环境共有理论若停留在仅视为全体公民的共有财产，还算合理，似乎也无可挑剔。但是，这也受到非人类中心主义者的挑战。在非人类中心主义者看来，环境生态不能作为人类的财产，因为其也是非人类的生物生存的环境，若非得套上"权利"的话，那也应当将良好的生态环境称为"生物"的权利或"自然"的权利。

3. 小结

除了上述两大环境权理论之外，无论国内还是国外学者都试图尝试从环境生态私益化的路径而提出和主张不同的理论或学说，并提出所谓的清洁空气权、清洁水权、阳光权、通风权、宁静权、嫌烟权、达滨权、瞭望权、自然景观权、环境审美权、环境享受权、环境使用权、享有自然权、户外休闲权、自然资源开发权、自然资源利用权、环境容量开发利用权等。[2]在作者看来，除了有些权利属于相邻权、用益物权或准物权的变形外，其他多数是基于不同的环境要素而提出的所谓不同权利，都很难说是私法意义上的权利。因此，不论是将生态环境作为人类还是作为其他生物赖以生存的上天赋予的资源，我们都无法忽视和改变生态环境作为整体利益的存在。各种试图将生态环境私益化的努力，目的是在于让更多的民众像爱护自己身上的衣物一样去关心、爱护、监护和保护我们的地球环境。因而，生态环境公益没有办法也不能够私化为个人的财产权利。所以，试图通过构建私权意义上的环境权（或生态权）理论去寻求侵权法的救济很难实现。当然，我们不反对运用侵权法的方法和途径来探求生态环境公益的救济和保护，也就是说，我们从来不反对通过私法的路径来救济公益。

（二）环境生态损害属于"纯经济损失"吗

1. 纯经济损失的内涵及其救济

对于什么是纯经济损失，各国的规定和学者的观点都存在不同。德国学

---

〔1〕 ［日］大琢直：《环境权（2）》，《法学教室》2005 年第 293 卷。转引自罗丽："日本环境权理论和实践的新展开"，载《当代法学》2007 年第 3 期。

〔2〕 王社坤教授所著的《环境利用权研究》全面梳理了国内外学者有关环境权的各种主张，感兴趣的读者可以进一步阅读他对环境权的整理、解构和类型化重构。

者克雷斯蒂安·冯·巴尔教授将其总结为两个主要流派：其一，认为纯经济损失是指那些不依赖于物的损害或者身体及健康损害而发生的损失；其二，认为纯经济损失是指非作为权利或者受到保护的利益侵害结果而存在的损失。[1]

我国台湾学者王泽鉴先生认为，纯经济损失，系指非因人身或所有权等权利受侵害而产生的经济或财产损失。[2]王利明教授认为，纯经济损失，是指行为人的行为虽未直接侵害受害人的权利，但给受害人造成的人身伤害和有形财产损害之外的经济上损失。[3]张新宝教授认为，纯经济损失，指不因受害人的财产、人身或者权利的受损而发生；只是受害人因特定事由而遭受的纯粹金钱上的不利益。在纯粹经济损失概念得到认同的法域里，这些不利益一般不被法律所认许，难以获得赔偿。[4]

综上所述，可大体得知，纯经济损失是指非因人身、财产等权益受损而发生的纯粹金钱上的不利益。需要指明的是，纯经济损失不是针对侵权人直接侵害的人（即第一被害人）所造成的损失。如果损失的发生不与（第一）受害人的财产或者人身损害相联系，那么这种损失在多数情况下可能是难以预料、难以控制的，对此予以赔偿可能过度限制社会主体的行动自由，阻碍社会生活的自如运行。因此，纯经济损失一般不可获得赔偿。但是，纯经济损失的内涵及其能否获得侵权法的救济以及救济的范围会因各个国家侵权法立法体例的差异而存在不同。

《法国民法》第1382条规定，因过失侵害他人的，应负损害赔偿责任。这一不限制保护法益的概括保护立法体例使权利和利益都纳入一体化的保护，进而将纯经济损失也涵盖其中。单从第1382条的规定来看，纯经济损失不仅能够获得保护，而且似乎能够得到完全充分的保护。但是，法国司法实务界则通过纯经济损失须与侵害行为之间具有直接的因果关系来控制纯经济损失的赔偿问题。

〔1〕 ［德］克雷斯蒂安·冯·巴尔：《欧洲比较侵权行为法（下卷）》，焦美华译，张新宝校，法律出版社2001年版，第33~34页。

〔2〕 王泽鉴：《侵权行为法》，北京大学出版社2009年版，第296页。

〔3〕 王利明：《侵权责任法研究（上卷）》，中国人民大学出版社2011年版，第300~301页。Robbey Bernstein认为，"纯经济损失是指除了因对人身的损害和对财产的有形损害而造成的损失以外的其他经济上的损失。" See Robbey Bernstein, Economic Loss, Sweet & Maxwell Limited, 2ed, 1998, p. 2. 参见王利明著《侵权责任法研究（上卷）》第301页的注释。

〔4〕 张新宝、张小义："论纯粹经济损失的几个基本问题"，载《法学杂志》2007年第4期。

《德国民法》第 823 条第 1 项规定："因故意或过失，不法侵害他人之生命、身体、健康、自由、所有权或其他权利者，对所生之损害应负赔偿责任。"第 2 项规定："违反以保护他人为目的之法律者，亦应负同一义务。依其法律之内容无过失亦得违反者，仅于有过失时始生赔偿责任。"第 826 条规定："故意以悖于善良风俗加损害于他人者，应负损害赔偿责任。"德国法这种以"侵害权利""违反保护他人法律""故意悖于善良风俗"等三个大类区分不同法益保护的立法体例明显区别于法国概括保护立法例。关于纯经济损失，仅限于违反保护他人的法律或故意以悖于善良风俗的方法致人损害时，始得请求赔偿。在德国，纯经济损失采取不同于权利的限制保护理由主要有：①限制请求权的范围，通过将损害集中处理于加害人与权利被侵害的第一被害人之间，避免将整个损害分散于多数请求权人，造成众多诉讼，以减少损害处理的费用；②纯经济损失涉及私人损害，不发生社会损害；③契约法上的债务不履行和瑕疵担保责任可以对其进行保护，侵权法不应过度介入；④纯经济损失犹如波浪，扩散及于多数之人，有的甚为微小，有的难以证明，有的宜由被害人自己防范，若全依侵权法请求救济，那责任范围将永无边际，诉讼群起，成本费用甚巨，应设水闸加以必要管制。[1]

英美侵权法属于判例法体系，即由一个个的侵权行为（torts）构成的，以不同的要件保护不同的法益。在英国，纯经济损失侵权法的保护通常需要以故意为构成要件，以维护市场经济的自由竞争。例外的是，在 *Hedley Byrne & Co Ltd. v. Heller & Parstners Ltd.* [2]和 *Capro Industries plc v. Dickman* [3]两个判例中确立了过失纯经济损失赔偿的原则：损失须为可预见，请求权人须与被告人之间须有密切关系，使被告负有注意义务须公平、合理。[4]而在美国，涉及纯经济损失可依契约担保责任进行解决，原则上不受侵权法的保护。

总而言之，纯经济损失原则上不可获得赔偿或者限制赔偿，理由主要是因为纯经济损失及其责任数量和责任范围均存在"不确定性"，纯经济损失如同水闸（floodgate），一旦放开则会导致赔偿诉讼无止境。

2. 环境生态损害可否纳入"纯经济损失"

我国《民法通则》第 106 条第 2 款规定："公民、法人由于过错侵害国家

〔1〕 前引王泽鉴书，第 305～306 页。
〔2〕 Hedley Byrne & Co Ltd. v. Heller & Parstners Ltd.（1964）AC 465.
〔3〕 Capro Industries plc v. Dickman（1990）2AC 605.
〔4〕 前引王泽鉴书，第 300 页。

的、集体的财产，侵害他人财产、人身的，应当承担民事责任。"从本条规定来看，我国是根据主体身份的不同确立侵权救济类型，没有采取德国法的权利与利益区别的保护立法例，从整体上看又很像法国的概括保护立法例。因此，本条"侵害他人财产、人身"在文义解释上既包括人身、财产权利又包括人身、财产利益。《侵权责任法》第2条规定："侵害民事权益，应当依照本法承担侵权责任。本法所称民事权益，包括生命权、健康权、姓名权、名誉权、荣誉权、肖像权、隐私权、婚姻自主权、监护权、所有权、用益物权、担保物权、著作权、专利权、商标专用权、发现权、股权、继承权等人身、财产权益。"本条明确规定了我国侵权责任法的保护范围，即不仅保护民事权利，而且保护民事利益。

由上可知，从《民法通则》到《侵权责任法》，我国立法机构都采取了不区分权利和利益的概括保护立法例。因此，纯经济损失的救济在我国立法层面应该不存在什么问题。但是，也存在过于宽泛、欠缺具体可操作性等问题。考虑到我国司法资源的有限性，以及前文所论述的侵权法归责原则应当在行为自由与救济受害人或解决不幸之间寻求适当平衡，我国司法实务界应当对纯经济损失的赔偿采取谨慎的态度，可借鉴法国实务界所采取的直接因果关系等因果关系理论或者通过对受害者采取限缩性解释等方式来控制纯经济损失的赔偿，以免造成水闸一开、诉讼群起、责任范围永无边际的失控局面，进而导致人人自危、诚惶诚恐、无所事事的行为极不自由的状况。

当然，我国有关立法[1]和司法解释也明确规定了一些纯经济损失可以获得赔偿的具体情形。值得注意的是《最高人民法院关于审理船舶油污损害赔偿纠纷案件若干问题的规定》（法释（2011）14号）第9条的规定："船舶油

---

[1] 例如《证券法》第69条规定："发行人、上市公司公告的招股说明书、公司债券募集办法、财务会计报告、上市报告文件、年度报告、中期报告、临时报告以及其他信息披露资料，有虚假记载、误导性陈述或者重大遗漏，致使投资者在证券交易中遭受损失的，发行人、上市公司应当承担赔偿责任；发行人、上市公司的董事、监事、高级管理人员和其他直接责任人员以及保荐人、承销的证券公司，应当与发行人、上市公司承担连带赔偿责任，但是能够证明自己没有过错的除外；发行人、上市公司的控股股东、实际控制人有过错的，应当与发行人、上市公司承担连带赔偿责任。"第173条规定："证券服务机构为证券的发行、上市、交易等证券业务活动制作、出具审计报告、资产评估报告、财务顾问报告、资信评级报告或者法律意见书等文件，应当勤勉尽责，对所依据的文件资料内容的真实性、准确性、完整性进行核查和验证。其制作、出具的文件有虚假记载、误导性陈述或者重大遗漏，给他人造成损失的，应当与发行人、上市公司承担连带赔偿责任，但是能够证明自己没有过错的除外。"其中，保荐人、承销的证券公司和证券服务机构对信息披露导致投资者在证券交易中发生的损失，即属于纯经济损失。

污损害赔偿范围包括：（一）为防止或者减轻船舶油污损害采取预防措施所发生的费用，以及预防措施造成的进一步灭失或者损害；（二）船舶油污事故造成该船舶之外的财产损害以及由此引起的收入损失；（三）因油污造成环境损害所引起的收入损失；（四）对受污染的环境已采取或将要采取合理恢复措施的费用。”其中“（三）因油污造成环境损害所引起的收入损失”属于纯经济损失。但是，该司法解释对赔偿条件给予了严格限制，以防止责任范围失控和诉讼群起。[1]其中“（四）对受污染的环境已采取或将要采取合理恢复措施的费用”属于环境生态本身的损害。第17条对“恢复措施的费用”进一步做了解释，即“船舶油污事故造成环境损害的，对环境损害的赔偿应限于已实际采取或者将要采取的合理恢复措施的费用。恢复措施的费用包括合理的监测、评估、研究费用”。

从上述司法解释来看，最高人民法院是将纯经济损失与环境生态损害加以明确区分的。实质上，生态环境的损害是环境生态本身的物理、化学或生物等性能的改变或物质性损伤，所采取的补救措施主要是清除和修复。由于生态环境本身属于社会公共利益，而不是私益；而纯经济损失属于非因受害人的人身、财产权利受害而产生的纯粹金钱上的不利益，是私益而非公益，所以生态环境损害与纯经济损失在根本属性上存在完全不同。因此，企图将环境生态损害纳入纯经济损失进行侵权法的救济是难以行得通的。

四、纯生态环境损害“民事责任”的二元归责原则

上文我们已经剖析了生态环境公益很难私化为个人的财产权利或其他私权利，也没有办法作为纯经济损失获得赔偿和救济。也就是说，生态环境公

---

　　[1]　2011年《最高人民法院关于审理船舶油污损害赔偿纠纷案件若干问题的规定》第14条规定：“海洋渔业、滨海旅游业及其他用海、临海经营单位或者个人请求因环境污染所遭受的收入损失，具备下列全部条件，由此证明收入损失与环境污染之间具有直接因果关系的，人民法院应予支持：①请求人的生产经营活动位于或者接近污染区域；②请求人的生产经营活动主要依赖受污染资源或者海岸线；③请求人难以找到其他替代资源或者商业机会；④请求人的生产经营业务属于当地相对稳定的产业。”第15条规定：“未经相关行政主管部门许可，受损害人从事海上养殖、海洋捕捞，主张收入损失的，人民法院不予支持；但请求赔偿清洗、修复、更换养殖或者捕捞设施的合理费用，人民法院应予支持。”第16条规定：“受损害人主张因其财产受污染或者因环境污染造成的收入损失，应以其前三年同期平均净收入扣减受损期间的实际净收入计算，并适当考虑影响收入的其他相关因素予以合理确定。按照前款规定无法认定收入损失的，可以参考政府部门的相关统计数据和信息，或者同区域同类生产经营者的同期平均收入合理认定。受损害人采取合理措施避免收入损失，请求赔偿合理措施的费用，人民法院应予支持，但以其避免发生的收入损失数额为限。”

益从主体角度很难私化为个人权利，从客体角度又很难划归为像纯经济损失这样的利益。因此，纯环境损害或纯生态环境损害恐怕很难用传统的侵权法救济机制加以解决。那么，这是否需要回归到公法或者社会法的救济途径？由于纯环境损害或纯生态环境损害属于社会公益，所以通过作为公法的刑法或者作为社会法的环境法来获得救济应当为较优的选择。这也是笔者为什么将纯生态环境损害"民事责任"打上引号的原因。纵使我们采取社会法的救济路径，但是一旦涉及损害赔偿，除了主张权利的主体为法律规定的机关和有关组织外，采取的依然是民事诉讼程序和民事责任规范。因此，我们在这里探讨生态环境损害"民事责任"的归责原则仍然具有理论价值和司法指导意义。只不过这里提到的"民事责任"是生态环境公益借用民事责任的理论、规范以及民事诉讼规则实现救济而已，即社会公益利用私法的工具才得以补救和回复。

下面我们主要以 2004 年欧洲议会和欧盟理事会发布的《关于预防和救济环境损害的环境责任指令》（以下简称"2004/35/CE 号指令"）为例来分析探讨生态环境损害"民事责任"的归责原则。2004/35/CE 号指令第 2 条规定环境损害的定义，即对受保护物种和自然栖息地（自然）的损害，水的损害和对土地（土壤）的损害。具体而言，对受保护物种和自然栖息地的损害，是对达到或者保持该类栖息地或者物种的有利保护状态有重大有害影响的任何损害；水的损害，是严重有害地影响第 2000/60/EC 号指令定义的，所涉及水的生态、化学以及/或者量化状态以及/或者生态潜力的任何损害，但该指令第 4 条第（7）款适用的有害影响除外；土地损害，是由于直接或者间接向土壤、地面或者地下引入物质、制剂、有机物或者微生物，造成人体健康受到有害影响的重大风险的任何土地污染。这里所说的"损害"，是指自然资源[1]中的可计量有害变化或者可能直接或者间接发生的一种自然资源服务的可计量减损，也就是我们常说的环境要素本身的损害或者生态服务功能的丧失、退化、减弱等。

2004/35/CE 号指令所确定的生态环境损害的责任主体为"经营者"，是指任何自然或者法定的，经营或者控制职业活动的私人或者公共的人，或者在国内立法做出规定的情形下，被授权对该活动的技术运作实施决定性经济权力的人，包括该活动的许可证或授权书的持有人或者正在登记或公告该活动的人。责任主体所承担的责任范围为：当尚未发生环境损害但发生该损害的

---

[1] 这里的"自然资源"是指受保护物种和自然栖息地、水和土地。

紧迫威胁时，经营者应当毫不延迟地采取必要预防措施；发生环境损害时，经营者应当毫不延迟地告知主管部门该情况的各方面信息，并采取所有可行的手段以立即控制、抑制、清除或者用其他方法治理有关污染物以及/或者任何其他损害因素以限制或者预防进一步的环境损害和对人体健康的有害影响或者进一步的服务减损；经营者应当承担依照 2004/35/CE 号指令采取预防和救济行动的成本。这里的"成本"是指为保障 2004/35/CE 号指令的适当和有效实施的合理成本，包括评价环境损害、该损害的紧迫威胁、行动的替代方案的成本以及行政、法律和执行成本，数据收集成本和其他一般成本，监测和监督成本。[1]

2004/35/CE 号指令第 3 条虽然规定该指令的适用范围，但该条第 1 款其实规定了经营者在两种完全不同情形下的责任承担。第 3 条第 1 款 a 项规定："由于附录Ⅲ所列的任何职业活动[2]所导致的环境损害，以及由于任何此类活动的原因引发的该损害的紧迫威胁；"b 项规定："当经营者出于过错或者疏忽大意的过失时，由于除附录Ⅲ所列的职业活动之外的任何职业活动所导致的对受保护物种和自然栖息地的损害，以及由于任何此类活动的原因引发的该损害的紧迫威胁。"对于 a 项规定，经营者承担的是无过错责任；对于 b 项规定，经营者承担的是过错责任。这与竺效博士所主张的生态损害填补责任的归责原则两分法不谋而合。他认为，对于"危险活动"（dangerous activities），即那些对导致生态损害具有一般性、内在的固有危险性的行为，应采用无过失归责原则；而对于那些"非危险活动"（non-dangerous activities），即那些对生态损害不存在固有危险性的行为，应采用过错责任归责原则。[3]

我们先来看看 2004/35/CE 号指令附录Ⅲ的具体内容：①依据 1996 年 9 月 24 日第 96/61/EC 号《关于综合污染预防与控制》指令应当取得许可的装置（指令附件Ⅰ所列）的运行；但用于研究、开发和测试新产品和工艺的装置或者部分装置除外。该指令附件Ⅰ规定了诸如能源工业、金属生产和加工、

---

〔1〕 我国学者所主张的自然资源生态损害赔偿范围大体包括：损害发生后到生态功能恢复前的环境容量损失；生态服务功能损失（如野生动物栖息地功能的丧失或破坏等）；防范损害进一步扩大的损失；清除污染物的费用；修复、恢复、替代或获取受损自然资源的类似等价物的成本；生态损害的检测、监测、评估费用等。参见张梓太、王岚："我国自然资源生态损害私法救济的不足及对策"，载《法学杂志》2012 年第 2 期。

〔2〕 职业活动是指一个经济活动、商业或者企业过程中进行的任何活动，无论其是否具有私益或者公益、营利或者非营利特征。

〔3〕 竺效："生态损害填补责任归责原则的两分法及其配套措施"，载《政治与法律》2007 年第 3 期。

矿业、化学工业、废物管理以及其他工业活动等的装置或装置部件。②依据
1975 年 7 月 15 日第 75/442/EEC 号《关于废弃物》的指令和 1991 年 12 月 12
日第 91/689/EEC 号《关于危险废物》的指令，应当取得许可或者进行登记
的废弃物治理操作，包括收集、运输、恢复和处置废物和危险废物以及对此
类操作的监管和对处置场地的善后工作。尤其是还包括根据 1999 年 4 月 26 日
第 1999/31/EC 号《关于废弃物填埋》的指令所规定的填埋场地的操作和根据
2000 年 12 月 4 日第 2000/76/EC 号《关于废弃物焚烧》的指令所规定的焚烧
设备的操作。同时，成员国可以决定上述操作所不包括的对来源于按照许可
标准处置的城市污水治理设备中的下水道淤泥扩散用于农业用途。③依据
1976 年 5 月 4 日第 76/464/EEC 号《关于因特定危险物质导致污染》的指令
所规定进行事前授权向联盟水生环境排放的，排入内陆地表水体的全部排放
行为。④依据 1979 年 12 月 17 日第 80/68/EEC 号《关于保护地下水免受因特
定危险物质导致污染》的指令所规定进行事前授权排入地下水体的全部排污
行为。⑤依据第 2000/60/EC 号指令取得许可、授权或者进行登记的向地表水
或者地下水排放或者注入污染物的活动。⑥依据第 2000/60/EC 号指令应当取
得事前授权的取水和蓄水行为。⑦向环境中制造、使用、贮存、加工、填埋、
释放以及现场运输：（a）1967 年 6 月 27 日第 67/548/EEC 号关于危险物质分
类、包装和标识的成员国法律、法规和行政条款近似性的理事会指令第 2 条
第（2）款定义的危险物质；（b）1999 年 5 月 31 日第 1999/45/EC 号关于危
险制剂分类、包装和标识的成员国法律、法规和行政条款近似性的欧洲议会
和理事会指令第 2 条第（2）款定义的危险制剂；（c）1991 年 7 月 15 日第
91/414/EEC 号关于植物保护产品投放市场的理事会指令第 2 条第（1）款定
义的植物保护产品；（d）1998 年 2 月 16 日第 98/8/EC 号关于生物农药产品
投放市场的欧洲议会和理事会指令第 2 条第（1）款（a）项定义的生物农药
产品。⑧1995 年 11 月 21 日第 94/55/EC 号关于成员国有关危险货物公路运输
的法律近似性的理事会指令附件 A 中定义的，或者 1996 年 7 月 23 日第 96/
49/EC 号关于成员国有关危险货物铁路运输的法律近似性的理事会指令附件
中定义的，或者 1993 年 12 月 13 日第 93/75/EEC 号关于驶入或者驶离联盟内
港口并载有危险或者污染货物的船舶的最低要求的理事会指令中定义的通过
公路、铁路、内陆水运、海运或者航空运输危险货物或者污染的货物。⑨依
据 1984 年 6 月 28 日第 84/360/EEC 号《关于对抗来源于工业厂房的空气污
染》的指令所规定的应当取得授权向大气排放指令所规定的任何污染物质的

装置操作。⑩任何封闭使用，包括运输，涉及 1990 年 4 月 23 日第 90/219/EEC 号理事会指令定义的转基因微生物的行为。⑪任何故意向环境排放、运输和向市场投放第 2001/18/EC 号欧洲议会和理事会指令定义的转基因有机物的行为。⑫根据 1993 年 2 月 1 日第 259/93/EEC 号关于监管和控制在欧洲共同体内部运输、从共同体以外运入共同体或者从共同体内向共同体以外运出废弃物的理事会条例，要求授权或者受到禁止的在欧盟内部、从联盟以外或者向联盟以外跨界运输废弃物的行为。

从 2004/35/CE 号指令附录Ⅲ的具体内容，我们可以总结出经营者应当承担严格责任或者无过错责任的情形：对自己经营、控制、占有、管领的能源工业、金属生产加工、矿业、化学工业、废物处置填埋场地、焚烧设备等装置、设施的运营，对经过事先许可授权向地下水、地表水排污行为或取水、蓄水行为，向环境中制造、使用、贮存、加工、填埋、释放以及现场运输危险物质、危险制剂、生物农药、植物保护产品的，通过公路、铁路、内陆水运、海运或者航空运输危险货物或污染的货物的，应当取得授权的装置操作向大气排放所规定的任何污染物质的，任何封闭使用、运输转基因微生物的或者任何故意向环境排放、运输和向市场投放转基因有机物的，需要授权或者受到禁止的跨界运输废弃物的等。

这些职业活动需要经营者承担无过错责任的原因主要在于：其一，危险是这些活动或者装置、设施所引起的，而且这些危险是一个社会所认为的有必要规制的较大风险；其二，这些职业活动危险造成了生态环境损害；其三，相较于其他主体，经营者更有能力控制危险装置设施的运营或其他危险职业活动。再者，我们知道，若让生态环境损害的不幸由整个社会民众分担有失公平，它本身也不符合污染者付费原则；而让生态环境利益的代表者（无论是政府机关还是环境公益组织）去举证经营者（或者污染者）对生态环境造成损害具有主观上的过错谈何容易！因此，欧盟议会和欧盟理事会第 2004/35/CE 号指令明确规定了附录Ⅲ经营者应当承担无过错责任的 12 种情形。除此之外的任何职业活动所导致的对受保护物种和自然栖息地的损害，以及由于任何此类活动的原因引发的该损害的紧迫威胁，经营者只需承担过错责任原则。[1]

---

〔1〕 竺效博士从制度经济学的视角分析了这种生态环境损害无过错归责原则和过错归责原则二分法的合理性。竺效："生态损害填补责任归责原则的两分法及其配套措施"，载《政治与法律》2007 年第 3 期。

五、结论

我国《侵权责任法》第 65 条规定，应当采取扩大解释，即无论是因为环境污染还是由于生态破坏而导致损害他人的人身财产权益或环境权益的民事责任，出于对受害者权益保护和强化污染破坏环境者的责任等方面的考虑，都应当采取无过错归责原则。相应的，环境侵权的含义可为：因人的活动而污染或破坏生态环境，从而导致损害或可能损害他人的人身权、财产权或环境权益等的行为。

环境侵害不完全等同于环境侵权，后者包含于前者之中，前者还应当包括纯环境损害或纯生态损害。对于纯环境损害或纯生态损害，学界曾努力尝试将其解释为环境权或纯经济损失来寻求侵权法的救济。但是，由于生态环境公益没有办法也不能够私化为个人的财产权利。所以，试图通过构建私权意义上的环境权（或生态权）理论去寻求侵权法的救济很难实现。由于生态环境本身属于社会公共利益，而不是私益；而纯经济损失属于非因受害人的人身、财产权利受害而产生的纯粹金钱上的不利益，是私益而非公益，所以生态环境损害与纯经济损失在根本属性上存在完全不同。因此，企图将环境生态损害纳入纯经济损失进行侵权法的救济是难以行得通的。

生态环境的损害是环境生态本身的物理、化学或生物等性能的改变或物质性损伤，所采取的补救措施主要是清除和修复。而清除和修复等措施是要支付成本和费用的，那么应当由谁来承担支付的责任？这是一个十分复杂和庞大的课题。本文建议在制定环境责任法时，我国可以借鉴欧盟环境责任指令的规定，实行二元归责制度。即可以规定一定目录的企业、行业、场地、设施、装置等的所有者、经营者、持有者或占有者对其运营所致的生态环境损害承担无过错责任，除此以外的则承担过错责任。

环境侵权案件中的因果关系问题研究

李一娴* 著

一、环境污染责任概述

现代工业社会的高速发展带来了巨大经济利益，促进了社会文明的进步，同时也使人类的生存环境面临严峻挑战。尤其是在诸多发展中国家，一方面政府决策偏重于追求经济速度的增长，另一方面国内的环境保护立法与司法尚不完善，导致各种破坏生态和环境污染的事件频发，大气污染、水污染、空气污染、固体废物污染等问题十分严重，[1]所引发的环境污染侵权案件类型也呈现多元化趋势。[2]

保护环境事关人类的生存和发展，惠泽后世，我国立法机关先后颁布大量相关法律法规，加强对各种自然资源和环境的保护，确立污染环境行为可

---

* 李一娴，云南大学法学院，法学博士。

〔1〕 根据 2013 年 6 月国家环境保护部发布的《中国环境状况公报》，2012 年，全国化学需氧量排放总量 2423.7 万吨，比上年下降 3.05%；氨氮排放总量 253.6 万吨，比上年下降 2.62%；二氧化硫排放总量 2117.6 万吨，比上年下降 4.52%；氮氧化物排放总量 2337.8 万吨，比上年下降 2.77%。四项污染物排放量均同比下降。2012 年，全国地表水国控断面总体为轻度污染。长江、黄河、珠江、松花江、淮河、海河、辽河、浙闽片河流、西北诸河和西南诸河等十大流域的国控断面中，Ⅰ～Ⅲ类、Ⅳ～Ⅴ类和劣Ⅴ类水质断面比例分别为 68.9%、20.9% 和 10.2%。主要污染指标为化学需氧量、五日生化需氧量和高锰酸盐指数。资料参见国家环境部网站 http://jcs.mep.gov.cn/hjzl/zkgb/。

〔2〕 以江苏省徐州市鼓楼法院为例，自 2008 年以来在该院受理的环境污染纠纷案件中，以水污染侵权纠纷案件为主，占全部环境污染案件总数的一半以上。污染源也来源于多方面：噪声污染方面，污染源除城市主要交通道路、地铁、城市铁路等造成的噪音污染外，还有因居住小区的公共配套服务设施如小区超市的冷风机、空调外挂机引发的噪音污染等；空气污染方面，具体又分因商品房墙体含有氨产生的室内空气污染和因汽车内饰超标引发的车内空气污染等。资料详见钱钰锦："关于我市环境污染纠纷案件的调研报告"，2011 年 1 月，载徐州市中级人民法院网，http://xzzy.chinacourt.org/public/detail.php? id=18204。

能导致的损害赔偿责任。[1] 在侵权法领域，当污染环境的行为造成他人损害时，污染者理应承担相应的民事责任。因其本身具有长期性、潜伏性和持续性等复杂特性，在 2010 年颁布施行的《侵权责任法》中，环境污染行为被定义为一种特殊的侵权行为，在第八章"环境污染责任"中作出特别规定。在环境侵权案件中，因环境污染行为本身具有长期性、潜伏性、持续性等特点，让此类案件中对因果关系的判定问题更为错综复杂。

二、环境侵权案件中的因果关系

（一）因果关系判定的主要学说

因本身具有高度的科学性和逻辑思辨性，法律中的因果关系一向被认为是法学理论中最为错综复杂的问题之一。作为侵权行为的成立要件，侵权法上的因果关系不是一个事实问题，而是一个法律问题，其本质在于确定责任的成立与范围。早在罗马法时期，法学家们就注意到了因果关系的重要性，其中一条重要的规则便是："在法律中，我们所探寻者为近因，而非远因。"[2] 这条规则蕴含了人类对因果关系的初始认识，即以近因作为归责的对象，从而起到限制负责范围的作用，被视为目前人类社会已知最早的关于因果关系的法律规范。[3]

随着后世法学理论的不断发展，不管是大陆法系国家的学者，还是英美法系国家的学者，均对因果关系问题作出了深入而系统的研究，结合本国的法律文化及思考方法，逐渐形成各有所长的学术理论。时至今日，对于因果关系的判定，各国法律法规多未作出明确规定，而籍由法律实务创造出不同的概念或理论，以界定行为人就其行为所造成的损害，应予负责的范围。19

---

〔1〕 我国立法机构建立起一系列的环境保护法律制度，包括《宪法》《环境保护法》《水污染防治法》《大气污染防治法》《海洋环境保护法》《固体废物污染环境防治法》《环境噪声污染防治法》《放射性污染防治法》等。国务院还颁布《建设项目环境保护管理条例》《水污染防治法实施细则》《危险化学品安全管理条例》《排污费征收使用管理条例》《危险废物经营许可证管理办法》《野生动物保护条例》《农业转基因生物安全管理条例》等多项行政法规。同时，国务院有关部门、地方人民代表大会和地方人民政府依照职权，为实施国家环境保护法律和行政法规，也制定和颁布大量规章与地方法规。

〔2〕 "In jure non remota causa, sed proxima, spectator", Dig 4, 2.9 1 a. 转引自韩强：《法律因果关系理论研究——以学说史为素材》，北京大学出版社 2008 年版，第 12～13 页。

〔3〕 参见韩强：《法律因果关系理论研究——以学说史为素材》，北京大学出版社 2008 年版，第 12～13 页。

世纪 80 年代，德国弗莱堡大学生理学家 Johamn Von Kries 教授根据盖然性本质的哲学理论，首次提出了"相当因果关系理论"：强调在判定法律上的因果关系时，一方面加害行为与权益受侵害之间应具有不可或缺的"条件关系"，一方面因果关系本身须具备"充分性"，即加害行为本身在实质上增加了损害发生的客观可能性。该学说逐渐获得大陆法系国家法学界的认可，成为在德国、希腊、奥地利和葡萄牙等国具有支配性地位的理论，在日本和我国台湾地区也被奉为有力的通说。[1]

根据相当因果关系理论，事物间的因果关系独立于人的意识而客观存在，当根据人类经验与事件发生的通常过程，某条件具有引发某项结果发生的倾向时，则该条件即为发生结果的相当性原因，该行为与损害结果之间即成立法律上的因果关系。然而，现实往往不能如理论构建者设想的一般理想，在现实生活中，囿于人类对世界的认知局限，对于事物之间客观联系的认知往往不能达到"完美的观察者"无所不知的程度。在确定事物之间是否存在因果关系问题上，人们只能凭藉其所掌握的有限知识，在不完全信息的基础上对事物之间的因果关系作出大概的判断。在环境侵权案件中，因诱发损害的成因具有相当的复杂性，很多情况下基于现有的医学等自然科学发展水平，难以明确被告行为即导致损害结果发生的必要条件，从而难以在此类案件中依照相当因果关系学说确立行为与损害之间的因果关系。

2004 年，中国首例环境污染损害纠纷案由南京市玄武区法院受理，受到社会各界的广泛关注。在本案中，双方所争议的关键问题就是被告行为和原告损害结果之间是否存在着法律上的因果关系。在本案中，罹患白血病的 16 岁高中生方某将中国石化集团金陵石油化工有限责任公司炼油厂等三家企业告上法庭，要求三被告赔偿原告损失 100 万元。原告代理人在起诉状中声称，原告方某自 1988 年至其 10 岁的 1997 年间，一直居住在炼油厂的生活区，其所居房屋的南边是液化气罐装站，大气中常充满瓦斯气；东边是制造压力容器的工程队，其工作主要是就地进行射线探查，对容器喷漆；西北边是炼油厂火炬，排放出的火炬中含有大量有毒气体；楼前的路则曾是一条未封闭的排水沟，炼油厂未经处理的生产废水从此经过流向污水处理厂。三被告的生产设备设施与其原居住的生活区之间距离小于 1000 米。原告认为，三被告长

---

[1] 参见韩强：《法律因果关系理论研究——以学说史为素材》，北京大学出版社 2008 年版，第103 页。

期以来排放的废水、废气等污染物中含有有毒致癌物质，直接影响到正在生长发育期的原告的身体健康，导致其最终罹患白血病，在物质和精神两方面均遭受重大损害。

在本案中，被告方辩称，虽然其本身属于化工企业，但其排放的污染物符合了国家规定的排放标准。且根据现有医学资料，明确可能引发白血病的因素是苯和射线，而被告对苯和射线有严格的安全生产要求，原告是不可能接触到的。因此，被告方以其排污行为与损害结果之间没有直接因果关系为由，不同意原告的诉讼请求。

作为典型的环境侵权案件，本案中因果关系的判定问题直接挑战在大陆国家受到普遍认可的相当因果关系理论。根据相当因果关系理论，首先，在排污行为和患病结果之间是否存在不可或缺的条件关系？即是否可得证明如无被告之排污行为，则不会生原告患病之结果？根据现有医学的发展水平，白血病是造血组织的恶性疾病，其发病原因极其复杂，包括病毒因素、化学因素、放射因素、遗产因素等多种病因，尤其是化学因素，即苯及其衍生物很有可能诱发儿童的白血病。但现有的医学仪器尚不能查明患有白血病的真实病因，以上各种因素均可能是诱发疾病的病因。因此，根据现有的医学科技，难以确定被告的排污行为是造成方某罹患白血病的不可或缺的条件，即难以满足相当因果关系理论中"无此行为，则不生此损害"的条件。

同时，相当因果关系的充分性条件在本案中难以获得证实：是否可证明根据一般生活经验，居住在污染严重的炼油厂地区通常会引起居民罹患白血病？在本案中，曾在此生活区居住的居民中只有原告一人患有白血病，并无他人患有相似病症，在企业职工中也未发生患有苯中毒的职业病患者，因此，在本案中，法院认为现有的证据和医学科学依据尚不充分，不能推断原告患白血病与被告的生产和排污行为存在因果关系，最终判决驳回原告的诉讼请求。

本案中法官的判决在社会上引起了强烈反响，其对于被告行为和原告损害之间不存在因果关系的判决理由也受到质疑：显然，根据大陆法系国家普遍适用的相当因果关系理论，结合现有的科学技术发展水平，的确难以证明污染行为与损害结果之间存在着法律上的因果关系。但这种完全基于人类现有科技认知水平所作出的否认因果关系的判定是否公平合理？又是否符合当代侵权法保护受害者的基本功能呢？

事实上，本案判决并不是此类环境污染侵权案件的终曲。近年来，随着中国工业化发展的加速，现实生活中出现了大量的相关案例。环境污染行为，不管是工业污染、还是因住房装修引起的甲醛污染，都导致白血病发病率的攀升。未成年人因其免疫系统正处于发育中，更容易因环境污染行为罹患此类疾病。[1]根据现有的医学科技水平，难以证明环境污染行为与损害结果是否存在着客观的联系。此事实判定中因果关系链条的缺失，直接导致的结果就是诸多的受害者难以获得相应的损害赔偿。因此，在环境侵权这一特殊类型的侵权行为的判定中，法官还应该考虑另一个判定法律上因果关系的重要因素——政策考量因素。

（二）政策考量因素

基于因果关系理论在实践中适用的复杂性，法官除了适用相当因果关系理论，还通常采用政策考量（policy consideration）的方式，参考加害人是否有故意、受侵害权益的保护力度等因素作出判决。在因果关系的判断问题上引入政策考量因素，是指当受侵害的权益特别重要时，若不能证明事实上的因果关系，法官从价值判断的角度，也可以推定因果关系的存在。在环境污染行为导致的侵权案件中，受害者受到侵害的权益往往是生命权、身体权、健康权等最为重要的人身权益，而此侵害他人人身权益的环境污染行为通常会给行为人带来巨大的经济利益。在不同权益的保护力度上，人身权益的重要性不言而喻。况且，在有些案件中，囿于现有科学技术发展的程度，即使借助现代科技亦无法确认环境污染行为与损害之间的因果关系，如果仅以环境科学证明直接因果关系的存在，很可能陷入科学争论而无法使受害人的权利获得救济。

在方某诉金陵中石化案件中，如果引入政策考量因素，可以观察到的事实是，金陵中石化等工业企业在居民生活区附近长期从事废水、废气等污染物排放行为，是为了从事其高额利润收入的工业生产。虽然现有医学科技难以证明其排放污染物行为与方某患有白血病之间存在必然联系，但科学研究也已经证明化学因素是可能导致白血病发病的重要原因之一。在本案中，一方面是化工企业因工业生产的需要从事排污行为并获得经济效益，一方面是作为社会弱势群体的未成年人因罹患白血病而遭受健康权的重大损失，权衡

---

〔1〕 据不完全统计，几年来我国的白血病发病率位居儿童肿瘤的首位，有数据显示其每年以3万～4万的速度增加，10岁以下小儿白血病的发病率为7万～10万。参考资料来自西安国医血液病防治中心，引自 http://xy.39.net/098/4/947215.html。

本案中双方的不同权益，基于政策考量的因素，法官应给予受害者人身权益特别的保护，肯定排污行为与患病结果之间的因果关系的存在，从而使受害者遭受的物质和精神损害获得赔偿成为可能。

（三）因果关系推定的特殊规则

现实生活的复杂性，决定了在实务中不存在单一和简单的方式来解决所有的因果关系问题。在环境侵权案件中，由于环境污染行为本身具有长期性、潜伏性、持续性、广泛性等特点，导致其造成损害的过程非常复杂，往往要历经一系列中间环节才能最终形成损害结果，对此损害形成的过程往往只能借助现代科学知识并辅之以相应的科学仪器才能确认。在很多情况下，即使借助现代科技条件，可能也难以认定某些环境污染事件中行为与损害之间的因果关系。上文所讨论的方某诉金陵中石化的案件即属此列。如果要求受害者必须确切地证明环境污染行为与损害结果之间的因果关系，显然会加重受害者的举证责任，导致其损害的权益难以获得赔偿。因此，在环境侵权案件中，对于因果关系的证明问题，我国法律采用了因果关系推定的特殊规则来确定责任的承担，以减轻环境侵权案件中受害人的举证负担，为其提供更为全面的保护。体现在民事诉讼程序上，即对环境污染引起的损害赔偿诉讼实行因果关系"举证责任倒置"的规则：只要受害人提供了初步证据，盖然性地证明加害人污染环境的行为导致损害产生的事实，举证责任就转移到加害人一方。[1]如果加害人不能证明损害后果不是由其造成的，就可推定加害人的行为与损害事实之间具有因果关系，加害人就应承担相应的民事责任。

在方某诉金陵中石化案中，原告方所提供的一系列证据，虽然在证据形式上存在缺陷，在其损害后果与加害行为因果关系的证明上，也存在着诸多不充分的理由。但原告提供证据存在的缺陷，并不是导致被告不承担赔偿责任的正当理由。根据我国侵权法规定的因果关系推定规则，即使原告不能提供上述证据，被告仍必须提供损害行为与结果之间不存在因果关系的证据，以此作为自己不承担民事赔偿责任的依据。如果其不能提供有效的证据证明原告的患病结果不是其排污行为所造成的，法官即应判断在排污行为和损害

---

[1]　根据《最高人民法院关于民事诉讼证据的若干规定》第2条的规定，"当事人对自己提出的诉讼请求所依据的事实或者反驳对方诉讼请求所依据的事实有责任提供证据加以证明，没有证据或者证据不足以证明当事人的事实主张的，由负有举证责任的当事人承担不利后果"。该规定同时用列举法列举了8种适用举证责任倒置的情况，环境污染损害赔偿是其中之一。

结果之间存在着法律上的因果关系，从而要求被告承担损害赔偿责任。

从比较法上看，欧洲大陆法系大多数国家也采纳了因果关系推定的特殊规则来处理环境侵权案件中的责任认定问题。

（四）判断因果关系的其他因素考量

1. 时间因素

与其他侵权行为相比，环境污染行为具有长期性和潜伏性的特征，即损害可能由污染行为引起，但其过程极其复杂和长期，存在着一定的潜伏期。在方某诉金陵中石化案件中，被告曾辩称，虽然原告在炼油厂区生活时间长达10年，但其在1997年底已经搬出此地区，在2004年才被确诊患上白血病，因此在时间因素上不构成行为和结果之间的因果联系。这样的理由是不能成立的，因为在环境侵权案件中，侵权行为和损害结果之间可能存在较长的时间差，这是由环境污染行为的特质决定的，此时间差不能成为切断行为与结果之间存在因果关系的理由。

2. 国家、地区和行业标准问题

在环境侵权案件中，还往往涉及排污标准是否超过国家、地区和行业标准的问题。在方某案件中，被告辩称其虽然有排放废水、废气等污染物的行为，但其排污行为是按照有关规定进行的，符合国家和地区标准，并曾连续多年获得国家、省、市级环境保护先进单位的称号。如果行为人排放的污染物符合国家、地区和行业标准，是否就可以判定不存在环境污染行为？对此，我国《侵权责任法》第65条明确规定："因污染环境造成损害的，污染者应当承担侵权责任。"因此，即使企业的排污行为符合国家、地方和行业标准，只要造成了损害结果的发生，就不能作为污染者减轻或者免除责任的理由。

3. 多数人侵权问题

在环境侵权案件中，往往还涉及多数人侵权的问题。在实践中，环境损害后果往往不是单一主体造成的，而是由多个污染者共同造成的。对此，应根据多数人侵权行为中因果关系的不同类型，确认不同的责任承担形式。在承担按份责任时，污染者应根据其污染物的种类、排放量等因素各自承担相应的责任。

三、小结

法律上因果关系的意义不在于提供确定的答案，而在于为学者与法官提供解决问题的思考方式，建立理论架构，并借此分析实务上的重要案例。法官在处理环境侵权案件时，应当从相当因果关系理论出发，通过对法律政策的考量、对法律的解释以及自由裁量权的行使，确认案件中环境污染行为与受害人的损害之间的因果关系，并在因果关系的证明上采纳"因果关系推定"的特殊规则，才能有效地保护工业社会中环境污染行为的受害者，最终使法律适用的结果符合特定的社会价值和需求。

穿越 "等米下锅" 的迷雾

——论我国环境法庭的困境与出路

杨朝霞[*]　朱志炜[**]　著

一、话题的引出：环境法庭的 "冰火两重"

随着改革开放以来工业化和城市化的飞速发展，我国的环境污染和生态破坏问题日趋严重，由此产生的环境纠纷也与日增多。然而，作为环境法治重要一环的环境司法，却未能有效发挥保护环境资源和解决环境纠纷的应有作用。一是进入法院的环境案件过少。据统计，2010 年全国投诉到环保部门的环境纠纷达 70 余万件，其中通过司法诉讼渠道解决的环境纠纷大约只占到 3%。二是进入法院的环境案件占所裁判案件的比重过低。据统计，在 2003 年至 2008 年间，全国各级法院审结涉及资源、环境案件 177 792 件，其中，环境刑事案件 45 340 件，占同期审结刑事案件总数的 1.09%；环境民事案件 12 278 件，占同期审结民事案件总数的 0.04%；环境行政案件 120 174 件（未剔除企业不服具体行政行为而提起的行政诉讼），占同期审结行政案件总数的 20.69%。

环境审判组织的专门化是推动环境司法走出困境的必要举措。事实上，成立专门的环境法庭[1]，已成为许多国家强化环境司法的通行做法。据悉，世界上已有 40 多个国家设置了约 270 个环境法院或环境法庭，其中，新西兰、南非、巴基斯坦、孟加拉国、科威特、美国和澳大利亚等国家的环境法

---

　　* 北京林业大学人文社会科学学院副教授。
　　** 北京林业大学法学系学生。
　　〔1〕 为行文方便，本文将所有类型的环境保护审判组织（如审判庭、巡回法庭等）均泛称为环境法庭。

院或环境法庭、土地法院、水法院、生态法院、森林法院、矿业法院等尤为著名。这些专门的环境审判组织专职处理环境保护方面的案件，出色地解决了大量环境纠纷，大举提高了环境案件审理的效率和质量，取得了突出的法律效果和社会效果。

在我国，自第一个环境法庭于 2007 年 11 月 20 日于贵阳成立以来，各地的环境法庭如雨后春笋般纷纷成立，迄今为止，已发展到近 170 家，据悉，最高人民法院也正在为成立环境资源审判庭而积极准备。然而，在环境法庭数量迅猛增加的同时，大多数环境法庭却遭遇了无案可审、"等米下锅"的尴尬。[1]一方面，我国的环境纠纷仍在与日激增，环境污染群体性事件也在频频爆发[2]，然而，另一方面，海量的环境纠纷却只有很少的一部分进入环境法庭，以致环境法庭遭遇"冰火两重"的尴尬。那么，到底是哪一环节出了问题，背后的原因究竟是什么，应该采取什么样的举措，才能走出这种困境？对此，环境法学者有责任穿过问题的表象，进行去伪存真的分析，并提出合理化的建议。

二、环境法庭困境探源：为何"等米下锅"？

导致环境法庭陷入"等米下锅"困局的原因有很多，对此笔者无意做系统全面的分析，仅从环境诉讼的起诉资格、举证责任分配和环境法庭设置等维度，对这一疑难问题进行探究。

（一）原告资格限制过严

确保法院案源充足的首要条件是起诉者众多，而确保起诉者众多的重要前提是起诉资格限制较为宽松。那么，我国关于环境诉讼原告资格的规定有无问题呢？对此，我们试以广受关注的环境公益诉讼为例，进行重点分析。

---

〔1〕 苍鹂："生态事件频发，为何环保法庭遭冷落"，载《羊城晚报》2013 年 8 月 17 日，第 B05 版；熊波："环保法庭无案可审'等米下锅'"，载《春城晚报》2013 年 10 月 18 日，第 A2/07 版；黄涛、张文凌："环保法庭如何走出'无米下锅'困境"，载《中国青年报》2012 年 6 月 5 日，第 3 版。

〔2〕 近年来，两类项目的建设几乎无一例外地引发了群体性事件。一类是生产建设（化工）项目，另一类是垃圾焚烧厂建设项目。典型的环境群体性事件，如福建"厦门 PX 事件"（2007）、上海"磁悬浮事件"（2008）、广州番禺"垃圾焚烧厂选址事件"（2009）、浙江海宁"太阳能污染事件"（2011）、大连"PX 事件"（2011）、江苏启东"排海工程事件"（2012）、四川什邡"钼铜项目事件"（2012）、浙江"镇海 PX 事件"（2012）、四川"彭州 PX 事件"（2013）、云南"昆明 PX 事件"（2013）广东"茂名 PX 事件"（2014）和杭州"垃圾焚烧项目事件"（2014）等。

2012 年 8 月 31 日修改通过的《民事诉讼法》（2013 年 1 月 1 日实施）第 55 条规定："对污染环境、侵害众多消费者合法权益等损害社会公共利益的行为，法律规定的机关和有关组织可以向人民法院提起诉讼。"[1]这一新增的法律条款为环境公益诉讼提供了法律依据。按理，自该法实施之日起，我国的环境污染公益诉讼应较之以前有大幅增加，可事实是否如此呢？

据不完全统计，截至 2012 年底有公开报道的，我国各级法院已经受理的各种类型的环境公益诉讼案件至少有 54 起。其中，环境行政公益诉讼 7 起，环境民事公益诉讼 47 起。检察院为原告起诉的 17 起，行政机关为原告起诉的 22 起，环保组织为原告起诉的 9 起，公民个人起诉的 6 起。然而，自从新修订的《民事诉讼法》正式实施至 2013 年底，中华环保联合会据此条款共提起的 7 起环境公益诉讼[2]，无一案受理。

可见，自 2013 年新修订的《民事诉讼法》实施以来，人民法院对于环境公益诉讼案件的受理率不增反降，就连原本受理的类似案件也不再受理。对此，《南方周末》以"修法善意遭遇地方懈怠，环境公益诉讼'倒春寒'"为题发表社论，认为"民诉法新增公益诉讼法条，但模糊表述遭遇懈怠解读，成了地方法院不立案的借口。2013 年，全国环境公益诉讼全面冰封"。

那么，究竟是什么原因使得全国的环境公益诉讼遭遇"倒春寒"呢？笔者以为，民诉法关于"法律规定的机关和有关组织"的规定，本质上属于准用性规则（或称为转介条款），其只是原则上打开了公益诉讼的口子，但到底如何操作，则要看其他法律有无具体规定了。这一条款的地位和作用类似于多边国际环境条约常采用的"框架公约＋议定书＋附件"模式中的"框架公约"[3]。至

---

〔1〕 从理论上分析，《民事诉讼法》第 55 条把侵害众多消费者合法权益和污染环境这两类行为放到一起规定是有问题的。这是因为，侵害众多消费者合法权益所侵害的是"公众利益"，污染环境所侵害的是"公共利益"。公众利益是由众多某类私益叠加或累积起来的多人利益，具有可分性、累积性等特征，公共利益虽然也可以落到每个人的头上，关乎每个人的私益，但并非私益的叠加或累积，并不具有可分性和累积性，一般也无排他性和竞争性。

〔2〕 这七件案件为中华环保联合会诉潍坊乐港食品股份有限公司水污染侵权案、中华环保联合会诉山西省原平市住房保障和城乡建设管理局环境侵权案、中华环保联合会诉重庆市双庆硫酸钡有限公司水污染侵权案、中华环保联合会诉灵宝金源矿业有限公司水污染侵权案、中华环保联合会诉海南天工生物工程有限公司水污染侵权案、中华环保联合会诉海南罗牛山种猪育种有限公司水污染侵权案和中华环保联合会诉国家海洋局环境行政违法案等。

〔3〕 优先制定"框架公约"的好处主要有二：一是有利于各缔约国就重大原则问题达成一致，不致因为一些具体问题上的分歧而影响在原则问题上的一致；二是有利于条约的修订，不致因为对议定书和附件所规定的非重大原则条款进行修订而影响整个条约的效力。

新《环境保护法》[1]（2014年4月24日通过，2015年1月1日起实施）修订之前，只有《海洋环境保护法》第90条作出过类似规定，即"对破坏海洋生态、海洋水产资源、海洋保护区，给国家造成重大损失的，由依照本法规定行使海洋环境监督管理权的部门代表国家对责任者提出损害赔偿要求"。然而，这一规定将环境公益诉讼仅仅局限于"海洋环境污染"案件，且起诉主体只限于海洋监管部门。换言之，公民、环保组织、检察机关及大多数行政机关等主体都因没有法律的明确规定，而无法成为"法律规定的有关机关和组织"，也就实际失去了原告资格。也正因如此，多地法院纷纷拒绝受理环境公益诉讼案件。

就我国近几年来的司法实践看，环保部门、检察机关和社会组织等主体实际扮演了环境公益诉讼起诉主体这一角色。譬如，云南省高级人民法院规定，检察院及在我国境内依法设立登记的、以保护环境为目的的公益性社会团体，可作为原告向法院提起诉讼。根据江苏省无锡市中级人民法院规定，各级检察机关、环保社团组织以及各级环保行政职能部门、居民社区物业管理部门均被纳入了原告主体的范围……各地关于环境公益诉讼的司法实践意义深远。但另一方面，也存在明显的问题：其一，环境司法实践的法律依据不足。关于环境公益诉讼主体资格的规定属于诉讼制度的设计，根据《立法法》第8条的规定，只有法律才有权作出规定。因此，在法律没有对环境公益诉讼作出规定的情况下，地方立法就抢先规定显然是没有依据的。然而，为了解决迫在眉睫的环境公益诉讼原告资格方面的立法空白问题，地方又不得不先行实践，对此，各级人大、法院往往睁一只眼闭一只眼，予以默认。其二，各地均没有将公民个人纳入到适格原告范围之中。尽管这样做有助于避免法院系统所担心的滥诉问题，但另一方面也不正当地关闭了公民通过公益诉讼维护自身权益和解决环境污染问题的合法渠道。其三，各地关于环境公益诉讼起诉主体的规定，各自为政，混乱不一。譬如，关于环保机关有无起诉主体资格的问题，云南省和江苏省的规定就不一致。究其原因，最根本的是，理论上未能解决赋予有关主体提起环境公益诉讼之起诉资格的正当性

---

[1] 新《环境保护法》第58条规定："对污染环境、破坏生态，损害社会公共利益的行为，符合下列条件的社会组织可以向人民法院提起诉讼：①依法在设区的市级以上人民政府民政部门登记；②专门从事环境保护公益活动连续5年以上且无违法记录。符合前款规定的社会组织向人民法院提起诉讼，人民法院应当依法受理。提起诉讼的社会组织不得通过诉讼牟取经济利益。"

问题，即缺乏权利基础和理论依据。譬如，没有直接利害关系的环保组织提起环境公益诉讼的依据何在？为什么可以将环境公益诉讼的起诉资格赋予环保组织，却不赋予公民和环保机关？

笔者认为，当发生环境问题时，尤其在早期阶段，在现行立法框架下，《民事诉讼法》规定的"直接利害关系人"毕竟只是少数（由于污染的累积性、损害的滞后性等原因，尚未发生人身和财产的显著受损），因此，环境公益诉讼便成为环境诉讼最重要的组成部分。

根据起诉依据和诉讼目的的不同，在理论上可将环境公益诉讼分为非纯正环境公益诉讼和纯正环境公益诉讼。所谓非纯正环境公益诉讼，是指有直接环境利害关系的公民针对环境公益受损而提起的环境公益诉讼。此类诉讼的起诉主体在维护了环境公共利益的同时，也维护了自己的环境私人利益。譬如，2014年2月石家庄市市民针对雾霾污染，对该市环保部门提起的大气污染环境诉讼，就属于这样的典型案例。所谓纯正环境公益诉讼，是指无直接环境利害关系的主体针对环境公益[1]受损而提起的环境公益诉讼。提起此类诉讼的主体（如任何公民、环保组织、环保机关或检察机关等）与受损环境没有直接的利害关系，不具有维护自己私人利益的动机，纯粹从维护环境公共利益的目的出发，对污染企业或环保部门提起诉讼。譬如，2014年5月中华环保联合会在贵阳清镇市人民法院生态保护法庭，对宏盛化工有限公司超标排放废水而提起的环境诉讼，就属于这样的典型案例。

就社会实践来看，非纯正环境公益诉讼的起诉主体（公民）往往十分广泛，凡是直接受污染影响的主体都可以提起。如果法律对非纯正环境公益诉讼和纯正环境公益诉讼这两种不同的诉讼不加区分，不管公民与受损的环境

---

〔1〕 所谓环境公益，是指环境因具有生态服务功能而能满足人的多种需要所承载的公共性利益。根据利益性质的不同，可将环境公益分为经济性环境公益和生态性环境公益两大类型。其中，经济性环境公益，是指环境要素因能提供具有财产价值的产品（自然资源产品或环境容量产品）而蕴含的利益。具体还可细分为两类：①资源性环境公益，指环境要素因提供具有经济价值的天然资源而蕴含的利益。②容量性环境公益，指环境要素因提供具有可分配的环境容量（能稀释和净化污染物质，可价值化）而承载的环境利益。所谓生态性环境公益，这是指环境要素因能提供不具有直接经济价值的生态产品蕴含的利益。根据利益属性的不同，可将其细分为两类：①人居性环境公益，是指大自然因提供作为人类生产生活所需的良好人居环境这类生态产品而蕴含的环境利益。②调节性环境公益，即大自然因提供具有调节生态平衡、保障生态再生力等生态服务功能的生态环境这类生态产品而蕴含的环境利益。参见杨朝霞："论环境公益诉讼的权利基础和起诉顺位——兼谈自然资源物权和环境权的理论要点"，载《法学论坛》2013年第3期。

有无直接利害关系，就禁止任何公民的起诉，完全关闭公民个人提起环境公益诉讼的渠道，不仅打击了公民个人维护环境公益的积极性，也大大减少了环境公益诉讼的案源，这也正是造成环境事件多而环境法庭案件总量少之"冰火两重"怪状的最主要原因。

（二）因果关系证明规则虚置

导致环境法庭"等米下锅"困境的另一重要原因是环境侵权救济因果关系"证明难"的问题[1]。对此，《侵权责任法》第66条等立法均规定了环境侵权救济实行因果关系证明的举证责任倒置规则，将案件的举证责任给予了环境案件的侵权方。从表面看，立法似乎完全解决了因果关系的证明问题，然而事实并非如此。

第一，举证责任倒置规则并未得到普遍适用。在我国环境司法的实践中，一些法院并未适用因果关系证明的举证责任倒置这一规则，而当事人则由于法律知识的缺乏，大多也未对此提出异议而继续适用"谁主张谁举证"的传统规则。有学者经过研究发现，环境民事案件，胜诉率仅为50.27%，法院运用举证责任倒置的仅为49.6%，其余的仍然坚持只有在原告证明了损害与环境污染有因果关系后才给予支持。2010年发生的谢永康诉江苏天楹赛特环保能源有限公司大气污染侵权纠纷案（被誉为中国垃圾焚烧致病第一案），就是这方面的典型例证。[2]

第二，关于原告的举证责任不够明晰和具体，尤其是对于原告是否须承担因果关系表面证据的证明责任问题缺乏规定，导致在适用上存在争议，难以统一。对于因果关系的证明问题，《侵权责任法》第66条作出了规定："因污染环境发生纠纷，污染者应当就法律规定的不承担责任或者减轻责任的情形及其行为与损害之间不存在因果关系承担举证责任。"在适用举证责任倒置规则的时候，多数法官认为原告必须进行一定程度的因果关系证明，即提供因果关系的表面证据。对此，部分法官和绝大部分学者们则主张，原告只需

---

〔1〕这是因为：①排放的污染物迁移到受害人所在的环境往往是一个复杂而长期的过程，很容易受到其他因素的影响；②污染致害的过程往往十分漫长，具有潜伏性，难以觉察；③人身和财产的受害具有个体差异性，难以判断；④损害的发生很可能是多因子复合作用的结果；⑤认识（科技）的局限性。

〔2〕在该案中，海安县人民法院一审认为，原告谢永康所患疾病与天楹公司污染行为之间因果关系的举证责任不能由天楹公司承担，遂判决驳回原告的各项诉讼请求，二审的南通市中级人民法院以同样的理由维持了原判。

证明污染损害后果和被告存在排污行为这两项事实即可。此外，不管再要求原告作多大程度上的因果关系的证明（哪怕是表面证据），都是不合法、不合理的，都会加剧其负担。

第三，存在证明标准不明的问题。众所周知，刑事案件对于证明标准的要求是非常高的（需"犯罪事实清楚，证据确实充分"），而民事诉讼的证明标准则明显低一些，具体可分为高度盖然性和较高程度盖然性两个层次。高度盖然性，是指法官从证据中虽然尚未形成事实必定如此的确信，但在内心中形成了事实极有可能或者非常可能如此的判断，其在程度上低于刑事诉讼的证明标准。较高程度盖然性，是指证明已达到了事实可能如此的程度。环境案件本身非常特殊，损害结果和因果关系具有极大的不确定性，比如，在中国垃圾焚烧致病第一案中，谢永康儿子脑残的疾病究竟有多大程度是由于江苏天楹赛特环保能源有限公司的排污造成的，企业排污是导致谢永康儿子脑残的小部分诱因还是主要原因，这些问题，无论是由被告承担证明责任还是由原告承担证明责任，其难度均是非常大的。然而，在这样一个极容易产生争议的问题上，立法却没有给出相对明晰、可操作性的证明标准，导致各地法院（包括环境法庭）的判决五花八门，严重危害了司法的统一性和权威性，不利于激发环境案件的起诉积极性。

（三）环境法庭的管辖未成体系

司法上的管辖，主要分为级别管辖和地域管辖。由于各地进行环境审判组织的专门化改革是各自为政的，并没有在整体上注意是否与现有的管辖体系相适应，因而在级别管辖和地域管辖上均出现了问题。

1. 环境法庭的级别管辖：上下不对接

众所周知，我国法院分为最高人民法院、高级人民法院、中级人民法院和基层人民法院四个级别。《民事诉讼法》第 17 条规定："基层人民法院管辖第一审民事案件，但本法另有规定的除外。"第 164 条规定："当事人不服地方人民法院第一审判决的，有权在判决书送达之日起 15 日内向上一级人民法院提起上诉。"目前，我国共有各级法院 3500 多家，截至 2013 年年底，全国的环境法庭却只有 168 家。其中设在省一级高级人民法院的只有 3 家，中级人民法院设有审判庭 22 家、合议庭 9 家、巡回法庭 2 家，基层法院设有 59 个审判庭、60 个合议庭、3 个派出法庭和 10 个巡回法庭（如下表 1）。这 168 家环境法庭随机分布于全国不同地区、不同级别的法院中。换言之，上下级法院之间并不存在一一对应的环境法庭。这样一来，必然导致大量案件一审在环境法庭审理后，在二审中却无法进入专门的环境法庭。这一问题在高级人民法院和最高人民法院表现得尤为突出，因为，目前全国只有4家高院设立了专业的环境法庭[1]。这就是说，即使一审能在中级人民法院环境法庭审理的案件，在二审和审判监督程序中却难以进入专业的环境法庭。换言之，虽然案件的审级提高了，但审判组织的专业性却下降了。

表1　我国的环境法庭概览（截至 2013 年底）

高级人民法院	中级人民法院			基层人民法院				合计
	审判庭	合议庭	巡回法庭	派出法庭	审判庭	合议庭	巡回法庭	
3	22	9	2	3	59	60	10	168

一般而言，环境案件的上诉对审判组织的级别和专业性的要求更高，然而实践中的二审法院却大多无法满足这种要求。在环境法庭普遍实行"多审合一"审判方式的情况下，在任何传统的审判庭中审理二审环境案件都难以真正契合两审终审制的内在要求。这种半拉子工程导致环境法庭的优势很难得到发挥——专业性的一审很可能被非专业性的二审否决[2]，其设置的意义甚至有形式大于实质之嫌。

由于我国的环境法庭总体数量过少，分布上缺乏统筹规划，上下级法院之间衔接不畅，造成了审级和级别管辖上的混乱。归根结底，级别管辖上的混乱是由我国的环境法庭仅在各地分散试点，不成体系造成的。这种情况一方面严重影响了审判秩序，使得环境案件的诉讼程序无法像其他案件的诉讼程序一样明确可靠；另一方面也严重破坏了环境法庭的公信力和严肃性，使得当事人不愿或不屑通过诉讼途径解决环境纠纷，转而寻求上访、游行等其他途径解决纠纷，既造成司法资源的浪费，又危害社会的稳定与和谐。

2. 环境法庭的地域管辖：左右难协调

在我国，直辖市下辖的区、设区的市的区以及不设区的市都各自设有基层人民法院，换言之，在我国任何一个地方发生纠纷，都有对应的基层法院进行管辖。然而，环境案件在地域管辖上却存在不少问题，因为并非所有的

---

〔1〕 2014 年 4 月 24 日，贵州省生态环境保护执法司法专门机构授牌仪式在省法院举行，标志着贵州省高级人民法院生态环境保护审判庭、贵州省人民检察院生态环境保护检查处和贵州省公安厅生态环境安全保卫总队正式成立。

〔2〕 不过，从近些年的环境司法实践来看，进入二审的案子并不太多，故这个问题尚未突显出来。

基层人民法院都设有环境法庭。如上文所述，截至 2013 年 12 月底，我国只设立了基层派出法庭 3 家、基层审判庭 59 家、基层合议庭 60 家、3 个派出法庭和 10 个巡回法庭。易言之，全国大多数的基层法院是没有环境法庭的，根据地域管辖的规定，在这些地方发生的环境案件便无法得到环境法庭的专业化审理。从中级人民法院的情况看，中院环境法庭的设立更未覆盖全国（31家高级人民法院则只有 3 家设立了环境保护审判组织），高级人民法院的问题则更为突出。

这种环境法庭设立不全的局面会带来什么问题呢？试举例说明之。某设区的 A 市有两个下辖县，分别为 B 和 C。在 B 县人民法院设有环境法庭，C县法院则无，若在 C 县境内发生了环境纠纷，则无法通过环境法庭来进行诉讼，若不考虑指定管辖，哪怕 B 县与 C 县再临近，两县政治经济联系再密切，也无法将发生在 C 县的环境纠纷起诉至 B 县的环境法庭。这种局面明显是不合理的，因为这样既造成了 B 县环境法庭司法资源的闲置浪费，又使得 C 县的环境纠纷无法得到环境法庭的专业化解决。

另一方面，环境案件的跨区性致使在地域管辖上也有着极大的弊端。由于环境本身是一个整体，不管是资源覆盖地的范围还是环境污染的影响范围大多不会仅仅局限在一个行政区域内。譬如，污染源排放地或污染致害地往往和人为划定的行政区域不统一，很可能横跨多个行政区。在这种情况下，各地法院出于地方保护主义考虑，容易产生争抢管辖权的冲突，进而影响案件的公正审理。《民事诉讼法》第 37 条第 2 款规定："人民法院之间因管辖权发生争议，由争议双方协商解决；协商解决不了的，报请它们的共同上级人民法院指定管辖。"指定管辖的规定似乎可以解决这一问题，实则不然。因为环境污染受害地有广泛性的特点，故实践中势必有大量的环境污染案件牵涉了两个以上的行政区域，而一旦出现这种情况，就需要用指定管辖来解决地域管辖冲突的问题。在传统的民事和行政诉讼中，法定管辖是常态，指定管辖是为了弥补法定管辖不足而规定的例外情况，而在环境案件中，指定管辖却变为了常态，法定管辖反而成了非常态。这就破坏了我国诉讼法所规定的诉讼秩序，造成了司法实践上极大的混乱，也加重了各级人民法院的压力。

此外，从理论上看，还存有一种极端的情况值得注意。譬如，相邻的 a、b 两县分别位于相邻的 A、B 两省，若两县发生了管辖争议而协商不成，就只能用指定管辖的规定来解决了。此时，虽然该案的一审在基层人民法院进行，其管辖权最终却不得不由最高人民法院来指定。尽管这只是一种假设，但环境的整体性决定了实践中这种情况确实是有可能存在的。换言之，只要污染影响了两个以上相邻的省级行政区区域，案件就可能需要由最高人民法院来指定管辖，这无疑大大增加了最高人民法院和有关地方人民法院的负担，也延滞了案件的审理和权益的及时维护。

在这类案件的审理过程中，受案法院的取证、质证也需要跨越不同的行政区域，难度也不小。对于各地的司法机关和行政机关如何协调，法律上也都没有明确规定。这些问题共同造成了环境案件地域管辖上的混乱，加剧了环境法庭"等米下锅"的困境。

三、对策建议：我国环境法庭的出路

针对环境法庭上述三个方面的突出问题，笔者试提出以下建议，以助推环境法庭突破瓶颈，走出困境。

（一）确认环境权，拓宽原告资格范围

前文已分析，对原告资格的过严限制是造成环境法庭受案率低的首要原因。学者们普遍呼吁尽快拓宽原告资格范围，确保将更多的环境纠纷纳入法院审理的范围，从而解决我国环境纠纷多、环境诉讼案件少的突出矛盾。不过，立法者对拓宽原告资格范围比较谨慎，担心产生滥诉现象，浪费司法资源，降低司法效率。因此，如何在拓宽法院受案范围，发挥环境法庭积极作用和防止滥诉之间找到一个平衡点，就成为解决问题的关键所在。

第一，确认环境权，拓宽环境诉讼原告资格的范围。《民事诉讼法》第119条规定的"直接利害关系人"这一概念，在成功避免滥诉的同时，也将一些本应赋予原告资格的人排除在了原告资格之外，尤其是将那些虽遭受环境危害，却尚未发生明显人身和财产损失的人排除在外，这是很不公平的，也不利于对环境危害采取及时的应对措施。那么，怎样才能让这些人具备原告资格呢？笔者以为，最好的办法就是将自然人呼吸新鲜空气、欣赏美丽风景等行为理解为一项自由或权利，这项自由或权利可以用"环境自由"或者"环境权"来表述。所谓环境权，是指公民等享有良好环境的权利，它直接以环境为权利对象，以环境的人居支持功能为权利客体，在法律地位上属于完全独立于人身权、财产权但又对二者的实现有保障和促进作用的新型权利。环境权应该要和"财产权""人身权"一样受到法律的尊重和保护。一旦立法确认了环境权，即使尚未发生人身和财产损害，只要环境受到污染或破坏（低于法定的环境质量标准或正常的忍受限度），公民就可认为自己的环境利

益受到了侵害，就成为环境上的"直接利害关系人"，从而具备了原告资格，进而以自己个人的名义，对污染、破坏环境的企业或不履行法定监管职责的环保部门提起环境权诉讼。如此一来，在不修改《民事诉讼法》和《行政诉讼法》的"直接利害关系人"法律条款的前提下，就轻松实现了原告资格范围的拓宽。这样做，既能在保持法律体系的稳定性，维护诉讼法关于"适格原告"的经典理论的基础上，较为有效地解决我国环境法庭因原告资格受限而"无案可审"的问题，又能将那些环境权益没有遭受侵害的人排除在外（不生活在该受损的环境中，没有环境上的利害关系），有效防止滥诉的发生。为此，亟需在《环境保护法》等环境立法中确认环境权，为广大民众提起环境诉讼而奠定权利基础，助推环境法庭走出困境。要注意的是，若以采光权、通风权、安宁权等私益性环境权为权利依据而提起的诉讼，在性质上就属于环境私益诉讼；若以清洁空气权、清洁水权、景观权等公益性环境权为权利依据而提起的诉讼，在性质上就属于非纯正环境公益诉讼。

第二，限制和明晰纯正环境公益诉讼的原告资格范围。对于纯正环境公益诉讼而言，应当依据一定的理论，将起诉主体加以一定的限制，否则起诉主体范围的无限扩大，不仅违背诉讼法关于"适格当事人"的经典理论，破坏现有法律秩序的稳定性，而且在实践中可能增加法院不必要的负担，乃至导致滥诉的不良后果。事实上，如果不讲原则，不加限制条件，将环境公益诉讼的起诉主体资格范围放宽到没有直接环境利害关系的任何公民个人，针对某一环境污染行为，让全国各地的人都能以自己的名义到当地法院去起诉，不仅会导致滥诉，而且会给某些不怀好意者甚至不法分子实现其不良动机提供可乘之机。这显然既不必要，也不合理。因此，一方面，笔者以为现有的《民事诉讼法》第55条和《环境保护法》第58条排除了公民个人的公益诉讼资格是很有道理的；但另一方面，《民事诉讼法》第55条使用准用性条款的立法技术回避了对具体原告资格范围的明确规定又是很不负责任的，亟待明晰和细化。具体而言，笔者以为，可以公益性环境权（如清洁空气权、清洁空气权和景观权等）和诉讼信托为依据，授予有关环保组织提起环境公益诉讼的原告资格；以自然资源国家所有权和诉讼担当[1]为依据，授予自然资源监管机关（包括各级政府及其湿地、草原、海洋、渔业、森林、环保等监管

---

〔1〕 关于诉讼信托和诉讼担当的区别和联系，可参见徐卫："论诉讼信托"，载《河北法学》2006年第9期。

职能部门）提起环境公益诉讼的原告资格；以法律监督权为依据，授予检察机关提起环境公益诉讼的替补原告资格，从而将《民事诉讼法》第55条规定的"法律规定的机关和有关组织"加以进一步的限定和明确，形成系统的环境公益诉讼原告制度，助推环境法庭走出"等米下锅"的尴尬困境。

具体而言，建议将《环境保护法》第58条修改为：

"对造成环境污染和生态破坏，致使社会公共利益遭受损害的环境资源利用者和环境资源监管者，下列主体可以向人民法院提起诉讼：

1. 有直接环境利害关系的公民、法人和其他组织；

2. 没有直接环境利害关系，但满足下列条件的社会组织：

①依法在设区的市级以上人民政府民政部门登记；

②专门从事环境保护公益活动连续5年以上；

③无违法记录；

④不通过诉讼牟取经济利益。

依法履行了环境资源保护监督管理职责的有关行政机关，可以代表国家对责任者提出损害赔偿要求。

为维护环境公共利益，检察机关可以提出环境法律监督检察建议，可以支持、督促有关主体提起诉讼。有权主体在合理期限内没有起诉或者存在其他必要情形的，检察机关也可以直接提起诉讼。"

笔者以为，根据起诉主体及依据和目的的不同，将环境公益诉讼区分为非纯正环境公益诉讼和纯正环境公益诉讼，分别设计相应的法律制度，给予其不同而又各自畅通的司法通道，让环境案件中不同主体的诉求分别得以有效、有序的表达，既能保护环境，缓解社会矛盾，又能最大限度地维护我国诉讼法律制度的稳定性和延续性，还能避免滥诉的发生，可谓"一箭三雕"，意义重大。

（二）细化环境侵权救济的举证规则

对于传统的环境侵权救济而言，如何在原告和被告之间分配因果关系证明的举证责任是影响案件结果的关键所在。对此，尽管《侵权责任法》《水污染防治法》《固体废物污染环境防治法》等环境立法均规定了因果关系推定的举证责任倒置规则，但是并没有真正解决司法实践中"证明难"的老问题。究其原因，最主要的就在于，现有的这些规定过于原则和模糊，缺乏明确的可操作性，以至于容易发生理解上的偏差。为此，亟待最高人民法院尽快出台《侵权责任法》关于环境侵权救济的司法解释，对原告和被告各自的证明责任，尤其是关于因果关系推定的举证责任倒置规则等问题，作出明晰、具体的规定。

　　对此，笔者认为，尽管原告无需证明损害结果与污染行为之间的因果关系，但根据《民事诉讼法》第119条[1]关于起诉条件的规定，其至少需证明如下三点，否则法院不应受理：①原告遭受了人身或财产损害，包括损害的范围和损害的大小；②原告或其财产所在地发生了污染或破坏；③原告或其财产所在地的污染或破坏与被告行为之间存在环境关联性上的可能性，如原告受害地的污染物与被告排放的污染物系同一类型。其中，第三点应属于证明原告受损和被告环境行为之间存在因果关系的表面证据，这正是当前司法实践中最容易被忽略甚至理解错误的地方。对此，许多学者主张原告不须提供任何表面证据，只要能证明被告存在污染行为和本人发生了损害结果即完成了举证责任，因果关系的证明则完全由被告负责。对此，笔者不敢苟同。其一，污染行为的存在，在很多时候是很难发现和证明的。因为，很多企业往往通过夜间、暗管、渗井、渗坑、裂隙、溶洞、灌注等方式进行偷排。其二，原告起诉若不须提供证明因果关系的表面证据，则很容易导致滥诉，不仅会增加法院的负担，于被告也不公平。譬如，若不须证明原告或其财产所在地的污染或破坏与被告行为之间存在环境关联性上的可能性，身体不适的海南居民甲完全可以起诉远在黑龙江的污染企业乙，诉请其承担环境侵权的赔偿责任，这显然是很不合理的，也是十分荒谬的。因此，笔者以为，务必对因果关系证明的表面证据问题作进一步的细化规定。

　　就环境侵权救济而言，由于可能存在被告的众多性（多个排污者），污染排放或生态破坏行为的高技术性、强隐蔽性（如偷排），污染迁移或破坏传递的长距离性、复合性（与其他因素发生物理、化学和生物方面的反应），污染或破坏效应的长期性、累积性、滞后性，不同受害者的个体差异性等原因，致使环境污染和生态破坏的情形千差万别，错综复杂，要证明原告受损与被告行为之间存在环境上的关联性，在很多时候还是相当艰难的。

　　对此，日本的好美清光和竹下守夫两教授认为，可将公害因果关系的事实类型化为：①被告企业在生产过程中产生了有害物质；②企业有将有害物

---

　　〔1〕《民事诉讼法》第119条规定：起诉必须符合下列条件：①原告是与本案有直接利害关系的公民、法人和其他组织；②有明确的被告；③有具体的诉讼请求和事实、理由；④属于人民法院受理民事诉讼的范围和受诉人民法院管辖。

质向外部排出的行为；③有害物质经由环境媒介而扩散；④有害物质到达了被害人身体、财产之上；⑤被害人发生了人身与财产上的损害。针对这样的一个因果关系链条，受害人只要能证明其中的部分事实，如证明上述"②＋⑤"或"②＋④"的存在，即可推定污染事实存在，令被告负相应之法律责任。日本的淡路刚久教授进一步认为，可将公害因果关系的要件事实大致分解为三大部分：①损害发生的原因物质及其装置。即证明导致原告人身、财产受损的污染物质或环境因子是什么。从表面上看，要证明这一点并不难，但实际上，对于知识、技术、资金等方面均可能存在不足的普通公众而言，其难度是很大的，很多时候不得不求助于专门的鉴定机构。②原因物质到达受害人或受害人所在地的经过路程（污染路程）。即证明污染物质或破坏作用到达受害人所在环境的迁移或传递途径。一般而言，要证明这一点并不难，但对于通过暗管、渗井、渗坑、裂隙、溶洞、灌注等偷排方式而言，要弄清其污染迁移或破坏作用的路径是很难的。③污染企业内原因物质的生成以及排放。即证明企业存在排放导致原告人身、财产受损的同类型或关联性污染物质。这一点，对于普通的民众而言，证明起来也颇有难度。譬如，关于排污口的设置位置、所排污染物的属性类型等信息，除向环保部门请求环境信息公开或求助有关专业机构外，往往是很难获知相关准确信息的，尤其是对于通过夜间、暗管、渗井、渗坑、裂隙、溶洞、灌注等偷排方式而言更是难于发现和知晓。淡路刚久教授进一步主张，在诉讼中，原告只要能证明三要件事实中的任何二者，即应推定所剩之另一要件事实是存在的，故可就此对污染事件的因果关系作出决断。

笔者以为，淡路刚久教授的观点很有启发性，可以借鉴之。结合前文的论述，可以大致确定环境侵权救济中原被告双方各自的举证责任。

第一，环境受害者（原告）的举证责任。

（1）原告自己因环境污染或生态破坏遭受了具体损害。为此，原告务必证明：①原告或其财产所在地发生了环境污染或生态破坏。譬如，原告所在地的大气环境存在二恶英污染。②原告遭受了实际损害，包括损害的范围和损害的大小。譬如，原告因二恶英污染而生病，已2年未外出打工，并花费医疗费若干。

（2）被告存在污染或破坏环境的行为。为此，原告应当证明被告或存在排放污染物质的行为，或存在破坏生态环境的行为。譬如，通过申请环保部门的信息公开，找到了企业超标排污被罚款的证据。

　　(3) 原告所遭受的环境污染或破坏与被告行为之间存在环境上的关联性。此即提供证明因果关系存在的表面证据。为此，原告须证明下述任意之一者：①被告排放了与原告或其财产所受污染相同或有关联的污染物质，该污染物质可能到达原告或其财产所在地的环境。譬如，被告排放了二恶英，且原告住所地位于被告的下风向不远处，二恶英能够到达原告所在的环境。②到达原告或其财产所在地环境的污染物质来自具体的污染源，该污染源可能是被告行为所产生。譬如，原告所在环境的污染物质来自某一污染源（如溶洞出口），而污染源周边只设有某一企业，且该污染源的属性与企业排放的污染物质相同或具有物理、化学、生物上的关联性。

　　第二，环境致害者（被告）的举证责任。根据《侵权责任法》第66条和《关于民事诉讼证据若干规定》第4条等的规定，环境致害者应就两方面的事项承担举证责任：①法律规定的免责事由。譬如，存在不可抗力且未采取及时有效的补救措施，污染损害是由受害人故意造成的，等等。②其行为与损害后果之间不存在因果关系。譬如，排放的污染物质根本不可能到达原告所在的环境，所排污染物质与原告所受人身损害之间不存在疫学上的因果关系，等等。

　　(三) 健全和完善环境法庭的管辖体系

　　现有环境法庭的管辖体系十分混乱，无论是地域管辖还是级别管辖均存在突出的问题。为此，有必要尽快建立和完善符合我国国情的环境法庭管辖体系。

　　1. 健全纵向设置，理顺级别管辖

　　健全级别管辖，就是要在最高人民法院、高级人民法院和部分中级人民法院设立环境法庭，建立完善的环境法庭级别体系。

　　第一，在最高人民法院和高级人民法院设置环境法庭，主要进行案件指导和协调工作。从全国统一规范的层面看，每一个省、自治区、直辖市的高级人民法院都应该建立一个专门的环境法庭。高院环境法庭的作用主要是进行对该省市辖区内下级环境法庭案件审判的指导和监督工作、部分上诉案件（一审在中级人民法院进行）的审判工作、对本辖区内具有管辖争议的环境案件进行指定管辖、对本辖区和相邻省级行政区皆有管辖权的环境案件进行管辖协商、对本辖区内的环境案件统筹管理和统一规范等工作。

　　第二，在部分中级人民法院设置环境法庭，主要承担案件审判工作。在中级人民法院设置环境法庭具有合法性和合理性。首先，《人民法院组织法》

规定中级人民法院"根据需要可以设其他审判庭",这为中院普遍设立环境法庭提供了法律依据。其次,从现实情况看,许多环境案件往往牵涉面广、涉及主体众多、影响较大,这些案件交由中院管辖,也符合中院管辖的法律要求。

2. 健全横向设置,集中地域管辖

地域管辖的混乱是导致环境法庭"无案可审"的另一原因,要解决地域管辖混乱的问题,必须在现有制度上有所突破,采取"相对集中管辖"的办法。

第一,基层人民法院环境法庭的设置要因地制宜,应当考虑城乡和区域差异(尤其是东西差异),切忌一刀切、一窝蜂地乱上。譬如,就环境纠纷的总量来看,各地是很不平衡的,在 2005 年全国全年共发生的 68 万多起环境纠纷中,江苏发生 63 178 起,浙江发生 55 254 起,两省的环境纠纷占比达到了全国环境纠纷的 17.4%;而同期青海的环境纠纷仅为 902 起,西藏 572 起,东西差异十分巨大。因此,在东部经济发达地区,可在环境纠纷较多的区县一级的基层人民法院设立相应的环境法庭。西部地区,则应结合当地的实际情况,只在经济较为发达、环境纠纷较多的地区设立基层人民法院环境法庭。这样做,有利于整合司法资源,提高司法效率,避免机构臃肿,人浮于事。

第二,基层人民法院的环境法庭,应对所有环境案件实行相对的集中管辖。具体而言,将一定范围内近邻辖区的环境案件,集中到某特定的基层法院,并采用"三审合一"或"四审合一"的工作机制。案件超出集中管辖区域,与其他基层法院发生管辖争议的,可由共同的上级法院协商解决。如此一来,不仅可以有效集中司法资源,提高资源利用效率,还可以统一环境司法尺度,有利于"同案同判",实现司法的统一和公正。

2014 年 4 月,在贵州省委的支持下,全省法院已形成由省法院 1 个生态环境保护审判庭,4 个中院生态环境保护审判庭,5 个基层法院生态环境保护法庭构成的"145"生态环保案件集中审判格局[1],理顺了对生态环境保护

〔1〕 "145"生态环保案件集中审判新格局,具体是指:在省法院设立环境保护审判庭;在贵阳市、遵义市、黔南州、黔西南州 4 个中级人民法院设立环境保护审判庭;在清镇市、仁怀市、遵义县、福泉市、普安县 5 个基层人民法院设立环境保护人民法庭。其中,省高级人民法院生态保护审判庭,负责指导和规范全省环境审判工作。贵阳市、安顺市、贵安新区为一个板块,指定清镇市法院集中管辖。遵义市、铜仁市、毕节市(威宁县除外)为一个板块,指定仁怀市法院和遵义县法院分别管辖赤水河流域、乌江流域。黔东南州、黔南州为一个板块,指定福泉市法院集中管辖。黔西南州、六盘水市(含威宁县)为一个板块,指定普安县法院集中管辖。

案件的级别管辖和集中管辖，这在全国法院尚属首创，值得借鉴和推广。

四、结语

环境法庭是环境司法专门化最为重要的部分，无论是从美国、新西兰、澳大利亚等其他国家还是从我国的贵阳、昆明等地方的经验来看，其在生态文明法治建设中均已显示了强大的优越性，发挥了十分重要的作用。当前，尽管我国的环境法庭仍面临案源少、审理难等严峻的挑战，但这些问题完全是可以通过拓宽环境诉讼的起诉主体资格范围、细化环境侵权救济的举证规则等有效解决的，我们决不能因为暂时的困难和障碍就否定环境法庭的必要性和巨大作用。下一步，我们应当及时修改法律，确认环境权，赋予公民、环保组织[1]、环保机关和检察机关等的起诉资格，拓宽和明晰环境诉讼的主体资格范围；出台有关司法解释，明晰和细化环境侵权救济在举证责任方面的具体规则；健全和完善环境法庭关于级别管辖和集中地域管辖的体系；加强对法官的培训，提高环境审判的理论和实践水平；设立有关环境损害鉴定和评估的专业机构，及早解决"证明难"的问题……当前，亟需加强对环境权、自然资源权、环境侵权和环境公益诉讼[2]等方面的理论和制度研究，为全面建立科学的环境侵权救济和环境公益诉讼制度，助推环境法庭和环境司法走出困境，提供强力的智识支持。

---

〔1〕 2014年4月新修订的《环境保护法》冲破重重阻力，最终赋予了经过市级民政部门登记的环保组织提起环境公益诉讼的起诉资格，这对于推动环境法庭走出"无案可审"的困境具有积极的意义。据统计，全国符合在市级民政部门登记、专门从事环境公益活动连续5年以上、没有违法记录等要求的环保组织大概有300多家。

〔2〕 本次《环境保护法》关于环境公益诉讼的规定，在没有确认作为环境公益权利基础的环境权的前提下，就赋予环保组织提起环境公益诉讼的起诉资格，明显缺乏理论上的正当性和逻辑上的自洽性。

环境正义之路

——中国生态环境司法保护的现状、问题及未来发展方向

孙　茜[*]　著

建设"美丽中国"，要加强环境监管，健全生态环境保护责任追究制度和环境损害赔偿制度。中国政府近年来高度重视资源环境保护，通过《侵权责任法》《环境保护法》《大气污染防治法》《固体废物污染环境防治法》《水污染防治法》等一系列国内立法，构建了较为完善的资源环境保护法律体系。

司法部门是保障环境治理的核心机构，发挥着其他部门不可替代的重要作用。近年来，环境污染问题日益突出的态势以及资源环境中出现的问题，越来越多地需要运用司法手段来解决。最高法院高度重视资源环境保护审判工作，近年来，先后出台了一系列有关环境保护的司法解释或者指导性文件，其内容涵盖刑事、民事审判，涉及审判制度、工作机制的建立与完善等。此外，通过案件审理、法官培训、举办国际国内研讨会等多种形式提高资源环境司法保护的实效，总结生态环境案件审理机制改革经验，推动审判机构、审判人员以及审理程序专业化的发展。

从法院审理案件的情况来看，2013 年审结资源开发、环境保护案件 2464 件。这些案件主要有以下特点：一是案件类型相对集中，常见的资源环境民事案件类型主要有水污染案件、大气污染案件、噪声污染案件，刑事案件主要有非法占用农地、盗伐林木案件、非法捕捞水产品案件以及投放危险物质案件等。二是诉讼主体较为固定。原告主要包括：一是普通诉讼中因污染行为遭受人身、财产损害的公民，二是在 2012 年《民事诉讼法》修改以前，受理了部分由地方环保行政机关、检察机关、环保公益组织，中华环保联合会提起的环境保护公益诉讼。被告主要是实施污染行为的企业。三是实行跨行

＊　最高人民法院高级法官。

政区域的地域管辖，按照资源环境的自然属性，以及污染行为发生地或者结果发生地等确定管辖范围，使得大部分案件实行集中审理，避免了污染企业所在地的行政干预。四是在诉讼中采用证据保全，专家证言、保全强制令等措施，缩短办案周期、降低诉讼成本，增强了司法可接近性。

20世纪70年代后期，许多国家的环境司法出现一个新趋势，即环境司法专门化，表现为大量的专门审理环境纠纷的审判机构出现，环境案件被集中于专门的环境审判机构审理。至2009年，环境专门审判机构已经多达数百个，如澳大利亚新南威尔士州的土地与环境法院、澳大利亚昆士兰州的环境法院；新西兰的环境法院以及美国佛蒙特环境法院；在法院内部设立的环境法庭，如瑞典、芬兰、挪威、巴西、印度、泰国等国在法院内设立的环境法庭，以及在法院内设立的环保专门审判庭，如菲律宾最高法院于2008年1月指定了117个法庭为"绿色法庭"，审理全国的环境违法和环境执行案件。

中国也不例外，自2007年贵州省清镇市设立环保法庭以来，在基层法院、中级人民法院先后设立了100多个环保法庭、环保审判庭。通过指定下级法院跨行政区域管辖环保案件，审理涉及资源环境保护的刑事、民事、行政案件，与按普通程序审理效果相比，具有不可比拟的优势，在环境司法专门化方面积累了有益经验：以集中管辖的方式提供一站式服务，诉讼方便、成本低廉，法官熟练掌握环境法律及政策，判决和调解均充分发挥技术专家的作用，对重大环境问题反映迅速准确，保障实体和程序正义，提高公众环保意识等。尤其是，在处理环境纠纷案件中逐步认可原告资格的扩张以及重视损害赔偿与停止侵害并举等司法动向表明中国环境司法的执行力和专业化程度正在不断提高。但是，由于大部分环保审判庭设立在基层法院，中级人民法院的环保审判庭约占25%，故受限于审判的层级问题，一些优秀的判例没有发挥确立裁判标准的作用。近期，最高法院设立了资源环境的审判庭，在高级法院的层面上，也有贵州等地设立了专门生态环境保护审判庭，自下而上地建立起环境保护专门审判机制，在一审环保法庭集中审理的基础上，由审级较高的审判组织统一审理环境案件标准，借助其集中效应，产生较大的公众影响力，从而发挥司法的规范作用。

同时，生态环境法律保护的相关法律也在完善之中。2012年修改的《民事诉讼法》第55条规定，对污染环境、侵害众多消费者合法权益等损害社会公共利益的行为，法律规定的机关和有关组织可以向人民法院提起诉讼。对于哪些机关和组织可以提起环境保护公益诉讼没有明确。2013 年，最高法院启动了民事诉讼法司法解释修订工作。2014 年 4 月 24 日，《环境保护法》的修订草案历经四次审议之后，终获审议通过。其中，关于公益诉讼的内容受到社会广泛关注，进行了多次修改。在《环境保护法》修订通过之后，最高法院《民事诉讼法》的司法解释还将根据环境保护法的有关规定进行细化，进一步明确环境保护公益诉讼的原告主体范围。同时，就审理资源环境民事案件法律适用中的突出疑难问题专门起草司法解释，计划于今年年底以前发布实施。本文立足于对当前生态环境民事案件审理工作中的一些突出困难和问题进行研究，着力推动相关案件的妥善解决，依法维护公众的生态环境社会公共利益。

一、关于环境保护公益诉讼原告主体资格的确定

2012 年修改后的《民事诉讼法》第 55 条规定，"对污染环境、侵害众多消费者合法权益等损害社会公共利益的行为，法律规定的机关和有关组织可以向人民法院提起诉讼"。该条规定在《民事诉讼法》第五章"诉讼参加人"第一节"当事人"之中，重点解决民事公益诉讼的受理问题。

对于原告主体范围"法律规定的机关和有关组织"的理解，其中对于"法律规定的机关"基本上没有争议，就现行法来看，只有《海洋环境保护法》第 90 条第 2 款作出了指引，即"对破坏海洋生态、海洋水产资源、海洋保护区，给国家造成重大损失的，由依照本法规定行使海洋环境监督管理权的部门代表国家对责任者提出损害赔偿要求"。依法行使海洋环境监督管理权的部门可以作为法律规定的机关提起环境保护公益诉讼。

就"有关组织"是否受"法律规定"限制，据全国人大常委会法工委王胜明副主任解读：一是单行法上有规定的，可以依照单行法确定。比如根据《消费者权益保护法（草案）》，明确省级以上的消费者权益保护组织可以提起公益诉讼。二是并非所有的组织都要等到单行法作出明确规定时才可以提起公益诉讼，还可以在司法实践中逐步探索加以确定。[1]该条确立了我国公益诉讼"基本法 + 单行法"的制度模式，对该条的理解与适用，应当根据民事诉讼法的基本理论，结合有关立法背景、单行法规定以及司法实践情况等

---

〔1〕 2012 年 9 月 11 日，全国人大常委会法工委副主任王胜明在"全国法院贯彻落实民事诉讼法修改决定电视电话会"的讲话，根据录音整理。

因素，不断发展和完善。2013 年 10 月 25 日，第十二届全国人民代表大会常务委员会修正后的《消费者权益保护法》第 47 条规定："对侵害众多消费者合法权益的行为，中国消费者协会以及在省、自治区、直辖市设立的消费者协会，可以向人民法院提起诉讼。"将消费者权益保护公益诉讼的原告主体范围限定在省级以上的消费者权益保护组织。

关于环境保护公益诉讼的原告主体范围问题，全国人大常委会法工委曾就《环境保护法》修订草案征求最高法院意见，其所提的修改建议在历次审议稿中大多得到了吸收和采纳：①2012 年 10 月的《环境保护法》修正案草案初次审议稿并没有将公益诉讼纳入修改范围。在征求意见的过程中，最高法院提出在《环境保护法》中增加环境公益诉讼有关内容的建议，理由是便于新民事诉讼法与环境保护法的衔接适用。②2013 年 6 月，环境保护法修正案草案第二次审议稿第 36 条增加规定："对污染环境、破坏生态，损害社会公共利益的行为，中华环保联合会以及在省、自治区、直辖市设立的环保联合会可以向人民法院提起诉讼。"最高法院在多次广泛征求全国部分地区法院、包括环保法庭法官意见后认为，环境保护公益诉讼的原告主体范围不应限于二次审议稿规定的省级以上的环保组织，建议修改为："对污染环境、破坏生态，损害社会公共利益的行为，符合下列条件的社会组织提起诉讼的，人民法院应当受理：①依法登记成立的环境保护非营利性组织；②按照其章程长期专门从事环境保护公益事业；③有环境保护专业技术人员和法律工作人员 10 人以上；④提起的诉讼符合其章程规定的设立宗旨、服务区域和业务范围。"其理由是：①根据《民事诉讼法》第 55 条规定，有权提起公益诉讼的"有关组织"的范围达到与环境保护公益活动相关即可，不宜过于严格。从司法实践来看，在我国设立环保法庭的地方法院鼓励环境保护组织提起公益诉讼的情形下，环保组织提起环境公益诉讼的积极性仍然不高。环境民事公益诉讼案件少、立案难，"无米下锅"，许多重大污染事故引起的纠纷没有进入司法程序。从《民事诉讼法》实施半年多北京法院的受理情况来看，尽管在延庆等地成立了环保法庭，但还没有受理公益诉讼案件，受理案件的数量十分有限。起诉门槛设置过高，这种情况将难以得到改善。②依法登记成立的非营利性环境保护组织由于登记的要求严格而数量有限，实践中不会引发滥诉。③施行之初，为避免滥诉、促进公益诉讼制度的有序发展，并为生态环境社会公共利益提供及时有效的司法保护，可对诉讼主体资格、诉讼能力等作适当限制。因此，建议立法对"有关组织"采取列举方式划定较为明确、具体的范围，建议第 1 项"依法登记成立"是对原告主体资格合法性的要求；第 2 项、第 3 项是根据环境保护公益诉讼的特点，对诉讼能力的相应要求；第 4 项要求环保组织具有相关的设立目的和从业范围，有效避免或者减少不同区域多个公益诉讼主体针对同一损害提出多起公益诉讼的问题。譬如，以保护汉江为宗旨的环保组织对污染汉江的行为有权提起公益诉讼，但不能对污染海河的行为提起公益诉讼。

在审议中，同时还存在其他两种观点：有些常务委员、行政部门和社会公众提出，该草案有关环境保护公益诉讼的原告主体范围过窄，建议进一步扩大。另一种意见认为，对环境违法造成的损害，现行制度中有行政执法、刑事制裁和有关受害者提起民事诉讼等多种手段和渠道予以救济，环境保护公益诉讼只是一种补充手段，环境保护公益诉讼的主体范围不宜过宽，要防止滥诉，带来负面影响。2013 年 10 月，《环境保护法修正案（草案）》第三次审议稿在二次审议稿的基础上，吸收了最高法院关于公益诉讼主体诉讼能力的建议，考虑到这是一项新制度，宜积极稳妥推进，又进一步限缩了原告主体范围。该草案第 53 条规定："对污染环境、破坏生态，损害社会公共利益的行为，依法在国务院民政部门登记，专门从事环境保护公益活动连续 5 年以上且信誉良好的全国性社会组织可以向人民法院提起诉讼。其他法律另有规定的，依照其规定。"对此，最高法院认为，"专门从事环境保护公益活动连续 5 年以上且信誉良好"的规定对公益诉讼原告的诉讼能力提出了合理的要求，有利于在实践中避免滥诉。同时认为，将原告主体范围限定为"依法在国务院民政部门登记"的"全国性社会组织"，门槛太高，不利于实现民事诉讼法公益诉讼制度的立法目的，建议适当放宽。

2014 年 4 月 24 日，十二届全国人大常委会第八次会议审议通过环境保护法修订草案。修订后的《环境保护法》第 58 条规定，"对污染环境、破坏生态，损害社会公共利益的行为，符合下列条件的社会组织可以向人民法院提起诉讼：①依法在设区的市级以上人民政府民政部门登记；②专门从事环境保护公益活动连续 5 年以上且无违法记录。符合前款规定的社会组织向人民法院提起诉讼，人民法院应当依法受理。提起诉讼的社会组织不得通过诉讼牟取经济利益"。与前三次审议稿相比，此次较大地吸收了最高法院的修改建议，扩大了原告主体范围，保留了第三次审议稿有关原告诉讼能力的要求，更加有利于对公众生态环境社会公共利益的司法保护。据此，环境保护公益诉讼的原告主体资格通过立法得以确定，有关环境污染责任案件的审判工作亦应当根据立法的完善及时予以规范，不得突破法律的框架。

二、关于生态环境损害能否纳入侵权责任法保护范围

环境污染行为侵害的对象往往包括三类：生态环境，环境介质本身（如水、土壤），以及因环境介质变化受到影响的人身和财产权益。对于人身、财产损害的民事救济，一般没有争议，但是对于是否包括生态环境损害，则存有争议。

观点一认为，《侵权责任法》第 65 条规定的不是"造成他人损害"而是"造成损害"，这种表述意味着环境污染造成的损害，并不仅指自然人的人身损害和财产损害，还包括更为广泛的损害，因此，增加生态环境损害并未违背立法本旨。此外，从环境保护特别法来看，《海洋环境保护法》第 90 条第 2 款规定，对破坏海洋生态、海洋水产资源、海洋保护区，给国家造成重大损失的，由依照本法规定行使海洋环境监督管理权的部门代表国家对责任者提出损害赔偿要求。生态环境损害已经纳入了民法损害赔偿的救济范围。

观点二认为，《侵权责任法》第 2 条第 1 款规定："侵害民事权益，应当依照本法承担侵权责任。"环境污染属于侵权的特殊形态，其本身具有以环境为媒介的特点。环境污染直接产生对环境的不良影响，进而影响到受害者的人身财产权益。环境污染责任中，污染环境只起到媒介的作用，行为人承担责任的原因仍然是其污染环境的行为使他人的民事权益受到损害。如果环境本身构成了特定民事主体享有的民事权益的部分，相应民事主体人身财产权的行使依赖于特定环境的，就应对此种环境享有民事权益。

何谓"环境"？按照《环境保护法》第 2 条规定，"环境"是指"影响人类社会生存和发展的各种天然的和经过人工改造的自然因素总体，包括大气、水、海洋、土地、矿藏、森林、草原、野生动物、自然古迹、人文遗迹、自然保护区、风景名胜区、城市和乡村等"。从环境保护单行法来看，对于"污染"的定义主要采取两种方式：第一种方式沿用自然科学的定义，如《水污染防治法》对"水污染"的定义；第二种以是否超过国家规定的标准为尺度来界定是否构成污染，如《环境噪声污染防治法》对"环境噪声"的定义，

《放射性污染防治法》对"放射性污染"的定义。[1]环境污染行为是一种侵权行为，对于环境污染的界定应当选择沿用自然科学的定义，它是指由于人为原因使物质或者能量直接或者间接地进入环境，导致其化学、物理、生物等方面特性或者环境受到改变的现象。

在德国《环境责任法》的立法阶段，法学界对是否将生态环境损害救济纳入环境责任保护范围展开了激烈的辩论。有的学者认为，真正的生态环境损害是自然利益的损害，从生态系统来理解，空气、气候、风景不属于私法保护范围，它不能作为单独具体的法律客体损害，《环境责任法》不适用于这种损害。最后，《环境责任法》采取了折衷的办法，其第1条关于环境损害赔偿责任归责原则的规定，没有将单独的生态环境损害纳入保护范围。该法第3条就"对环境造成影响"的损害进行了定义，"损害由于环境影响所造成，系指损害由已在地面、空气、水中蔓延的物质、振动、噪音、辐射、烟雾、热能和其他现象所造成"。第16条进而规定，"如果财产损害的同时侵害了自然生态或特定景色，受害者将之回复到未受侵害前的状态，应适用《德国民法典》第251条第2款之规定，因回复原状而产生的费用，并不因其超过财产本身的价值视为是不适当的"。将生态环境的损害赔偿请求权建立在财产损害的基础之上，单纯的生态环境污染，没有造成民事权益损害的，不应承担侵权责任。

从立法来看，《海洋环境保护法》《最高人民法院关于审理船舶油污损害赔偿纠纷案件若干问题的规定》中已明确规定生态环境损害赔偿责任的相关内容。《民事诉讼法》第55条赋予"法律规定的机关和有关组织"提起环境社会公共利益损害民事救济的请求权。《侵权责任法》以保护民事法益为出发点，在根本上是以人类自身的生存与发展为出发点。[2]如果造成特定主体财产损害的同时，也造成生态环境损害，则侵害人应当承担侵权责任。

《中共中央关于全面深化改革若干重大问题的决定》提出，紧紧围绕建设

---

〔1〕《水污染防治法》第91条："水污染，是指水体因某种物质的介入，而导致其化学、物理、生物或者放射性等方面特性的改变，从而影响水的有效利用，危害人体健康或者破坏生态环境，造成水质恶化的现象。"《噪声污染防治法》第2条第2款："本法所称环境噪声污染，是指所产生的环境噪声超过国家规定的环境噪声排放标准，并干扰他人正常生活、工作和学习的现象。"《放射性污染防治法》第62条："放射性污染，是指由于人类活动造成物料、人体、场所、环境介质表面或者内部出现超过国家标准的放射性物质或者射线。"

〔2〕张新宝：《侵权责任法原理》，中国人民大学出版社2005年版，第13页。

美丽中国深化生态文明体制改革，加快建立生态文明制度。强化生态环境损害赔偿和责任追究，既是保护公民环境权益、维护社会公平正义的重要措施，也是提高企业违法成本、震慑企业违法排污行为的根本对策。完善生态环境损害赔偿制度，就是要将生态环境损害与公民人身、财产损害纳入民事救济范围。生态环境损害赔偿问题是环境法学中的基础理论研究课题，同时也是我国环境执法和司法实践中急需解决的关键问题。从司法实践来看，已有多起公益诉讼支持了原告生态环境损害赔偿的诉讼请求。例如，2012年山东东营中级人民法院受理的东营市环境保护局诉被告吴某、东营某运输有限公司、淄博市周村某溶剂化工厂环境污染责任公益诉讼案，判决二被告连带赔偿共计7 425 607元生态环境损失费用。[1]2014年4月24日，十二届全国人大常委会第八次会议审议修订后的《环境保护法》第64条规定"因污染环境和破坏生态造成损害的"应当承担侵权责任，其与《侵权责任法》《民事诉讼法》等民事基本法律相互配合、紧密衔接，并吸收司法实践探索的有益经验，将生态环境损害纳入《侵权责任法》的救济范围，充分发挥环境保护公益诉讼制度的功效，更加符合《环境保护法》"保护和改善环境，防治污染和其他公害，保障公众健康，推进生态文明建设"的立法目的。

三、关于环境污染损害的范围

对于《侵权责任法》第65条的规定，有观点解读为，该条以"造成损害"为环境污染责任的构成要件不尽周全，没有将有造成损害的现实威胁纳入环境污染责任的构成要件。从侵权责任法颁行以前的环境立法来看，也确实存在"环境污染危害"[2]以及"环境污染损害"[3]两种表述并存的现象。对于环境污染责任构成要件之一的"损害"，应当作何解释？

从侵权责任的构成来看，仅有行为而无损害，不构成侵权责任。[4]从环境污染一般具有长期性、潜伏性、持续性等特点来看，侵害行为造成的后果

〔1〕《东营市环境保护局与吴××、东营××有限公司，淄博市××剂化公司民事判决书》（2012）东环民初字第1号。
〔2〕1989年《环境保护法》第41条第1款，1997年《电磁辐射环境保护管理办法》第30条第2款。
〔3〕1999年《海洋环境保护法》第13条、第41条和第90条第1款，2009年《防治船舶污染海洋环境管理条例》第50条，1989年《环境保护法》第41条第3款。
〔4〕张新宝：《侵权责任法原理》，中国人民大学出版社2005年版，第17页。

往往并非即时显现，对于"损害"，应当理解为"环境侵权行为对他人环境权益造成不利影响的客观情况"。[1]这种不利影响既包括造成实际侵害后果的损害，也包括存在造成实际侵害后果发生危险的损害，只要具备其一即满足了侵权责任对于损害事实构成要件的要求。换言之，对于《侵权责任法》第65条规定的"损害"应当包括"危害"，而非并列关系。2014年4月24日，十二届全国人大常委会第八次会议审议修订后的《环境保护法》第64条规定："因污染环境和破坏生态造成损害的，应当依照《中华人民共和国侵权责任法》的有关规定承担侵权责任。"沿用了侵权责任法对"损害"的表述。

此外，对于环境污染行为导致的"损害"，还要注意厘清两个问题：

第一，环境污染损害与居民生活污染损害的关系。根据立法机关的解释，不同的污染源适用不同的归责原则。《侵权责任法》调整的主要是企业生产污染等污染环境的行为，该行为致环境的化学、物理、生物等方面特性受到改变，适用无过错责任；[2]对于居民生活污染，立法机关认为，"适用过错责任，主要由物权法规定的相邻关系解决，不受本章调整"。遵循立法本意，应当将环境污染纠纷与居民生活污染造成的损害区别开来，后者通过一般侵权的过错责任来解决。

第二，环境污染责任是否包括生态破坏造成损害的责任问题。一种观点认为，《侵权责任法》规定的环境污染损害不包括因生态破坏造成的损害，其依据是1989年公布施行的《环境保护法》第6条的规定，即"一切单位和个人都有保护环境的义务，并有权对污染和破坏环境的单位和个人进行检举和控告"，将环境污染和破坏环境进行了区分。[3]另一种观点认为，因污染和破坏生态环境造成的损害都应当统称为"环境污染损害"，其依据是《侵权责任法》《民事诉讼法》在立法上兼采用了"环境污染"表述，立法机关对污染采取了广义的界定，认为"对生物多样性的破坏、破坏生态环境和自然资源造成水土流失等生态环境的污染也属于环境污染"。[4]2014年4月24日，十

---

〔1〕 王灿发：《环境法学教程》，中国政法大学出版社1997年版，第94～95页。

〔2〕 全国人大常委会法制工作委员会民法室：《〈中华人民共和国侵权责任法〉条文说明、立法理由及相关规定》，北京大学出版社2010年版，第267页。

〔3〕 2013年10月24日审议稿第6条修改为："一切单位和个人都有保护环境的义务。地方各级人民政府应当对本行政区域的环境质量负责。企业事业单位和其他生产经营者应当防止、减少环境污染，对所造成的环境污染承担责任。"

〔4〕 王胜明主编：《中华人民共和国侵权责任法解读》，中国法制出版社2010年版，第325页。

二届全国人大常委会第八次会议审议修订后的《环境保护法》第64条规定：
"因污染环境和破坏生态造成损害的，应当依照《中华人民共和国侵权责任法》的有关规定承担侵权责任。"增加了《侵权责任法》对生态破坏的保护内容，其应当被纳入环境污染责任范围。

四、关于数人实施环境污染行为的责任承担

实践中，相当数量的环境损害事件都是由数个侵权行为造成的，尤其以水流域的污染最为典型，在审理中也较为复杂，明确数人侵权及其责任承担非常有必要。在处理数人实施侵权行为的具体案件时，首先需要看其是否满足《侵权责任法》第8条、第10条共同侵权、共同危险制度规定的构成要件。数人实施环境污染行为的责任承担也不例外，如果排污者之间具有共同意思联络，有意识地共同实施了排污行为，则应当根据《侵权责任法》第8条规定确定数人连带责任。[1]

从受理案件情况来看，大多是没有共同故意的数人侵权。对于无意思联络的共同侵权责任，《侵权责任法》第11条规定了分别实施侵权行为并造成全部损害的连带责任承担；第12条规定了分别实施侵权行为的按份责任承担。[2]但是，对于环境污染责任，立法作出了不同的安排。根据《侵权责任法》第67条规定，两个以上污染者污染环境，污染者承担责任的大小，根据污染物的种类、排放量等因素确定。对这种情形下的责任承担有两种观点：

观点一认为，两个以上污染者分别实施排污行为的，不论各自的行为是否足以造成全部损害，行为人均应承担连带责任。主要考虑如下：①由于环境污染具有特殊性，污染源广泛存在于河流污染、大气污染、噪音污染中，被侵权人往往无法找到所有的加害人。尽管各个行为对损害后果的发生分别产生作用，但其原因力大小难以区分。因此，在环境污染损害这一特殊领域，《侵权责任法》关于分别侵权按份责任的规定的现实意义不强。②在两个以上

---

〔1〕《侵权责任法》第8条：2人以上共同实施侵权行为，造成他人损害的，应当承担连带责任。第10条：二人以上实施危及他人人身、财产安全的行为，其中一人或者数人的行为造成他人损害，能够确定具体侵权人的，由侵权人承担责任；不能确定具体侵权人的，行为人承担连带责任。

〔2〕《侵权责任法》第11条：2人以上分别实施侵权行为造成同一损害，每个人的侵权行为都足以造成全部损害的，行为人承担连带责任。第12条：2人以上分别实施侵权行为造成同一损害，能够确定责任大小的，各自承担相应的责任；难以确定责任大小的，平均承担赔偿责任。第14条：连带责任人根据各自责任大小确定相应的赔偿数额；难以确定责任大小的，平均承担赔偿责任。支付超出自己赔偿数额的连带责任人，有权向其他连带责任人追偿。

污染者分别侵权的案件中，规定污染者对外承担连带责任，再根据污染物排放量等因素确定排污者的内部责任，这样有利于救济被害人，也有利于案件的审理。③其他国家对共同污染环境侵权大多采取连带责任的规定。

第二种观点认为，两个以上污染者分别排放污染物造成同一损害的，如果被侵权人能够举证证明每个污染者的污染行为都足以造成全部损害，则其请求全部污染者承担连带责任的，人民法院予以支持；对于被侵权人不能够举证证明每个污染者的污染行为都足以造成全部损害的，人民法院应当依照《侵权责任法》第 67 条的规定确定其责任。

德国《环境责任法》第 1 条中规定了设施所有人的责任，并没有对有数名设施所有人的责任进行规定，所以，这里适用其侵权行为法的一般规则。根据《德国民法典》第 830 条规定，数人因共同实施侵权行为造成损害的，各人对损害均负责任。如果两个以上设施都有可能造成损害、但却无法查清究竟是哪一个设施所致的，应当承担连带责任。《日本民法典》第 719 条规定，共同不法行为中的每个共同不法行为人都对于全部损害承担连带责任，不认可根据原因力分担责任或减责。

在我国，有大量中小企业是无证违法排污，与合法排污的大企业相比，其排污量处于监管盲区，无论是从危险性的程度还是从各自原因力所占的比例都较难确认，如果一律判决承担连带责任，显然纵容了无证排污行为，对于大企业是不公平的，这种连带责任会使他们承担远超出其实际应该承担的责任范围，而且在实践生活中由于行为人数众多，他们也很难实现内部求偿。例如，数家企业向大气排放废气，造成附近居民患呼吸道疾病，各家排污量差别很大，有几家排污量很大，有几家排污量很小，如果要求排污量很小的企业同其他排污量很大的企业一同连带承担全部损害赔偿责任难免过于苛刻。因此，《侵权责任法》第 67 条将两个以上污染者造成损害的责任一概规定为按份责任，按照污染物的种类、排放量等因素确定具体比例。[1]该条是对《侵权责任法》第 12 条的进一步解释和细化，是第 12 条在环境污染责任中的具体适用规则，是关于无意思联络的数人侵权的特别规定。对于两个以上污染者分别实施污染行为的，应当适用《侵权责任法》第 67 条的规定，排除了该法第 11 条对于分别实施侵权行为连带责任的适用。原告请求多个排污者承担侵权责任的，人民法院应当依照《侵权责任法》第 12 条、第 67 条规定，

---

〔1〕 王胜明主编：《中华人民共和国侵权责任法解读》，中国法制出版社 2010 年版，第 338 页。

根据排污者有无排污许可证以及是否超过国家标准、超总量排污，污染物的种类、排放量、危害性等因素合理确定相应责任。

需要注意的是，第三人环境污染责任与数个污染者实施污染行为承担的责任不同。对于被侵权人请求第三人承担环境污染责任的，应当依照《侵权责任法》第6条第1款规定的过错责任原则确定第三人的侵权责任。在司法实践中，应当如何区分污染者和第三人？

2005年12月28日，中海发展股份有限公司所属的"大庆91"轮装载原油驶往锦州途中，在渤海海域船体发生破裂导致原油泄漏。2006年3月12日，中国石油化工股份有限公司胜利油田分公司所属的"埕岛中心一号"平台至海三站海底输油管道也发生了溢油事故。遭受油污渔民向天津海事法院提起诉讼。鉴定部门对油样品溢油源"油指纹"进行了鉴定，鉴定结论显示，该样品与胜利油田原油样品"油指纹"特征一致，证明原告遭受损害与"大庆91"轮漏油无关，系胜利油田溢油所致。经审理查明，胜利油田溢油事故是盗油分子在胜利油田平台至海三站之间的两条管道上安装盗油装置钻孔盗油所致。在这个案例中，胜利油田是污染者，盗油分子是第三人。根据《侵权责任法》第68条规定，原告起诉排污者和第三人，或者仅起诉其中之一的，法院均应当受理；排污者以第三人过错造成全部损害为由，请求驳回起诉的，法院不应支持。[1]

五、关于因果关系存在的举证责任分配

举证责任的分配直接关系到当事人诉讼目的的实现。环境污染纠纷发生较多，但真正进入诉讼程序的不多，原因之一在于受害者难以举证证明污染行为与损害之间存在因果关系。如果在证明标准上对受害者要求过高，则对受害者的救济极为不利而有失公平。为了加大对受害者的保护力度，《侵权责任法》第66条规定，因污染环境发生纠纷，污染者应当就法律规定的不承担责任或者减轻责任的情形及其行为与损害之间不存在因果关系承担举证责任。[2]

有观点认为，《侵权责任法》第66条规定因果关系举证责任倒置，意味

---

〔1〕《侵权责任法》第68条："因第三人的过错污染环境造成损害的，被侵权人可以向污染者请求赔偿，也可以向第三人请求赔偿。污染者赔偿后，有权向第三人追偿。"

〔2〕全国人大常委会法制工作委员会民法室编：《〈中华人民共和国侵权责任法〉条文说明、立法理由及相关规定》，北京大学出版社2010年版，第276页。

着污染者必须提出反证，证明其行为与损害之间没有因果关系，才能不承担侵权责任，否则根据该条规定，其应当承担环境污染的侵权责任。其理由是，《民事诉讼法》第64条规定的是举证责任的一般原则，《侵权责任法》第66条作为特别规定优先适用，原告无需就因果关系存在承担举证责任。

另一种观点认为，根据《民事诉讼法》第64条规定，如果原告不能用证据证明自己的诉讼请求，人民法院将不支持原告的诉讼请求，这是举证责任的基本原则。在此基础之上，《侵权责任法》第66条将污染行为与损害之间不存在因果关系的证明责任分配由污染者承担，其目的在于减轻原告的举证负担，降低证明标准，给予受害者及时、有效的救济。而不问因果关系是否成立，完全由致害人反向证明，会使实体法上的因果关系理论名存实亡，将导致实践中将环境污染责任理解为绝对责任，有违立法本意，也与各国环境法的通则相悖。只有受害者对因果关系的成立负有一定的举证责任，才使得侵权法上的传统因果关系理论和"疫学因果说"等理论有适用的余地。

对因果关系本身的认定受到人类现实认知能力和知识水平的局限，特别是在认定环境污染责任中的因果关系时，更无可避免地面临着法的价值判断这一主观因素对认定结论的影响，正是在充分认识因果关系本身的客观属性与因果关系认定所带有的主观成分的前提下，中外法学界关于环境污染责任中的因果关系判断标准和方法进行了众多讨论，在立法上大多采用降低受害者对因果关系存在证明标准的方式予以受害者更为充分的救济。降低受害者一方的证明标准，其就因果关系存在的证明只需达到比一般民事诉讼更低的证明标准，法院在此阶段即可"推定"因果关系存在。法院认定因果关系存在的逻辑顺序是：受害者达到低标准证明→推定因果关系存在→致害人提出反证证明。在受害者达到了低标准证明时推定因果关系存在，此时，法律也给予致害人提出反证证明因果关系不存在的机会，若反证达到证明的高标准，则认定因果关系不存在。

具体在案件中，原告举证证明具备下列情形的，应当认定环境污染行为与损害之间存在因果关系，被告有相反证据足以推翻的除外：①排污者排放了有造成污染发生可能性的污染物；②该污染物到达损害发生地，或者受害者接触了该污染物；③该污染物到达之后或者受害者接触该污染物之后，受害者人身、财产权益损害或者环境损害才发生或者加重。而被告举证证明下列事实之一的，应当认定其行为与损害之间不存在因果关系：①未排放可导致损害发生的污染物，或者排放污染物无导致损害发生可能性；②排放可导致损害发生的污染物未到达损害发生地，或者受害者未接触污染物；③该损害于排放该污染物之前已发生并且该损害并未因排污行为加重；④原告故意隐瞒证据致使排污者不能进行因果关系不存在的证明。

在曾令军诉贵阳双辉钢铁有限公司、贵州四达矿产有限公司、贵州同济堂制药有限公司水污染责任纠纷一案中，原告认为其喂养的鸭子死亡系三被告排污所致，起诉请求共同赔偿其财产损失23万元。原告提交的证据是：鸭子非疫情死亡证明、排污管照片、河水中含有重金属及氰化物的检测报告、证明死鸭肝脏中含有氰化物检测报告等。三被告均否认原告提交的照片显示的排污管系被告所有，并提交证据证明：四达公司证明其生产污水系内循环，无外排；双辉公司提交证据证明其生产污水无外排，生活污水虽有外排，但无氰化物，同时提交证据证明在原告上游、被告生产区下游有其他农户养鸭，未出现死亡状况；同济堂公司提交证据证明其外排污水系洗涤药品污水，经处理后达标排放，并无氰化物。法院认为，三被告已举证证明未排放可能导致损害的污染物，或排放污染物无导致损害的可能性，鸭子死亡与被告排污之间的因果关系不存在，驳回了原告的诉讼请求。

六、关于生态环境损害能否适用损害赔偿的责任承担方式

根据《侵权责任法》第15条的规定，承担侵权责任的方式主要有停止侵害、排除妨碍、消除危险、返还财产、恢复原状、赔偿损失等，可以根据案情合理判定单独适用或者合并适用。就环境保护公益诉讼而言，对于停止侵害、排除妨碍、消除危险、恢复原状等适用没有异议，但是，对于是否能够适用损害赔偿存有较大争议。

观点一认为，对污染环境、侵害众多消费者合法权益等损害社会公共利益的行为，原告可以请求被告承担停止侵害、排除妨碍、消除危险、恢复原状，召回瑕疵产品，请求人民法院确认合同条款无效或者撤销等，但不得适用损害赔偿，法律另有规定的除外。其理由是，停止侵害等不作为之诉、撤销之诉等诉讼程序较易操作，而生态环境损害赔偿之诉在举证责任等程序操作上较为复杂，尤其是赔偿数额的确定存在较大的审理难度。尽管目前我国存在确立损害赔偿请求型公益诉讼，以抑制污染环境、侵害消费者合法权益等侵权行为的必要性，但基于此种类型公益诉讼往往对被告造成重大影响，且必将涉及公益诉讼赔偿金的归属与胜诉利益的分配协调等问题，故应当积极稳妥审理公益诉讼案件，对原告提出生态环境损害赔偿的诉讼请求，不宜

支持。

第二种观点认为，环境污染公益诉讼的目的是保护与人类生存与发展密切相关的生态环境，赋予受到侵害的生态环境社会公共利益以司法保护请求权，考虑到近年来已经受理的环境保护公益诉讼中，损害赔偿发挥了抑制侵害、填补损害的重要作用，尤其是党的十八大报告提出建设"美丽中国"，要健全环境损害赔偿制度，应当通过司法实践进一步探索，充分发挥损害赔偿在预防损害发生方面的重要作用，无需予以限制或者排除其适用，待条件成熟以后提出立法建议通过单行法立法解决。

笔者认为，是否支持生态环境损害赔偿的请求，可以从以下几个方面进行考量：

（一）损害赔偿的功能

侵权责任是赔偿义务人依法应当承担的人身或者财产方面的不利后果，这种不利后果的具体类别和适用范围、方法一般事先由法律作出明确规定，责任的具体方式应当与损害后果的性质相对应。在国外侵权行为法中，英美法确定的侵权责任方式主要是赔偿，受害者无论受到什么类型的损害，法律一般都采用赔偿的方式予以救济；大陆侵权行为法确定的民事责任方式主要是恢复原状和一定条件下的损害赔偿。我国《民法通则》第134条关于侵权责任承担方式的规定，既包括损害赔偿，也包括广义的恢复原状（如返还财产、消除影响、恢复名誉、赔礼道歉等）。《侵权责任法》第15条沿用了这种立法选择，损害赔偿与恢复原状作为主要的责任承担方式，充分发挥了对受害者遭受损失予以填补、分散损失与平衡社会利益，并对侵害人予以教育惩戒的社会功能。[1]其第八章对于环境污染责任的特别规定也未排除损害赔偿的适用，因此，对于环境污染案件应当根据不同的污染类型、损害性质，确定具体、可操作的救济措施。

（二）生态环境损害的评估

生态环境损害相关法律法规的制定与实施都需要相关检测评估的技术支持。从海洋溢油事故损害赔偿来看，经历了一个从无到有、逐步发展的历程。2003年"塔斯曼海"海洋溢油损害赔偿案件，国家海洋局授权天津海洋局以原告身份提出清污费用，海洋环境容量损失，海洋生态服务功能损失，海洋沉积物、潮滩生物环境、浮游植物、游泳动物等恢复费用以及生物治理研究

---

〔1〕 张新宝：《侵权责任法原理》，中国人民大学出版社2005年版，第466页。

费用和监测评估费等1000万余元的海洋生态环境损害赔偿。后由于海洋生态损害的评估、鉴定方法以及基础性环境监测研究工作滞后，缺乏历史数据的对比，环境修复实验工程缺失等导致相关证据证明力不足等，最后未能通过判决方式予以确认。在生态环境损害索赔实践当中普遍具有以下问题：①生态环境基础数据库建设不完善，缺少基础资料；②评估时效差，耗时耗力，不能满足司法鉴定要求；③对生态环境损害评估不充分。[1]值得注意的是，近年来，在以各地环保法庭为主受理的公益诉讼案件中，由于地方环境保护行政主管部门的积极参与，或以原告身份提起诉讼并进行举证，或为公益诉讼进行检测评估、出具鉴定意见等，为生态环境损害的索赔提供了相应的技术支持，生态环境损害赔偿在多起案件中得到支持，取得了较好的社会效果。据悉，环保部推荐了12家机构作为生态环境损害的专门鉴定机构，缓解了该类诉讼举证难的问题。

（三）环境保护公益诉讼的司法实践

与一般的侵权案件相比，在环境污染案件中判定侵害人承担"恢复原状"的侵权责任后，如何执行是一个较为复杂的问题。如何才能恢复原状，并不是显而易见、一步到位的，侵害人并不一定具备承担恢复生态环境原状的能力和条件。从司法实践来看，往往需要相关领域的专家和机构根据相关的法律、环境标准以及技术规范进行评估和分析，提出一个或多个具体的技术方案，由当地政府或者专业部门对生态环境进行清理和修复是较为可行的方法，对于因此已经产生或者即将产生的费用应当判定由污染者承担。

在昆明市环境保护局诉二畜牧养殖公司一案中[2]，原告提出要求被告停止侵害，并赔偿为治理水污染所支出的全部费用。经评估，包括治理设施建设成本363万余元，运行维护成本1年期53万余元，以及应急环境监测费和污染治理成本评估费15万余元。二被告提出采取源头治理的方式，认为停止水污染，村民饮水问题即可解决。法院认为，源头治理本身就是畜牧小区投入经营前应尽的法定义务，应当继续履行。但是，仅此措施无法保证村民的饮用水安全，评估报告提出建盖治污设施的方案具有必要性，最后采纳了原告主张末端治理的方案，判令被告支付上述治理费用及评估费用至昆明市政

---

〔1〕 杨建强等：《海洋溢油生态损害快速预评估技术研究》，海洋出版社2011年版，第14页。

〔2〕 《昆明市环保局诉并由人民检察院支持起诉昆明××公司，昆明市××有限公司环境污染侵权纠决民事判决书》（2010）昆环保民初字第1号。

府设立的"昆明市环境保护公益诉讼救济专项资金",由市政府按照基金管理办法进行使用,支付治污设备的成本、运行费和评估费。

此外,恢复原状不仅仅是指就地恢复原有的环境状况,更主要的是指恢复环境的生态容量,达到生态平衡。如果能够就地恢复,即应当就地恢复,如就地恢复有困难,还需要进行异地恢复,以尽量达到或超过原有的生态容量水平。在中华环保联合会诉无锡蠡湖惠山景区管理委员会等环境污染侵权责任一案中,[1]即判令明确蠡湖管委会负有完成该市滨湖区4500平方米异地补植的责任,判决其向指定专户汇款79.44万元用于支付异地补植费用。

同样的救济措施也出现在欧盟《关于预防和补救环境损害的环境责任指令》中,其在序言第18条规定,"根据污染者付费的原则,造成环境损害或者有造成此种损害的现实危险的行为人,原则上必须承担预防或救济措施的费用"。恢复原状的费用可能是相当可观的,侵害人对进行恢复原状工作的有关费用承担赔偿责任。美国《油污法》推出的自然资源损害评估指南,将恢复计划本身作为损害评估的一部分,其评估目的是促进对自然资源受损进行科学合理的赔偿,令其恢复本来面目。德国《环境责任法》第16条规定,如果造成物的损害的同时,还造成了自然生态和特定景色的损害,其恢复环境的费用超出被损害的物的价值时,不构成《民法典》第251条第2款中的费用过分巨大,也不适用其环境责任法有关责任限额的规定。由此可见,在环境保护公益诉讼中,损害赔偿仍然是与恢复原状并行不悖的重要救济措施,如果缺失其一,将造成生态环境损害得不到及时、有效的司法保护救济。

对于哪些费用属于生态环境本身损害,环境保护部于2011年颁布了《环境污染损害数额计算推荐方法(第1版)》,该推荐方法规定污染对环境本身造成损害的范围包括:应急处置费用、调查评估费用、污染修复费用、期间损害(污染环境部分或完全恢复前生态环境服务功能的期间损害)。参照环保部推荐范围,原告在环境保护公益诉讼中提出下列请求的,应予支持,法律另有规定的除外:①为防止或者减轻环境损害发生、扩大,已采取或者将要采取的必要的、合理的费用,属于防范性措施费用和清理措施费用,具体包括污染控制费用及现场抢救费用、清理现场费用、人员转移安置费用、应急监测费用、紧急清理污染物产生的费用等;②为环境损害评估所支出的费用;

---

〔1〕《中华环保联合会诉无锡市蠡湖惠山景区管理委员会环境污染责任纠纷案》(2012)锡滨环民初字第2号。

③为使受损害的环境恢复到污染发生前的状况，或者将污染引发的风险降至可接受水平的人工干预措施所需修复和恢复性费用，制定修复方案和监测、监管产生的费用亦在其中。

　　由于环境污染责任纠纷与传统侵权纠纷有很大区别，专业性强、复杂程度高，因而审理这类纠纷时将面临诸多挑战。生态环境案件之司法保护存在的问题并不局限于本文梳理的内容，还需要在案件管辖、受理条件、审理方式、保全乃至执行等方面进行不断的创新和完善。例如，对于跨地区生态环境保护案件，将继续探索建立跨地区集中管辖的制度，发挥专门审判机构在防止和克服地方或部门保护主义，提升审判专业化等方面的积极作用。

环境公益诉讼中的利他主义

孙日华[*] 著

2012 年新《民事诉讼法》规定环境公益诉讼之后，呼唤多年的环境公益诉讼得到了法律文本的回应，学界与民间为之欢呼雀跃。但是，相对模糊的法律规定又再一次引发了学界的争论热潮。[1]其中最为关键的就是诉讼主体问题，即所谓的"法律规定的机关和有关组织"到底该如何界定。本文对不同诉讼主体进行经济分析，将视角放在环境公益诉讼的司法可能性上，这是一个更加复杂的法律问题，有必要作出有深度的学术回应。

本文将从"文本中的法"回到"行动中的法"，挖掘出环境公益诉讼中的核心价值——利他主义。针对目前的法律规定以及可能的司法走向，探讨环境公益诉讼中的利他主义何以可能。通过对法律制度选择的成本、利他主义的成本与收益的分析，还原真实的环境公益诉讼的司法场域，并尝试建构理想的利他主义引导模式。

一、利他主义的主观源起

与那些因"私益"而为的诉讼相比，"公益"诉讼具有明显的利他主义倾向。在环境公益诉讼中，提起诉讼的当事人[2]并非直接的受害人，而是基于社会公共利益考虑而诉讼的人。如果从科斯的社会成本角度思考，任何环

---

[*] 石家庄经济学院副教授。

[1] 在此称之为"相对模糊"，是因为《民事诉讼法》规定了起诉主体为法律规定的机关和有关组织，但是具体这些机关和组织包括哪些却并不明确，还需要进一步规定。现实中，哪些机关和组织具有诉讼主体资格还尚无定论，更无法操作。

[2] 在此姑且先将提起诉讼的人称为"当事人"，仅仅是为了行文表达的需要，是否真能够称为法律意义上的当事人，还需要法律的进一步明确以及法院在诉讼中加以确认。

境的破坏都具有负外部性，对每个人都会产生影响。[1]但是，从直接联系或者因果关系角度而言，提起环境公益诉讼的当事人与被污染的环境之间并无太多关联。事实上，当环境污染侵害社会公共利益之时，公众最容易陷入集体行动的逻辑之中，"搭便车"现象尤其严重。[2]因为环境破坏的影响分担到每个人身上早已稀释，在收益是众人均分，而成本是自己支出的背景下，选择"搭便车"是最划算的。[3]如果有人为了公共利益挺身而出，勇于公益诉讼，利他主义色彩就不言而喻了。然而，人们这种利他主义缘何而起呢？

"互惠利他主义"（reciprocal altruism）、"信号传递"（signaling）、"声誉机制"（reputation mechanism）以及"亲缘选择"（kin selection）等理论有助于解释环境利他主义的动机。在互惠关系中，环境公益诉讼的当事人并不是一无所获，他们现在的"支付"可以看做是一种"储蓄"，待有朝一日他们遭受环境侵害，无力自我救助之际，也有机会获得其他人同样的帮助。利他主义是一种信号传递机制，其可以传递公益诉讼当事人适于合作的信号，并因此在未来获得更多的合作机会。[4]这一传递机制对于机关和组织尤其重要，其可以让它获得更多的无形财富，如声誉。其实，利他主义的产生很大程度上是因为声誉机制在发挥作用。公益诉讼本身会为诉讼当事人获得良好的声誉，并在未来获得更多博弈的空间。"亲缘选择"理论认为基因会"指示"其载体按照最大化基因复制数量而采取行动策略。[5]如果彼此分享相同基因的比例越大，利他主义就越容易出现。在环境公益诉讼中，与被污染环境之间的关系越紧密，越容易产生利他主义的公益诉讼。按照上述理论推演，公益诉讼的动机可以获得较为理想的"自圆其说"。但是，在现实的司法实践中，上述理论阐释能否如其所愿，展示真实的公益诉讼动机，需要我们进一步的阐释与论证。

互惠利他主义的形成并不会一帆风顺，"互惠"需要在多次博弈中建立。

---

〔1〕 See Coase, "The Problem of Social Cost," *Journal of Law and Economics*, vol. 3, Oct., 1960.

〔2〕 参见〔美〕曼瑟尔·奥尔森：《集体行动的逻辑》，陈郁、郭宇峰、李崇新译，生活·读书·新知三联书店、上海人民出版社1995年版，第20页。

〔3〕 参见孙日华、费昌祥："宪法权利诉求的经济学逻辑"，载《中南大学学报（社会科学版）》2013年第1期。

〔4〕 参见〔美〕埃里克·A. 波斯纳：《法律与社会规范》，沈明译，中国政法大学出版社2004年版，第27页。

〔5〕 参见〔英〕理查德·道金斯：《自私的基因》，卢允中、张岱云译，科学出版社1981年版，第62~88页。

如果只有一次博弈，那么背叛是最好的选择，此时拥有善心之人反而会吃亏，社会也因此普遍陷入"囚徒困境"之中。[1]面对"囚徒困境"，背叛是个体的优势策略，但相互背叛会造成群体的灾难。[2]因此，我们发现互惠利他主义在相对封闭的空间里发生的概率会更高，比如在乡村社会。在陌生化的城市社会中，人们之间重复博弈的机会较少，互惠利他主义的产生也将面临困难。同样，基于基因复制率高低的"亲缘选择"理论，在陌生人社会中也难以奏效。在"亲缘选择"层面而言，利他主义也是有利可图的。[3]事实上，在现实的司法实践中，提起环境公益诉讼的主体主要是检察机关、环境行政机关、环境团体以及公民个人或群体。[4]对于这些机关和组织而言，获得互惠利益的概率几乎为零，不存在基因利益也导致亲缘选择理论的无效。这就造成上述机关和组织对环境公益诉讼缺乏动力，此时，需要寻找替代性的激励机制，才能保证利他主义的发展。其实，对于公民个人或者群体而言，互惠利他主义和亲缘选择理论相对更容易被践行，但遗憾的是，他们的原告资格并没有得到现行法律的认可。

"信号传递"和"声誉机制"是否能够引导利他主义，一个崇尚公益、颂扬道德以及舆论开放的环境是必备的。在一个崇尚自私自利、舆论传播受阻的社会环境中，救助行为所传递的合作信号就会被严重削弱。[5]尤其是对于提起环境公益诉讼的公民个人或者群体而言，其收益更多表现为声誉、满足感和成就感。如果支付了较大的物质成本之后，却无法获得必要的精神收益，环境公益诉讼就难以启动。对于机关和组织而言，畅通的信号传递可以激励其更加重视公共声誉。其对声誉的在乎源自职责和公众的期许。公民个人可以通过搬迁来回避声誉的约束，但是机关或组织却很难通过解散来消除

〔1〕 参见张维迎：《博弈与社会》，北京大学出版社 2013 年版，第 36 页。
〔2〕 参见［美］罗伯特·阿克塞尔罗德：《合作的进化》，吴坚忠译，上海人民出版社 2007 年版，第 4~8 页。
〔3〕 Robert L. Trivers, "The Evolution of Reciprocal Altruism", *The Quarlerly Review of Biology*, vol. 46, NO. 1 (Mar. 1971), pp. 35~36.
〔4〕 根据目前的资料显示，法院立案审理的案件主要是检察机关、环境行政机关、环境团体（中华环保联合会）提起的诉讼。公民个人或者群体虽然有提出公益诉讼，如 2005 年由北大师生提起的"松花江水污染案"，但这些案件最终并没有被法院受理。事实上，新民事诉讼法也没有规定公民个人或者团体的公益诉讼原告资格。相关数据可以参见涛："环境公益诉讼立法的新起点：《民诉法》修改之评析与《环保法》修改之建议"，载《法学评论》2013 年第 1 期。
〔5〕 桑本谦："利他主义救助的法律干预"，载《中国社会科学》2012 年第 10 期。

不良的声誉，用庙来约束和尚就是这个道理。[1]因此，信号传递和声誉机制对于机关和组织的激励效果更加明显。

理论上，利他主义的动机是多样化的。但是，如果公益诉讼的收益不能补偿公益诉讼的成本，环境公益诉讼就难以发生。环境公益诉讼收益主要包括公益诉讼人的满足感、成就感和公共声誉；因为保护环境而获得的来自受害人、社会或者政府的物质性回报。环境公益诉讼的专业性和持久性，决定了环境公益诉讼高昂的成本支出，主要包括时间和劳务成本，还有公益诉讼人潜在的危险成本（生命和健康）等。事实上，反观环境公益诉讼的法律条款，其仅仅规定了模糊的主体资格，对于具体的程序、责任、经费、执行等问题都没有较为明确的规定。这样的规定并没有将国家机关和有关组织的公益诉讼行为演化为职责（权）主义，依旧是利他主义的倡导，而且缺少必要的激励机制。利他主义经常成为法律干预的廉价替代。[2]根据公益诉讼提起人的动机和现实的激励机制，我们需要进一步提高环境公益诉讼的收益或者降低环境公益诉讼的成本。在此逻辑之下，尝试提出以下对策：①规定环境行政机关事前（日常）的评估和监管义务，否则视为渎职，并可以提起行政诉讼；②宽泛地界定社会组织，只要具有合法身份的社会组织都可以提起诉讼，通过市场协调社会组织，而无需法律作硬性规定；允许公民个人提起环境公益诉讼，并对其诉讼行为提供法律保护；③允许环境公益诉讼人分享诉讼成功后的收益，或者由政府给予一定的奖励。

二、利他主义的客观脉象

环境公益诉讼在法律文本中从无到有，回应了社会长期以来的诉求，但是该规定并没有给予环境公益诉讼非常明确的指引，仅仅为环境公益诉讼贴上了合法的标签。现行环境公益诉讼的提起主体是"法律规定的机关和有关组织"，以列举的方式排除了公民个人或者群体作为原告主体资格。我认为民事诉讼法的这一规定不会在近期内改变，而且在较短时间内不会对其作出更加具体的法律规定（至少还不会对这两个主体做扩大解释），即具体公益诉讼主体的范围、程序、责任等问题。最高法院也不会作出相应的司法解释，最

---

〔1〕　参见张维迎：《信息、信任与法律》，生活·读书·新知三联书店2003年版，第42～49页。

〔2〕　William M. Landes and Richard A. Posner, "Altruism in Law and Economic", *The American Economic Review*, vol. 68, NO. 2 (May 1978), p. 420.

多会针对请示的案件作出个别的解释。[1]也就是说，在当前，民事诉讼法规定的公益诉讼并不会全方位地展开，其需要一个较长的成长过程。原因如下：

第一，为了降低界权成本（delimitation cost）[2]。环境公益诉讼的提起主体排除了公民个人，一定程度上不仅仅是考虑公民缺乏相应的环境公益诉讼能力，还担心引发大范围的公益诉讼。[3]对于公益诉讼主体、程序、责任等未作明晰性规定，是立法的权宜之计。环境污染案件往往牵涉多方利益，事故风险缺乏公共认知，有时甚至缺少客观依据和主观共识。环境污染案件中的因果关系难以确定，对生活实际影响评定困难，赔偿范围和数额也较难统一。法院更擅长法律认知，环境污染中复杂、专业的事实性问题对其而言极具挑战。[4]在经济学看来，法院受理环境污染案件的机会成本太大。在有限司法资源的约束下，以结案率和调解率为考核指标的司法语境下，法院更倾向于处理迅速获得收益的案件。目前，环境污染案件采取地方法院渐进式探索的方式，我们也可以称之为"干中学"。这样的方式，既保证了部分影响重大的案件获得了司法裁判[5]，又不会造成环境污染案件一拥而上而使法院应接不暇的局面。法院在处理重大案件的同时，积累了审理环境侵权案件的知识。主体在实践过程中，知识作为副产品产生了，效率得到了提高，获取知识的成本也因此下降。这也许就是"摸着石头过河"的经济学逻辑吧。

第二，为经济转型提供缓冲期。目前环境污染事件进入了集中爆发期，这与之前我国的经济发展方式直接相关。多年的粗放型经济发展模式，带来

---

〔1〕 民诉法关于环境公益诉讼原告资格中有一句限定性语句，即"法律规定的"。无论此处的法律做广义还是狭义的解释，都应该是通过立法形式完成原告资格的界定。最高法院在法理上是无法行使这一权力的。

〔2〕 本文所称的"界权成本"是将法律界权的机会成本，即界定某一纠纷的时间本可以从事其他权利界定，并从中获得的全部收益。

〔3〕 是否真的会引发大规模的环境公益诉讼，并没有相关的数据和资料。无论是官方还是学界都只是在做理论推理或者设想。

〔4〕 参见凌斌：《法治的代价》，法律出版社2013年版，第210页。

〔5〕 这些社会影响较大的案件，如引发群体性事件的污染案件。笔者称之为间接损失较大的案件，关于这个观点的论述将在后文具体阐释。相关的国内研究较少，国外的研究可以参见以下文献：皮斯托、许成钢："不完备法律：一个概念性分析框架及其在金融市场监管发展中的应用"，载《比较》2003年第3、4辑；Becker, Gary S. and Stigler, George J., 1974, "Law Enforcement, Malfeasance, and Compensation of Enforcers", *Journal of Legal Studies*, 3, pp. 1～18；Ibaanez, Alberto J Gil, 1999, The Administrative Supervision and Enforcement of EC Law: Powers, *Procedures and Limits*, UK: Hart Publishing；Polinsky, A. Mitchell and Steven Shavell, 2000, "The Economic Theory of Public Enforcement of Law", *Journal of Economic Literature*, 3, pp. 45～76。

了经济繁荣的同时，也造成了严重的环境污染，并直接影响到了公众的生产和生活，制约了社会的可持续发展。随着公众环保意识的增强，公众对于环境污染越发敏感，公众期望通过司法解决环境污染问题的愿望日益强烈。但是，改革开放至今，几十年的经济增长方式不可能在短期内彻底改变，政府的引导和市场的调节需要较长时间才能见到成效。然而，公众对于清洁环境的诉求又非常迫切，这就出现了产业结构转化的缓慢与公众环境诉求的急迫之间的矛盾。为了缓和这一矛盾，在法律文本上对环境公益诉讼作出较为模糊的规定，同时在司法实践中，让法院不断累积此类案件的审理经验。通过这一妥协的策略，可以较好地融解矛盾和纷争。而国家必然期望在这一缓冲时期较快地完成经济增长方式的转变，法院也在成长之后争取妥善地处理环境污染案件。

第三，为社会组织预留成长期。众所周知，在转型期的中国，社会组织依旧是一块软肋，社会组织的成长还缺少市民社会基础。近年来，中央和地方政府非常重视社会组织的发展，但是政府与社会组织之间的关系并未清晰，尤其是在某些权能分配方面，还存在着越位和缺位现象。目前由环保组织提出并进入司法程序的环境污染案件，基本上都是由中华环保联合会启动的。[1]具有半官方性质的中华环保联合会在地方法院的诉讼中占据了较大优势。相对而言，其他民间环保组织（如自然之友、地球村、公众与环境研究中心、绿家园、达尔问等）参与到司法实践的案例极少。目前，由于新《民事诉讼法》对于"社会组织"作为原告的主体资格尚未作出明确界定，这些民间组织参与到环境公益诉讼的难度较大。诸多环境污染案件，经常牵涉地方政府的经济利益，民间组织提起公益诉讼具有一定程度的私人执法性质。民间组织对地方政府和污染企业缺乏制约力量，地方法院在此类案件的审理中又要顾及地方政府，最终导致民间组织的环境公益诉讼无法立案。当然，这也与社会组织的独立性、专业性和社会参与程度不够有很大关系，《民事诉讼法》并未清晰规定社会组织的范围，可能在为社会组织预留一定的成长期，同时，还可以通过社会组织在环境公益诉讼中的探索获得公共认知，最终在环境保护法律的修改中再界定社会组织的外延。

---

〔1〕 别涛："环境公益诉讼立法的新起点：《民诉法》修改之评析与《环保法》修改之建议"，载《法学评论》2013 年第 1 期。

第四，为间接损失[1]较大的环境污染案件提供法律依据。经济学倡导以成本收益解释世界，以往的研究主要把重点放在了直接成本和直接损失上，前者主要指处理违法行为所需要支付的调查取证、逮捕、审判、执行等活动的成本；后者指包括损害者利益与受害者损失的净损失。[2]笔者认为在环境污染案件的处理中，间接成本和损失应该纳入分析视野。间接成本指法律本身的不尽合理，法律的严格适用导致的社会收益的减少；间接损失指由于司法的瑕疵导致人们为了防止受害而需要增加的防范投入以及由此导致的负外部性（社会不稳定对经济增长的损害等）。[3]当同时考虑到间接成本和间接损失，造成总成本过大时，法官就会选择性司法。必须承认的是，司法资源总是有限的，环境污染案件的专业性、复杂性，本身会让法院的界权成本较其他案件高出许多。而面对全国各地愈发普遍的环境污染事件和有限的司法资源（满山兔子一杆枪），受预算约束的法院必然会对案件作出选择。在众多环境公益诉讼的案件中，法院通常会选择那些影响较大、容易引发群体性事件的案件。因为这些案件会导致社会不稳定，并最终影响经济发展，即间接损失较大。当来自政府的货币或者非货币激励变化很大时，执法代理人的行为实际上被高度政治化了。[4]目前，我国关于环境公益诉讼已经提出了一个模糊的框架，这就赋予了法院审理环境公益诉讼的选择权。正是因为原告诉讼主体尚未完全明确，法院就可以在司法资源有限的情况下，依据间接损失的大小合法地选取案件，而不会遭遇太多的质疑。法律经济学对法官行为研究的结论是：法官也是财富最大化者，会对薪酬、声誉和升迁等作出反应。[5]民事诉讼法关于环境公益诉讼主体的模糊规定，赋予了法院合法的选择权。这与之前笔者的论述是相呼应的，也彰显了环境公益诉讼的立法策略。

---

〔1〕 由 Becker（1968）和 Stigler（1970）开创的最优执法理论，指出执法本身的代价，但该理论忽视了间接成本和违法行为的间接损失。Hay 和 Shleifer（1998）以及 Karpoff 和 Lott（1993）考察了间接成本与间接损失（负外部性）。Niskanen（1975）提出了执法者追求财富最大化的观点，即认为执法者在选择执法方案时会更加关心自己的薪酬、权力和公共声誉，而非社会福利。波斯纳（2002）对法官也有类似的看法。

〔2〕 Becker, Gary S. and Stigler, George J., 1974, "Law Enforcement, Malfeasance, and Compensation of Enforcers", *Journal of Legal Studies*, 3, pp. 1~18.

〔3〕 参见戴治勇："选择性执法"，载《法学研究》2008 年第 4 期。

〔4〕 Edward Glaseser&Andder Shleifer, *Coase Versus the Coasians*, 116Quart. J. Econ, 2001, pp. 853~899.

〔5〕 详见［美］理查德·A. 波斯纳：《正义/司法的经济学》，苏力译，中国政法大学出版社 2002 年版，第 45~47 页。

总之，目前的环境公益诉讼中，原告的利他主义缺乏激励机制，其受制于整体的经济发展背景和法律文本。只有进一步地引导利他主义，为环境公益诉讼提供深刻的法律干预策略，才能对环境公益诉讼的当事人产生有效的激励，环境公益诉讼才能深入发展。

三、利他主义激励的策略选择

在阐释了环境公益诉讼中的利他主义动机，分析了目前环境公益诉讼立法的实然状态后，得到的结论是，目前我国的环境公益诉讼较为模糊的框架设定，尚未将环境公益诉讼转化为职责（权）主义，依旧是利他主义的倡导。利他主义必然存在代价，只有降低环境公益诉讼的成本或者增加环境公益诉讼的收益，才可以产生利他主义的激励。

（一）规训与惩罚渎职者

惩罚和保护都会对利他主义行为产生激励效果，但是，这两种手段适用于不同的主体。惩罚手段主要作用于负有环境监管职责的国家机关，保护措施主要适用于提起环境公益诉讼的社会组织和个人。环境公益诉讼主体之一是法律规定的国家机关，虽然尚无明确规定，但在司法实务中主要是检察机关和环境行政机关在提起环境公益诉讼。在此，笔者亦先将其限定在这两个诉讼主体上。

检察权的公共性决定了检察机关在涉及公共环境利益之时，可作为原告提起环境公益诉讼。检察权作为司法权的一种，是被动的权力，在环境污染发生后，根据环境污染的状况权衡是否涉及公共利益，作出是否提起诉讼的决定。这样的设定具有法理依据，也符合检察权的事后监督职责和司法权能。但是，笔者认为让环境行政机关作为环境公益诉讼的主体并不妥当。让环境行政机关作为原告，缺乏有效的激励机制。

第一，原告资格与环境行政机关的职责冲突。我们知道，行政权与司法权不同，其更具主动性。环境行政机关自身的职责就是进行日常的环境监测与保护，监督市场主体是否会造成环境污染是其必然的日常事务。如果出现了环境污染，尤其是发生涉及公共利益的环境污染案件，本身就是环境行政机关的失职。此时，由于失职造成了环境污染，环境行政机关就应该受到相应的责任追究。当公共环境污染案件发生后，环境行政机关应为法律制裁的对象，而不应该充当受害者的角色，来扮演公益诉讼的原告。

第二，环境行政机关缺乏推进司法程序的激励。事实上，一旦发生了环境污染事件，环境行政机关是难辞其咎的。环境行政机关有能力事前审查，事中监督，可以最大限度地避免事故的发生。所以当环境污染案件发生后，应该认定的是环境行政机关的失职。既然环境行政机关失职在先，让其作为原告提起诉讼难道不是在让其自己承认错误吗？如果非要让环境行政机关作为原告，其会有选择地处理诉讼证据，尤其是那些暴露自身疏于执法而导致污染发生的证据，甚至会形成环境行政机关与污染企业之间的共谋。如果污染企业被轻罚，可以间接证明环境行政机关的执法失误较少，环境行政机关受到的上级和公众的责难也会减少。在这一层面而言，在环境公益诉讼中，环境行政机关与污染企业之间具有"共容利益"[1]。而且，二者之间的信息是比较对称的，它们可以在诉诸司法之前实现信息传递，并实现成本的最小化。我们可以发现，强加责任于环境行政机关会造成其不合理地追加自我保护成本，产生社会浪费。[2]总之，笔者认为在环境公益诉讼中，不应该将环境行政机关作为原告，而是让其回归到本来的行政职权上。具有主动执法权的环境行政机关，一旦不能在事前制止环境污染事件的发生，在进入司法程序的那一刻就与污染企业产生了关联利益，就该当然地丧失原告资格。这样做的好处是可以强化环境行政执法机关的事前执法积极性，而不是通过公益诉讼鼓励其进行事后的诉讼。而且让其参与环境公益诉讼，不利于诉讼的顺利开展。

因此，笔者认为当公共环境污染的案件发生后，只授权检察机关作为公益诉讼的原告，向法院提起环境公益诉讼。这样的制度安排有如下好处：①可以摆脱环境行政机关参与公益诉讼的利益纠葛，保障环境公益诉讼的公正裁判；②检察机关具备诉讼的能力与经验，职责超脱与独立，有利于司法裁判的顺利进行；③将权力只授予检察机关，可以防止职责推诿，也便于公益诉讼行为不当时的责任追求；④检察机关本身是权力监督机关，在环境公益诉讼过程中，又实现了对环境行政机关的执法监督。因此，一次成本投入，可以获得超额收益。

---

〔1〕 Mancur Olson, *Power and Prosperity*: *Outgrowing Communist and Capitalist Dictatorships*, Basic Books, 2000, p. 13.

〔2〕 William M. Landes and Richard A. Posner, "Altruism in Law and Economic", *The American Economic Review*, vol. 68, NO. 2 (May 1978), p. 148.

基于以上原因，笔者认为作为环境公益诉讼主体的国家机关应该仅由检察机关担任。理想的环境公益诉讼是，由检察机关提起，环境行政机关作为证人的诉讼模式。当司法判决作出后，根据环境污染造成的损害程度，检察机关和法院应该各出具一份司法意见书，将其送达环境行政机关的上级部门，对环境行政机关的失职作出真实的报告。笔者认为，如果将环境的事前监督与事后的环境公益诉讼相结合，强化不同国家机关之间的职责，环境污染事件就会大范围地减少。之所以当前环境污染案件层出不穷，与整体的经济增长方式有关，但与权力未能物尽其用也有必然的联系。权力的分工必然产生效率。分工减少了个体活动的种类，因此提高了个体所从事活动的频率，使知识累积加快，由此产生的结果是产出量的增加，即生产力的提高。[1]市场规律在权力领域也得以验证。

（二）奖励与保护利他者

当前，在环境公益诉讼的法律规定和司法实务中，政府干预色彩明显强于市场调节。与此对应的是，对政府权力进行规训的同时，需要对市场机制进行广泛培植。事实上，即使在没有政府干预的情况下，市场中总有一种自发的力量努力参与到环境公益诉讼中。这样的力量主要来自于两个方面：社会组织和公民个人。这两股势力与环境污染企业经济利益牵扯最少，自主性更强，提起环境公益诉讼的积极性更高。但是，由于自身力量的弱小，有心无力之处在所难免，急需官方与社会的大力扶持。

在前面的论述中已经提到，公民个人参与到环境公益诉讼的机会已经被新《民事诉讼法》挡在门外，也分析了个中缘由。但笔者认为还有一个重要的原因，那就是法律父爱主义的无处不在。以往认为只能由政府主导的事情，如果交给了个人也未必会失败，完全没有必要担心公民个人的创造力。[2]公民个人是否能够进行环境公益诉讼可以由市场来调节，在衡量环境公益诉讼的成本与收益之后，公民个人会作出理性的选择。美国和我国台湾地区长期以来都允许公民个人作为环境公益诉讼的原告，取得了较好的效果，并没有出现不可控制的局面。[3]公民个人进行环境公益诉讼是与公共执法相对的私人

〔1〕 朱锡庆：《知识笔记》，中信出版社2011年版，第188页。

〔2〕 比如慈善基金项目，在2013年四川芦山地震捐款中，李连杰发起的"壹基金"发挥了重要作用。

〔3〕 陈冬："公民可否成为我国环境公益诉讼的原告——兼与美国、我国台湾地区相比较"，载《清华法治论衡》2012年第2期。

执法。[1]在环境公益诉讼中，私人执法比公共执法具备成本优势。公众广泛分散在社会各个区域和层面，其对社会的深入程度远远超越国家机关，因此其对于环境污染的切身感受将更加强烈。相较于公权力机关的监管和调查，广泛存在的公众监督可以有效降低搜寻成本，公众在环境污染问题上比政府具有更大的信息优势。允许公民提起环境公益诉讼，可以实现公共惩罚和私人惩罚的结合。任何惩罚都会给违法者带来损失，而损失的大小决定了惩罚的威慑效果。按照经济学的观点，惩罚的威慑效果（即惩罚的预期损失）取决于惩罚的实际损失与抓获概率的乘积。[2]无处不在的公众，可以大大提高抓获环境污染者的概率。赋予其环境公益诉讼原告的资格，让私人执法力量与公共权力形成互动，可以有效降低国家公共资源的投入。如果政府将环境公益诉讼的权力都垄断在自己手中，确实可以对环境污染施加公共惩罚，但其需要强大的暴力资源和雄厚的经济实力。一个国家无论多么强大，其所具有的公共资源都不是无限的。在部分领域允许私人惩罚的出现，可以大幅缩减国家的预算开支。大量研究表明，私人之间的惩罚可以为缺乏公共权威的社会提供替代性强迫机制。[3]

　　基于这样的理由，笔者认为在未来修改法律的时候应该将公民个人纳入环境公益诉讼的原告之列。在美国，公民的环境公益诉讼被称之为"（环境）行政机关的消毒剂（antidote to agency inaction）"。[4]不仅不应限制，而且还需要给予环境公益诉讼的公民以保护和奖励。保护和奖励措施可以采取以下方案：首先，环境公益诉讼人诉前免交诉讼费，如果污染企业败诉后由其承担诉讼费用；如果原告败诉，就免除诉讼费，减轻原告人的责任与负担。其次，严厉制裁那些报复公益诉讼原告的行为，为其提供人身和财产安全保障。最后，允许环境公益诉讼的公民适当获取诉讼收益。在环境公益诉讼中不可能事先与某个机关签订合同，只能按照诉讼提起人的时间成本、劳动成本以及

　　〔1〕　Barton H. Thompson, Jr., "Innovation in Environmental Policy: the Continuing Innovation of Citizen Enforcement", *University Illinois Law Review*, 2000, p. 185.

　　〔2〕　Gray S. Becker, "Crime and Punishment: An Economic Approach", *J. pol. Ecom.*, 1968（76）, p. 33.

　　〔3〕　See Max Cluckman, *Custom and Conflict in Africa*, Oxford, Blackwell, 1995; Laura Nader and Harry F. Todd, Jr. (ed.), *The Disputing Process: Law in Ten Societies*, Columbia University Press, 1978.

　　〔4〕　Gail J. Robinson, "Interpreting the Citizen Suit Provision of the Clean Water Act", *37 Case Western Reserve Law Review*, 1987, p. 520.

在诉讼中可能面临的风险来确定补偿。[1]当然，也可以将其视为利他主义者的"信息租金"。[2]无论是减轻原告的负担还是直接增加其收益，都可以看作是对原告社会公益行为的一种奖励。奖励可以增加原告的执法收益，而那些为私人执法扫除的障碍和给私人执法提供的保护可以降低私人执法的成本。当然，鉴于环境公益诉讼的价格难以评估，可以在多次的环境公益诉讼的竞争中确定基本的价位。[3]新《民事诉讼法》规定了环境公益诉讼制度，期望通过法律助推社会发展，当这一制度完全取代民间力量和市场机制的时候，公共资源的供给不足就会不断出现。当前，我国环境污染的群体性事件不断涌现就是这一理论推理的现实写照。

　　与公民个人的环境公益诉讼原告资格相比，社会组织的原告地位已经得到了制度回应。如果将公民个人的环境公益诉讼作为私人执法看待的话，社会组织参与环境公益诉讼可以看作是社会执法。从目前的环境公益诉讼立法来看，社会组织的范畴尚未明确。笔者认为，环境公益诉讼本身具有极强的利他主义色彩，需要广泛发动社会力量参与到环境执法过程中，仅仅依靠国家的公共资源是无法有效实现环境治理的。为了实现环境治理总成本最小化，需要激活社会组织的利他主义精神。以上提出的保护和奖励公民个人参与环境公益诉讼的方案同样适用于社会组织。社会组织具备专业性和团体性的优势，可以减轻执法和司法的负担。需要指出的是，伴随我国社会组织的不断成长，环境公益诉讼对于社会组织的外延限制应该放宽，只要是合法的社会组织都应该有原告资格。哪些社会组织能够真正承担起环境公益诉讼的职能，不需要法律的直接限定，市场这只"无形的手"可以实现优胜劣汰。

　　总之，针对环境公益诉讼问题，需要通过制度不断引导社会力量，发挥市场优势，让更多的社会资源进入。经济学家认为过量提供公共物品是缺乏效率的。在环境公益诉讼中，政府过度垄断诉权，公众就没有动力在环境保护上进行任何投资。理论上，国家垄断了执法资源的同时，带来的是巨额的财政开支，而公共资源的消耗又需要更重的税负来支撑，强大的父爱主义名义上是

---

　　〔1〕　William M. Landes and Richard A. Posner, "Altruism in Law and Economic", *The American Economic Review*, vol. 68, NO. 2（May 1978）, p. 417.

　　〔2〕　参见张维迎:《博弈与社会》，北京大学出版社 2013 年版，第 240 ~ 250 页。

　　〔3〕　William M. Landes and Richard A. Posner, "Altruism in Law and Economic", *The American Economic Review*, vol. 68, NO. 2（May 1978）, pp. 109 ~ 113.

为了保护公众的利益，最终却可能因为横征暴敛而招致公众的反抗。[1]在环境公益诉讼上，当公共执法比私人执法更加有效，但是私人执法（包括社会执法）比公共执法成本更低的时候，公共执法和私人执法（社会执法）就应该形成有效的组合，共同致力于社会控制总成本（公共控制和私人控制成本之和）的最小化。

四、结语：环境公益诉讼的制度选择成本

任何法律规则的选择都存在制度成本，即在选定某一规则时所必须付出的原本可以从其他规则中获得的全部收益。选择总有代价，关键是要看环境公益诉讼制度选择的价格——界权成本的高低。从目前现行的环境公益诉讼立法和司法实践来看，对环境公益诉讼主要依靠公共惩罚机制，私人惩罚机制几乎没有实现与公共惩罚机制之间的良性互动。法律选择了由国家垄断主要的环境公益诉讼，制度成本将在公共财政中支出。由于公共惩罚天然的信息劣势和利益纠葛，会造成公共惩罚的协调成本和搜寻成本过于高昂。

模糊的法律规定，将环境公益诉讼限定在了利他主义层面，却没有将诉权真正地设定为特定机关的职责。在执法资源有限的情况下，又缺乏明确的责任承担主体，环境公益诉讼会陷入"公地悲剧"。此时，私人惩罚机制没能与公共惩罚机制建立有效衔接，缺乏必要的制度激励和保障。最终的结果将是高昂的公共支出用在了协调利益、弥补信息不足上，而真正用在环境公益诉讼上的支出将被迫大幅降低。在环境公益诉讼界权成本居高不下的背景下，如果不对利他主义进行深入引导，环境公益诉讼依旧是一个符号、一种姿态。明天的结局取决于今天的行动！

---

〔1〕 参见张伟强："奥尔森的国家起源理论"，载《北方法学》2009 年第 2 期。

环境公益诉讼的程序特则

肖建国[*] 著

一、问题的提出

2012 年《民事诉讼法》第 55 条规定，对污染环境、侵害众多消费者合法权益等损害社会公共利益的行为，法律规定的机关和有关组织可以向人民法院提起诉讼。这为环境公益诉讼制度的建构奠定了基础，但由于《民事诉讼法》对公益诉讼的规定过于简单而沦为"公益诉讼原则"，[1]而且配套实体法律尚未修改以及最高人民法院相关司法解释尚未出台而导致环境公益诉讼在 2013 年陷入低谷。社会各界对修改中的《环境保护法》寄予厚望，新闻媒体持续性关注和推动着环境公益诉讼条款的起草和完善工作，学者同仁也对环境公益诉讼制度的具体设置展开论战。然而，无论是普通民众抑或法学研究者，大家关注的焦点均为环境公益诉讼的适格原告问题，并且主要从行政机关、检察机关、环保团体以及公民提起环境公益诉讼的优势与劣势进行简单比较研究的基础上仓促地得出结论。事实上，纵观现有文献，人们各自定义的环境公益诉讼各不相同，对环境公益诉讼的功能期待也有所区别，并伴随着作者自身系统的利益诉求，"公说公有理婆说婆有理"的混战局面的发生也就不可避免了。鉴于此，在对环境公益诉讼的程序特则展开详尽分析之前，确有必要对环境公益诉讼的基本理念、基本界定及其制度功能进行研究。与此同时，由于行政机关、检察机关、环保团体以及公民提起公益诉讼的优劣势对比结论取决于作者的研究视角与利益诉求偏好，并且其中的任何一方担任环境公益诉讼适格原告均呈现优势与劣势并存的局面，因此解决问题的关

---

[*] 中国人民大学法学院教授。
[1] 参见张卫平："民事公益诉讼原则的制度化及实施研究"，载《清华法学》2013 年第 4 期。

键在于如何从制度上"扬长避短",而并非"非此即彼"的抉择。因而,笔者拟从诉讼实施权配置理论出发重新审视非实体权利义务归属主体享有环境公益性诉讼实施权的正当性基础。在解决环境公益诉讼基本概念界定、制度功能厘清以及适格原告寻求等问题的基础上,阐明从程序上确保环境公益诉讼实现其预期价值之道。

二、环境公益诉讼的基本理念

在法哲学层面,人们片面地无限追求人的自由和权利,所以现代法律制度的基本框架始终是以个人为核心搭建起来的,而自然环境在很大程度上被忽视了。因而,虽依托于现代法律制度却蕴含着生态理性精神的环境公益诉讼所可能具有的应对挑战的积极功能,被由主客体二元观支配的实证主义催生出来的经济理性所秉持的资本逻辑破坏了,环境公益诉讼所应有的生态理性精神被经济理性诉求所压倒,经济理性的诉求充斥于当今法律制度的设计和运行过程之中。[1]正是基于这种主客体二元观的哲学危机,立法者设计的传统民事诉讼强调原告必须与案件本身具有直接的利害关系,而环境公共利益由于缺少这种排他性以及所体现的利益主体的扩散性,因此,常常处于被忽视的境地。[2]即使是在环境保护法制建设较为完备的情形下,环境执法和环境司法往往因让位于经济建设而没有真正发挥其应有功能,以牺牲环境为代价换取 GDP 政绩的短视行为在各地不断重演。[3]除选择执法、扭曲执法、懈怠执法、越权执法等环境执法不严情形普遍存在以外,环境公益诉讼立案难问题也长期困扰着理论界与实务界,即使在新《民事诉讼法》第 55 条确立公益诉讼并明确将环境污染列为公益诉讼客体范围的情形下,仍有不少地方人民法院基于地方保护主义等法外因素而对其中的"有关组织"进行限缩性目的解释,[4]因而,在经济发展优位的环境执法和环境司法理念下,经济发展成为权衡地方政府官员政绩的关键,加上诸多环境污染/破坏企业是地方政

---

〔1〕 参见任瑞兴:"环境公益诉讼制度应回归生态理性",载《中国社会科学报》2013 年 7 月 29 日,第 B02 版。

〔2〕 李劲:"环境公益诉讼的理论基础及制度构建",载《渤海大学学报(哲学社会科学版)》2013 年第 5 期。

〔3〕 参见黄晓云:"建设生态文明 司法重任在肩 法学家谈环境法治",载《中国审判》2013 年第 6 期。

〔4〕 参见王小钢:"'原告资格递减'现象——对法律条文的历史解读",载《环境经济》2013 年第 10 期。

府的纳税大户，而人事和财政资源都掌握在同级政府手里，环境公益诉讼有法可依却无法受理的局面将难以避免。[1]与此相似地，环保行政机关、检察机关以及具有半官方背景的环保联合会提起公益诉讼都面临着政绩观念的影响，往往只能赢不能输，使得在选择案件时偏向保守，很少啃那些败诉率很高的"硬骨头"，也很少在诉讼请求中涉及赔偿问题。如果案件涉及本级环保部门的监管责任，就更难提起。[2]

因而，环境公益诉讼理论困境的源头在于出于对人的权利和自由的过分追求而将环境纯粹作为满足人类需求的对象，经济发展因与官员政绩挂钩而在事实上优先于环境保护。学者们奔走疾呼，哲学家呼吁环境法立法指导思想从经济主义向生态主义转变，[3]法学家则试图将环境权界定为"保有和维护适宜人类生存繁衍的自然环境的人类权利"而将其上升到基本人权高度加以保护。[4]伴随着环境危机时代的到来，党中央和国务院敏锐地感受到"资源约束趋紧、环境污染严重、生态系统退化的严峻形势"，为了"从源头上扭转生态环境恶化趋势"，党的十八大要求"把生态文明建设放在突出地位，融入经济建设、政治建设、文化建设、社会建设各方面和全过程，努力建设美丽中国，实现中华民族永续发展"。国务院印发的《国家环境保护"十二五"规划》（国发〔2011〕42号）明确要求落实环境目标责任制，"制定生态文明建设指标体系，纳入地方各级人民政府政绩考核。实行环境保护一票否决制"。党的十八大三中全会对此进行肯定，《中共中央关于全面深化改革若干重大问题的决定》明确指出"完善发展成果考核评价体系，纠正单纯以经济增长速度评定政绩的偏向，加大资源消耗、环境损害、生态效益、产能过剩、科技创新、安全生产、新增债务等指标的权重，更加重视劳动就业、居民收入、社会保障、人民健康状况"的发展目标。

基于不同类型利益的冲突，尽管人们在观念上已经普遍接受环保理念，但在行动方面却严重滞后：[5]普通民众因追求经济利益而舍弃环境利益是环

---

〔1〕 参见王灿发："环境公益诉讼难在哪儿"，载《人民日报》2013年5月18日，第10版。

〔2〕 陈阳："环境公益诉讼：一枝独秀不是春"，载《中国经济导报》2013年6月29日，第C01版。

〔3〕 "只有环境法以生态主义为根据，而不再以经济主义为根据时，才可能起到保护环境、维护生态健康的作用。实际上，只有整个法律体系皆以生态主义为根据而不再以经济主义为根据时，生态系统才能得到保护，仅有环境法是不够的"。卢风："论环境法的思想根据"，载《清华法治论衡》2010年第1期。

〔4〕 参见徐祥民："环境权论——人权发展历史分期的视角"，载《中国社会科学》2004年第4期。

〔5〕 参见陈翠芳："论利益矛盾与生态危机"，载《当代世界与社会主义》2011年第3期。

境污染／损害事件发生的主要原因，而公职人员基于对政绩的追求而放任企业继续从事污染性生产活动甚至滥用职权阻止他人提起环境公益诉讼的情形时有发生。党中央和国务院着眼于调整政绩考核指标体系并推行环境保护一票否决制是一种务实的应对策略，但由于地方经济增长本身的政绩考核指标并不能因此取消，而且污染／破坏环境企业的生产经营活动为地方政府带来的经济利益仍然客观存在，所以只要能够应付完成环保目标任务并避免发生重特大突发环境事件，地方政府以环境为代价的经济增长方式将难以获得根本改变。因而，在环境公益诉讼制度的具体设置和环境公益诉讼的司法实务中推行和贯彻生态主义，以环境司法弥补环境执法的短缺在我国具有重要现实意义。在生态主义的价值观指导下，环境公益诉讼应当始终坚持环境利益优先于经济利益的价值理念，立法机关在设计相关制度时应当优先考虑保护环境利益的需要，人民法院在环境案件的裁判中要体现出保护、恢复生态环境的司法目的，不能以恢复生态环境有违经济效率为由采取"一赔了之"的简单裁判方式。[1]公职人员与商事主体在生态主义环境公益诉讼制度的制约下，以环境为代价的经济增长方式和营利性活动的成本将大增，迫使其积极履行环保职责或者采取相应的环保措施，以此倒逼行政机关和企事业单位积极维护环境公共利益。

三、环境公益诉讼的基本界定

顾名思义，环境公益诉讼就是以保护环境公共利益（以下简称为环境公益）为宗旨的诉讼活动，因而，对环境公益诉讼的科学界定，首当其冲的是需要对其所保护的利益基础进行抽丝剥茧的剖析。环境法学者以环境对人的生态服务功能为依据将与环境相关的人类利益分为人格利益（环境因与人类的生命和健康等人格利益息息相关而蕴含的利益）、财产利益（环境因充当许多财产获取和实现条件而蕴含的利益）以及环境利益（环境因具有多种生态服务功能而蕴含的利益）三种。[2]人格利益和财产利益在本质上均属于个体所有的私人利益，而环境利益则是环境因具有生态服务功能而能满足人的多种需

---

〔1〕 参见丁国锋、马超："环境侵权案一赔了之倾向要不得"，载《法制日报》2013 年 11 月 13 日，第 5 版。

〔2〕 有关环境公益的类型化分析，请参见杨朝霞："论环境公益诉讼的权利基础和起诉顺位——兼谈自然资源物权和环境权的理论要点"，载《法学论坛》2013 年第 3 期。

要所承载的公共性利益，前者被称为"公众性环境公益""环境众益"，而后者
则被称为"公共性环境公益""环境共益"以及"狭义的环境公益"。[1]环境众
益的私益属性决定其可以合理期待其在完善的传统民事/行政诉讼制度内通过
直接利害关系人的利益诉求得以实现，但环境共益因其不与特定民事主体的
人格、财产利益相关而难以通过传统的民事/行政诉讼制度加以保护。简而言
之，前者属于私益诉讼（环境侵权诉讼，对人的损害），因涉及不确定多数人
而在客观上存在利用群体性纠纷解决机制的必要，后者属于纯粹意义上的公
益诉讼（侵害环境权诉讼，对环境的损害），需要借助公益性诉讼实施权配置
理论妥善赋予特定主体以提起相应公益诉讼的资格。

　　诚然，尽管环境众益在本质上属于私人利益，但损害环境众益的行为必
然同时损害环境共益，因而，环境众益诉讼与环境私益诉讼均可能提出停止
侵权、消除影响、恢复原状等防御性诉讼请求。也正因为如此，环境众益诉
讼才呈现出"带有公益色彩的民事权益诉讼"外观。[2]然而，在笔者看来，
环境众益诉讼中的防御性诉讼请求代替不了环境共益诉讼中的防御性诉讼请
求：环境众益诉讼的私益诉讼本质决定其诉讼请求仅在于保护原告的私人利
益，其停止侵权仅指被告停止对其所进行的侵权行为，其消除影响仅指要求
被告消除破坏或者污染环境行为对原告所造成的影响，其恢复原状仅能要求
被告恢复原告在遭受侵害前的权益状态，等等。理论的阐释较为抽象，为便
于理解，现举例予以说明：某化工厂违规通过暗管向 A 河排放超标工业废水，
处于该河上游的民众提起环境侵权诉讼请求该化工厂停止侵权并获胜诉，该
化工厂遂将暗管延长到该河下流处继续排污。在本案中，化工厂已经停止对
提起环境众益诉讼的原告的损害，但侵害环境共益的排污行为却仍然在继续。
需要补充说明的是，笔者并不是反对上流民众可以提起旨在维护纯粹公共利
益的诉讼请求（如要求化工厂从根本上解决环境污染问题），只是澄清提起此
类诉讼请求的上流民众享有的公益性诉讼实施权与其基于自身权益受损而享
有的私益性诉讼实施权具有不同的正当性基础并需要遵循不完全相同的诉讼
程序，此问题留由后文展开细述。鉴于环境共益诉讼与其他类型的群体性诉

　　〔1〕 参见杨朝霞："论环保机关提起环境民事公益诉讼的正当性——以环境权理论为基础的证
立"，载《法学评论》2011 年第 2 期；颜运秋、马晓锐、周晓明："公益诉讼法门渐开，理论实务仍须
努力——'公益诉讼实施'研讨会纪要"，载《法治研究》2012 年第 11 期。
　　〔2〕 参见袁军、朱秋菱："带有公益色彩的民事权益诉讼初探"，载《法律适用》2007 年第 4 期。

讼（如消费权益诉讼）并不存在着本质的区别，本文的研究对象主要局限于环境公益诉讼，如无特别说明，下文的环境公益诉讼与环境共益诉讼所指相同。

综上所述，环境公益诉讼存在广义与狭义之分，广义的环境公益诉讼将环境侵权诉讼作为调整对象，包括环境共益诉讼和环境众益诉讼，而狭义的环境公益诉讼则仅着眼于保护环境利益本身的环境众益诉讼。环境众益诉讼的私益诉讼属性决定其诉讼请求仅能保护原告自身的直接人格利益（包括精神利益）和财产利益，而不因为享有私益性诉讼实施权而当然享有提起纯粹环境公益诉讼（环境共益诉讼）的原告资格。环境案件中的受害人提起旨在保护环境共益的公益诉讼往往因其缺乏相应的诉讼实施权而被法院裁定不予受理、驳回起诉或者判决驳回公益性诉讼请求的情形在我国环境司法实践中已是司空见惯的事情，解决问题的关键在于立法者通过明文规定授予因环境污染或者环境破坏而遭受人格权和/或财产权损害的民事主体以公益性诉讼实施权，而不能通过混淆私益诉讼与公益诉讼的界限而在私益诉讼中主张公益性诉讼请求。

除了环境公益诉讼与环境私益诉讼之间存在混淆，学术界还对环境公益诉讼是否应当类型化为环境民事公益诉讼与环境行政公益诉讼两种类型存在广泛的争议。基于民事诉讼与行政诉讼的传统划分方法，并受域外立法普遍在行政法典中规定环境公益诉讼做法的影响，[1]学者普遍接受环境公益诉讼包括环境民事公益诉讼与环境行政公益诉讼两种类型。[2]然而，伴随着强化环境公益诉讼特殊性的研究逐步深入，以吕忠梅教授为代表的部分环境法学者对此传统见解进行了反思，认为环境民事公益诉讼与环境行政公益诉讼的二分法必然产生法理逻辑上的矛盾、遭遇现实的困境，并将环境公益诉讼界定为一种新型的特别诉讼，其核心理由在于环境民事公益诉讼因私主体获得了国家特别授权具有公权性质而成为"不平等"的诉讼，而环境行政公益诉讼也因私主体获得了国家特别授权而与国家行政机关具有相同性质而成为"平等"的诉讼。[3]在笔者看来，鉴于学者普遍认同针对违法作为和不作为的环境行政机关为被告提起环境公益诉讼，因而，不管是否将环境公益诉讼分

---

〔1〕　汪劲："中国环境公益诉讼：何时才能浮出水面？"，载《世界环境》2006年第6期。
〔2〕　参见别涛："环境公益诉讼的立法构想"，载《环境保护》2005年第12期。
〔3〕　参见吕忠梅："环境公益诉讼辨析"，载《法商研究》2008年第6期。

为环境民事公益诉讼与环境行政诉讼，都不会影响环境公益诉讼规则的具体设置，属于典型的解释选择问题。按照否定论者的观点，似乎不仅环境公益诉讼不存在环境民事公益诉讼与环境行政公益诉讼之分，而且作为上位概念的民事公益诉讼与行政公益诉讼的划分本身也是需要反思的，而在民事公益诉讼与行政公益诉讼划分已经深入人心的情形下，因解释选择问题而从根本上推翻人们已经普遍达成的共识的做法似乎并不可取。因而，笔者倾向于维护现有解释体系，同时，考虑到目前大部分的环境公害系由于政府影响环境的决策行为、不作为以及越权等行为造成的，[1]其他组织或个人危害公共利益的行为在一定意义上也是因为公共权力部门疏于管理或管理不力造成的，[2]而且域外经验表明将有限的诉讼资源用于督促政府完善或执行环境法规和规章上比用在取缔个别污染源上往往更有意义，[3]笔者赞成环境行政公益诉讼尽快入法的学术主张。[4]

四、环境公益诉讼的功能拓展

环境公益诉讼的本义就在于维护环境公益，主要表现为预防环境公益（继续）遭受损害以及对已经造成的环境损害采取积极的补救措施，前者彰显环境公益诉讼的预防功能（具体包括针对被告的特殊预防功能和针对普通民众的一般预防功能），后者表征环境公益诉讼的救济功能。同时，在环境保护运动与司法能动主义的合力下，环境公益诉讼还具有执行法律、适用与解释法律并生成新型权利、形成环境公共政策、促进社会变革等多种功能。[5]此外，还有学者指出环境公益诉讼具有克服环境行政机关执法不力的弊端、为公众参与环境决策提供制度内渠道、促进环境决策的理性化、减少环保自力救济

---

〔1〕 陈燕萍："环境公益诉讼主体资格的逻辑考量"，载《山东审判》2013 年第 4 期。

〔2〕 王太高："论行政公益诉讼"，载《法学研究》2002 年第 5 期。

〔3〕 参见黄凤兰："对检察机关提起公益诉讼的再质疑"，载《中国行政管理》2010 年第 12 期。

〔4〕 环境行政公益诉讼的入法方面，王灿发教授主张在今后修订《行政诉讼法》时增加有关环境行政公益诉讼的相关规定。参见刘毅："环境公益诉讼，门槛有点高"，载《人民日报》2013 年 12 月 14 日，第 10 版。王太高教授则主张将环境公益诉讼条款中的"污染环境、破坏生态，损害社会公共利益的行为"就应当修改为"自然人、法人或者其他组织污染环境、破坏生态，损害社会公共利益的行为，或者特定公权机关不履行法定职责的不行为"。参见王太高："环境公益诉讼制度的本质分析与立法借鉴——以《环境保护法》修改为契机"，载《社会科学辑刊》2013 年第 6 期。相对而言，笔者更倾向于在本次《环境保护法》修改中对以行政机关为被告的环境公益诉讼作出专门规定，而《行政诉讼法》则规定作为环境行政公益诉讼上位概念的行政公益诉讼制度。

〔5〕 参见陈虹："环境公益诉讼功能研究"，载《法商研究》2009 年第 1 期。

等功能。[1]鉴于学界对环境公益诉讼的功能基本上并没有展开交锋，而只是从自身认识角度描述环境公益诉讼在客观上可能具备的功能，因而，本文未对环境公益诉讼的上述功能展开分析，而仅阐释笔者认为环境公益诉讼应当具备的支持私益诉讼功能。

如前所述，环境公益诉讼以纯粹意义上的环境公益为保护对象，而环境私益诉讼系以受害人的人格权和/或财产权因污染/破坏环境行为而受有损失作为理论依据，因而，环境公益诉讼与环境私益诉讼之间并不存在交叉，环境公益性诉讼实施权的行使并不对私益性诉讼实施权人造成不利影响。尽管如此，环境公益诉讼与环境私益诉讼系因同一宗或者同一系列环境污染/破坏行为所引发的，两者在认定环境污染/破坏行为的成立与否方面具有共通性。考虑到我国的环境公益诉讼原告系法律规定的机关和有关组织，其在专业知识水平、费用承担能力、证据调查手段、法院认可度等方面均优越于环境受害人，环境公益诉讼的先行进行对后续环境私益诉讼的进行具有类似中间确认判决的功能，通过节约诉讼成本、降低诉讼难度、提高胜诉概率、强化诉讼动力等方式在客观上为环境私益诉讼发挥着支持功能。

在笔者看来，环境公益诉讼对环境私益诉讼的支持非但是环境公益诉讼制度在客观上所具备的客观功能，而且应当成为环境公益诉讼制度设置的主观追求。尽管环境公益诉讼旨在保护环境共益，但损害环境共益的行为往往（但并非一定）损害众多私益主体的人格权利和/或财产权利，因而，环境私益案件通常表现为群体性纠纷，内在地要求对其作出不同于传统诉讼机制的制度安排。笔者认为，参照示范性诉讼原理，"法律规定的机关和有关组织"提起的环境公益诉讼在某种意义上可以理解为众多环境私益案件的"示范性判决"，将其胜诉判决的既判力主观范围向环境私益案件当事人扩张，以此协调环境公益诉讼与环境私益诉讼的关系。[2]诚然，要求环境私益案件当事人等待环境公益案件判决结果本身存在正当性基础较为薄弱的问题，而且环境公益诉讼因耗时较长而容易导致环境私益案件当事人错过诉讼时效。对此的应对策略是，在受理环境公益诉讼案件之后，法院通过公告的方式通知私益

---

〔1〕 参见陈亮、卢伟："环境公益诉讼功能再造"，载《人民法院报》2012年11月21日，第7版。

〔2〕 更为有效的做法是，直接赋予法律规定的机关和有关组织以宣告性诉讼实施权，由其在提起环境公益诉讼的同时，要求法院在回应公益性诉讼请求的同时，对被告是否应当承担相应的私益性赔偿责任作出宣告。但这并非环境公益诉讼制度自身所涉及的问题，而是公益诉讼与私益诉讼的融合问题，笔者拟另行撰文予以专门研讨。

案件当事人进行权利登记，凡是在法院指定期限内登记权利的私益案件当事人视为已经提起环境私益案件但处于诉讼中止状态；而没有参加权利登记的私益案件当事人则必须在其诉讼实效期间内提起诉讼并且案件不因环境公益诉讼尚未终结而中止，在环境公益判决已经确定而其私益诉讼尚在续行的情形下，私益案件当事人得援引环境公益判决。

五、环境公益诉讼的适格原告

关于环境公益诉讼的适格原告问题，理论界与实务界争议颇多，可谓是"仁者见仁智者见智"，但其中有不少口水战是因为人们对环境公益诉讼存在不同理解和部分论者偏袒其所在系统的利益所造成的。按照立法者在《民事诉讼法》第 55 条所框定的公益诉讼原则，只有法律规定的机关和有关组织可以提起公益诉讼，而其他主体（包括尚未获得立法者授权的机关和有关组织在内）则统统不能提起公益诉讼。具有特别法意义上的《环境保护法》应当对赋予哪些"机关""有关组织"以公益性诉讼实施权作出明确规定。至于《环境保护法》超越《民事诉讼法》直接赋予自然人提起环境公益诉讼的原告资格，虽说这并非不可能，但参照《消费者权益保护法》的修改结果以及《环境保护法修正案（草案）》二审稿和三审稿的相关表述，立法机关在本次《环境保护法》修改中将公益性诉讼实施权赋予自然人的可能性几乎为零。因而，人们讨论的重点集中在环保行政机关、检察机关能否提起环境民事公益诉讼以及何种组织可以充当环境公益诉讼（含环境民事公益诉讼和环境行政公益诉讼）原告两方面问题，但这并不否认对自然人进行学理探索的价值，因为立法者排除自然人提起民事公益诉讼只是一种阶段性的选择，[1] 而且地方性法规对此已经突破且司法实践中也存在自然人提起纯粹意义上环境公益诉讼的规定和案例。[2]

---

〔1〕 参见叶于博："扩张与捆绑：民事环境公益诉讼主体制度建设的两条途径"，载《合作经济与科技》2014 年第 1 期。

〔2〕 根据经贵阳市十二届人大常委会通过、贵州省十一届人大常委会批准的《贵阳市促进生态文明建设条例》规定"门前三包"责任制，贵阳中院出台《关于大力推进环境公益诉讼、促进生态文明建设的实施意见》，受理国家机关、环保组织乃至志愿者个人作为原告的环境公益诉讼案件。清镇市屋面防水胶厂老板倾倒 30 吨化工废液至一污水沟，流入参加市"绿色江河全民保护行动"的志愿者蔡长海负责监管的公共水域，蔡长海以自己名义提起环境公益诉讼，环保法庭确认其有原告主体资格，判决被告罚金 30 万元。参见汪志球："贵阳环保法庭频频'亮剑'"，载《人民日报》2013 年 5 月 18 日，第 10 版。

（一）环保组织

尽管环保组织成功提起环境公益诉讼始于 2009 年的中华环保联合会诉江苏江阴港集装箱有限公司环境污染侵权纠纷案,[1]但是环保组织的公益性诉讼实施权直至目前尚未得到立法者的正面规定。自 2012 年《民事诉讼法》实施以来,鉴于要求提起公益诉讼的有关组织必须由法律明确规定,中华环保联合会提起的 7 起环境公益诉讼均被法院以缺陷提起环境公益诉讼主体资格为由不予受理或者裁定驳回起诉。[2]因而,环境公益诉讼有法可依却无法受理的局面亟待打破。[3]为此,立法机关随后启动对《环境保护法》的修改,《环境保护法修正案（草案）（二次审议稿）》(以下简称二审稿)规定,对污染环境、破坏生态、损害社会公共利益的行为,中华环保联合会以及在省、自治区、直辖市设立的环保联合会可以向人民法院提起诉讼。二审稿将公益性诉讼实施权垄断性授予中华环保联合会以及省级环保联合会的做法引起了社会各界的普遍不满,新闻媒体连续刊发评判性评论,用"一石激起千层浪"来形容丝毫不为过。尽管中华环保联合会副主席兼秘书长曾晓东重申中华环保联合会与省级环保联合会没有隶属关系而且中华环保联合会不会"权力寻租",[4]但是社会各界仍然对具有半官方色彩的环保联会独揽公益性诉讼实施权表示质疑:一方面,中华环保联合会对企业会员收取高额会费,虽然其企业会员中很多竟然都是曾被曝光的"污染大户",[5]但中华环保联合会并没有起诉过会员企业的先例,有可能成为污染企业的"避风港";[6]另一方面,确立多元化的环境公益诉讼机制远比单一的机制更具有实效性,可以弥补仅由半官方的中华环保联合会提起公益诉讼的局限性和不足,还可以促进民主政治的进步。[7]2013 年 10 月底全国人大常委会第三次审议的《环保法修正案草案》(以下简称为三审稿)将"环境公益诉讼主体"调整为"依法在国务院民政部登记、专门从事环境保护公益活动连续 5 年以上且信誉良好的全国性

〔1〕参见刘琼娥:"对我国环境公益诉讼原告资格的探讨",载《湖北警官学院学报》2013 年第 12 期。
〔2〕参见刘毅:"环境公益诉讼,门槛有点高",载《人民日报》2013 年 12 月 14 日,第 10 版。
〔3〕郄建荣:"法院受理环境公益诉讼 53 起",载《法制日报》2013 年 12 月 4 日,第 6 版。
〔4〕参见田建川:"中华环保联合会:非垄断,不'寻租'",载《新华每日电讯》2013 年 7 月 1 日,第 5 版。
〔5〕参见陈孟:"环境公益诉讼主体不应受限",载《中国经济导报》2013 年 8 月 3 日,第 B07 版。
〔6〕参见沈栖:"环境公益诉讼亟待'破茧'",载《上海法治报》2013 年 12 月 23 日,第 A06 版。
〔7〕吴学安:"环保法庭为何'门可罗雀'",载《工人日报》2013 年 9 月 7 日,第 6 版。

社会组织"。尽管将该规定评价为"通过文字游戏做表面文章"的做法确实不够严谨,[1]但三审稿所规定条件过于严苛则是不争的事实:符合条件的全国性社会组织数量寥寥无几,除中华环保联合会以外的几家未提起过任何环保公益诉讼且之前也并没有进行环保公益诉讼的意愿,[2]而自然之友、贵阳公众环境教育中心、重庆市绿色志愿者联合会等提起过环境公益诉讼的民间环保组织以及广东省环保基金会等积极为开展环境公益诉讼作准备的民间环保组织则因未能在民政部登记而不享有公益性诉讼实施权。显而易见,三审稿规定只有在民政部登记的全国性社会组织才具备被赋予环境公益诉讼主体资格的条件,具有公益诉讼热情的草根组织都无法满足该条件,因而,笔者建议将该条件修改为"依法登记成立或者免予登记的非营利性组织",与此同时,为确保享有公益性诉讼实施权的社会组织具有较高的实际诉讼能力,应当要求这些组织具有一定数量的环境保护专业技术人员和法律工作人员,并且将其提起公益诉讼应当符合章程规定的设立宗旨、服务区域、业务范围。

（二）环保行政机关

《民事诉讼法》为环保行政机关提起环境公益诉讼埋下伏笔,司法实践中也已有环保局提起公益诉讼并获得胜诉判决的案例,[3]但立法机关尚未打算赋予环保行政机关提起公益诉讼的主体资格,因而,对环保行政机关提起环境公益诉讼的讨论更多的是在理论层面展开。学者对环保行政机关是否应当享有提起公益诉讼的主体资格存在着两种根本对立的观点:肯定论者认为,环保行政机关享有公益性诉讼实施权能够有效补强环境公权力的不足,以发挥民事手段的功能辅助环境行政执法的"乏力";[4]否定论者则认为,目前大部分的环境公害均是由于政府影响环境的决策行为、不作为以及越权等行为造成的,让环境公害的制造者和不作为者担当环境公益诉讼的原告,无异于"贼喊捉贼",[5]而且当前环境部门本身就在环境污染中承担一定责任时,环保行政机关提起公益诉讼往往会暴露自身问题,致使其提起公益诉讼的积极

---

〔1〕 周悦霖:"环境公益诉讼主体资格应实质性放宽",载《世界环境》2013年第6期。

〔2〕 参见陈阳:"环保法三审稿困惑:环境公益诉讼主体反收窄",载《中国经济导报》2013年10月29日,第B06版。

〔3〕 参见丁国锋、金国芬、戴琳:"江苏首例'官告民'环保公益诉讼案",载《法制日报》2013年12月16日,第8版。

〔4〕 乔刚:"论环境民事公益诉讼的适格原告",载《政法论丛》2013年第5期。

〔5〕 陈燕萍:"环境公益诉讼主体资格的逻辑考量",载《山东审判》2013年第4期。

性不高。[1]尽管否定论者所担心发生的情形客观存在，但是，基于以下几方面原因的考量，笔者主张赋予环保行政机关提起环境公益诉讼主体资格：首先，环保行政机关有权提起环境民事公益诉讼并不等于排斥其他适格主体针对其违法行为提起环境行政公益诉讼，因而，环境行政公益诉讼制度本身足以抑制环保行政机关在环境执法中的恣意。其次，环保行政机关怠于提起环境公益诉讼并不必然导致环境公益无法获得救济，环保团体、检察机关乃至普通民众等享有诉讼实施权的适格主体可以有效解决环保行政机关怠于诉讼的问题。再次，行政机关的行政执法权受地域限制，而提起公益诉讼则可以适度打破行政区划限制，环境执法受限于行政区划在环境司法中已经得到较好地解决。[2]复次，行政机关掌握有关环境评价、环境监测、检验、评估报告、现场检查记录等方面的信息资料，收集证据的能力也比较强。最后，行政机关提起诉讼，表明政府对此是支持的态度，法院在处理这类诉讼时，遇到的压力和阻力相对较小，法院审理判决不会与政府发生冲突。

（三）检察机关

尽管检察机关提起环境公益诉讼已经得到越来越多地方法院的肯定，但是由于2012年修改后的《民事诉讼法》拒绝对检察机关是否有权提起公益诉讼作出明确表态，检察机关提起环境公益诉讼的法律依据问题仍然没有得以解决。在《环境保护法》修改过程中，尽管有不少理论界与实务界人士积极呼吁，但立法机关仍然倾向于保持沉默，使得学界对该问题的讨论尚未得到阶段性终结。尽管作为公益代表人的检察机关提起环境公益诉讼已为绝大多数学者所接受，[3]但以中国政法大学王蓉教授、广州大学章礼明教授为代表

---

[1] 参见王硕："环境公益诉讼缘何门庭冷落？"，载《人民政协报》2013年6月20日，第9版。

[2] 典型案例：早在20世纪90年代，贵州天峰化工有限责任公司在红枫湖保护区范围内建起了磷石膏尾矿库，十多年来累积堆放了上百万吨的磷石膏废渣。渣场渗滤液通过地表、地下排入红枫湖的上游羊昌河，最终严重污染了红枫湖。但其他处安顺市境内，贵阳的行政机关对它"鞭长莫及"。贵阳中院环保法庭的设立解决了这一难题。法庭负责审理贵阳市辖区内所有涉及环境保护的一审案件，依据民事诉讼法中侵权结果发生地的管辖原则，可对被告天峰公司的污染行为实施管辖。该管辖方式在受污染地区行政权力力所不及的情况下，能有效解决跨行政区域的污染问题。2007年12月27日，贵阳市"两湖一库"管理局向清镇市人民法院环保法庭提起环境公益诉讼，贵州天峰化工有限责任公司作为被告。经过质证和几轮辩论，主审法官当庭宣判被告败诉，判令被告立即停止磷石膏尾矿库废渣场的使用，并限期采取措施，排除该废渣场对环境的妨碍，消除危险。参见黄晓云："清镇：污染'逼'出来的环保法庭"，载《中国审判》2013年第6期。

[3] 参见蔡彦敏："中国环境民事公益诉讼的检察担当"，载《中外法学》2011年第1期。

的少数环境法学者对检察机关作为环境公益诉讼原告提出了严重的质疑,[1]鉴于肯定论者已对否定论者的各项论据进行较为有力的回击,[2]笔者不再赘述赋予检察机关提起环境公益诉讼主体资格的正当性理由。

（四）自然人

鉴于损害环境公益的行为具有常发性、随机性以及隐蔽性,政府不可能拥有足够的执法资源进行充分的监督,而居住在特定环境中的自然人通常是监督损害环境行为最经济、最有效的监督者。为此,美国《清洁水法》《清洁空气法》《海洋倾废法》《噪声控制法》《濒危物种法》《资源保护与恢复法》《有毒物质控制法》等16部环境法律中都包含了授权自然人提起环境公益诉讼的公民诉讼条款,使公众参与环境决策不再局限于听证,而且可以通过提起公益诉讼来更积极、更强有力地介入环境法律的执行,成为环境法律的特殊执法主体,从而监督和推动有关环境法律的实施,提高环境监管的效率。[3]尽管存在少数反对声音,[4]多数民事诉讼法学者和环境法学者倡导赋予自然人提起公益诉讼的主体资格,其中,解释论者主张将控告权的行使对象从环境保护机构向人民法院扩张,使得公民有权向人民法院提起环境公益诉讼;[5]立法论者则建议将现行《环境保护法》第6条修改为"一切单位和个人,有权对污染和破坏环境的单位和个人进行检举、控告和依法提起诉讼"。[6]对此,笔者认为,由于财政税收、就业岗位、投资兴业等事项使得现代社会企业与政府总有共同的利益,企业与政府的"双赢"成为经济活动中最佳效果的标志,[7]作为社会公共利益监管者的行政机关利用民事诉讼的方式来防止社会公共利益受损的责任意识明显且普遍地欠缺,[8]检察机关因其政治、经济和人事等方面受制于地方政府而难以在环境公益诉讼中保持独立性,[9]作为最

---

[1]　参见王蓉、陈世寅:"关于检察机关不应作为环境民事公益诉讼原告的法理分析",载《法学杂志》2010年第6期;章礼明:"检察机关不宜作为环境公益诉讼的原告",载《法学》2011年第6期。

[2]　参见陈磊:"检察机关民事公益诉讼主体资格之提倡",载《人民司法（应用）》2013年第1期。

[3]　参见李静云:"美国的环境公益诉讼",载《中国环境报》2013年7月4日,第3版。

[4]　参见张珉:"完善环境公益诉讼制度的思考",载《安庆师范学院学报（社会科学版）》2013年第6期。

[5]　参见蒋碧昆、郭锐:《环境保护法讲话》,法律出版社1982年版,第59页。

[6]　参见蔡守秋:"论修改《环境保护法》的几个问题",载《政法论丛》2013年第4期。

[7]　参见肖建华、柯阳友:"论公益诉讼之诉的利益",载《河北学刊》2011年第2期。

[8]　刘加良:"解释论视野中的民事督促起诉",载《法学评论》2013年第4期。

[9]　参见章礼明:"检察机关不宜作为环境公益诉讼的原告",载《法学》2011年第6期。

为重要的公益诉讼团体的中华环保联合会也因其向会员企业收取高额会费而使其公益性遭受质疑。[1]在我国当前行政执法严重不足以及其他公益诉讼主体容易受到地方保护主义或者经济利益影响的情形下，赋予自然人以补充性公益诉讼实施权对完善环境公益保护机制是非常必要的，而且有助于公众对其他公益诉讼主体形成有效监督。

既然环保组织、环保行政机关、检察机关、自然人均享有提起环境公益诉讼的主体资格，不同主体之间的诉讼实施权处于并列关系抑或主次关系则是学界热烈探讨但尚未形成共识的问题。对此，笔者认为，鉴于该问题牵涉利益关系极为复杂，只有在学术界更加深入研究的基础上才能对不同主体的诉讼实施权设置顺位。因而，除自然人享有的公益诉讼实施权具有补充性而以其他公益诉讼主体不提起公益诉讼为行使条件以外，我国现阶段不对其他公益诉讼主体所享有的诉讼实施权设置行使方面的先后顺序，具有原告资格的主体均可以直接向人民法院提起公益诉讼。人民法院受理公益诉讼后，有关机关或者其他组织在一审法庭辩论终结前，又就同一基础事实对同一被告提出相同或者同类诉讼请求的，人民法院可以将起诉机关或者组织列为共同原告，进行审理。

六、环境公益诉讼的程序特则

《民事诉讼法》是以私益诉讼为中心制定的，而在公益诉讼程序特则的立法供给上则严重不足。与此同时，《环境保护法》系以实体法规范为主要内容，难以为环境公益诉讼指定详尽的特殊程序规则。因而，环境公益诉讼程序特则只能综合运用包括目的解释在内的各种法律解释方法予以明确，并最终通过最高人民法院出台司法解释的方式对解释效力加以强化。

（一）诉讼模式

在环境公益诉讼中，应当对传统民事诉讼所贯彻的处分原则和辩论原则加以必要限制，以防止社会公共利益因原告的不妥当诉讼行为遭受损害或者得不到保护。处分原则的限制适用主要表现为：对原告放弃诉讼请求、承认对方请求、和解等诉讼行为进行严格限制，限制被告反诉，限制法院调解；法院裁判不受当事人诉讼请求的限制，判决主文与诉讼请求不具有对应性。

---

〔1〕 参见刘英团："环境公益诉讼主体不应'仅此一家'"，载《人民法院报》2013年6月28日，第2版。

辩论主义的限制适用主要体现为：当事人不主张的事实，如果事关公共利益的保护，法院也应当审理；法院应当依职权调查收集证据，调查范围不限于当事人申请调查的范围；法院对双方自认的事实也要进行审查。诚然，强调法院在环境公益诉讼中适当强化职权主义色彩并不等于法院可以违背司法中立原则，应当确保双方当事人享有充分的攻击防御机会。[1]

（二）管辖制度

在级别管辖方面，考虑到环境公益诉讼案件影响范围大、涉及人数多、社会关注度高，协调复杂利益冲突的难度和压力也很大，建议借鉴意大利2009年关于集团诉讼的法律，规定由省会城市的中级人民法院或者最高人民法院指定的中级人民法院集中行使公益诉讼案件管辖权，但跨省市的河流污染以及海洋环境污染案件，由海事法院机制管辖。在地域管辖方面，建议将采取预防污染措施地增加为管辖连接点，具体可以表述为：环境公益诉讼由污染发生地或者损害结果地、采取预防污染措施地人民法院管辖。污染发生地、损害结果地、采取预防污染措施地在多个人民法院辖区的，有关人民法院均有管辖权。

（三）举证与证明规则的特则

鉴于国家机关的证据收集能力并不亚于被告，行政机关与检察机关提起的环境公益诉讼应当采取与环境私益诉讼相同的举证责任分配规则与证明标准，以免造成双方当事人诉讼地位失衡。对于环保团体与自然人提起的环境公益诉讼而言，考虑到其举证能力弱、距离证据较远、收集证据手段匮乏等因素，建议采用表见证明、事实推定等方法认定被告的过错以及因果关系等难以证明的要件事实。

（四）诉讼费用与诉讼成本的特则

考虑到环境公益诉讼的利他性，如果需要环境公益诉讼原告预交甚或承担案件受理费以及包括交通费、鉴定费、律师费等在内的其他合理诉讼费用，环境公益诉讼实施权主体将缺乏诉讼动力。对此，贵阳市中级人民法院出台的《关于大力推进环境公益诉讼、促进生态文明建设的实施意见》已经作出

---

〔1〕　在检察机关提起的环境公益诉讼实践中，为了保障环境公益诉讼案件胜诉，法院、检察院与环保部门形成联动机制、集体研究案情、制定诉讼策略的做法显然有违司法的本质属性，长此以往将会危及司法权威。参见王社坤："检察机关提起环境公益诉讼的现状与建议"，载《环境经济》2013年第4期。

很好的尝试，笔者在其基础上提出以下建议供参考：①原告起诉时法院缓收案件受理费，原告败诉时免收原告诉讼费用，鉴定费、律师费和其他诉讼成本由各省、自治区、直辖市设立的环境保护公益基金支付。原告胜诉的，判决被告承担诉讼费以及原告的律师费、鉴定费等费用。②原告申请保全或先予执行的，经人民法院审查符合法律规定的，应及时作出裁定并免收保全费用，并可以不要求原告提供担保。

（五）禁止令之发布

环境公益诉讼往往具有滞后性，无法及时遏制污染、破坏环境的违法行为，在理论上存在着适用《民事诉讼法》第100条规定的行为保全制度之必要，即可以根据一方当事人的申请责令对方当事人作出一定行为或者禁止其作出一定行为，当事人没有提出申请的，人民法院在必要时也可以裁定采取保全措施。然而，《民事诉讼法》第100条规定的行为保全制度系以案件已经系属法院为必要条件，而环境公益诉讼案件的起诉与受理有时候需要花费很长的时间，这使得诉前禁令乃至独立性禁令制度均见于我国司法实践。考虑到《环境保护法》只赋予环保行政机关以能够有效应对企业事业单位违法排污的强制性应对措施，环保行政机关只能针对企业事业单位以外其他主体违法排污行为以及所有类型主体破坏环境行为向人民法院申请禁止令，而环保行政机关以外的其他环境公益诉讼实施权主体的禁令申请类型则不应当受到限制。

（六）判决效力的片面扩张规则

根据既判力片面扩张理论，为保障其他没有提起公益诉讼但享有相应诉讼实施权主体获得最低限度的程序正义保障，已经确定的环境公益判决只有在胜诉的情形下才能拘束其他尚未起诉的诉讼实施权主体，而败诉的环境公益诉讼判决则不禁止其他主体针对同一公益性请求再次向人民法院提起诉讼。诚然，为防止被告遭受不必要的额外诉累，可以考虑允许被告提起反诉，请求法院确认其行为并不违反环境保护法律的相关规定，法院受理此类反诉后应当发布公告，以便其他公益性诉讼实施权主体有机会对被告的反诉进行反驳。

环境行政公益诉讼主体法治化研究

祝昌霖[*]　陈　君^{**}　著

环境行政公益诉讼涉及原告的公民、社会组织，被告的行政机关与主导诉讼进程的人民法院等各方诉讼主体间的博弈。通过对国内环境法学界研究的综合分析，笔者发现目前学者们主要关注环境行政公益诉讼的理论基础、必要性、可行性、原告资格等方面，而并未立足于司法实践，如此一来容易造成理论研究与司法实践的脱节。对环境行政公益诉讼的主要角色进行研究具有重要的理论指导意义，可以从中挖掘出存在的问题并加以改进。实践的检验结果可以指引理论研究的方向。故本文重在关注实践，通过深入分析司法实践中环境行政公益诉讼各角色的弊端，从而为我国的环境行政公益诉讼主体走向法治化抛砖引玉。

一、环境行政公益诉讼主体定位——角色解读

众所周知，一个完整的一般性诉讼结构，主要包括三方主体：被告、原告以及法院。环境行政公益诉讼亦包含这普通诉讼应当具有的三方主体。被告为行政主体，即各级国家行政机关和具有行政管理职权的组织，主要是行使环境行政管理职权的行政机关及其授权行使环境行政管理职权的组织。司法实践中，普通诉讼而言，原告主要是环境权益遭受行政权力侵害而寻求司法救济的公民、法人或者其他组织；就环境行政公益诉讼而言，具有其特殊性，须要注入环境公益元素，但现行法律中对环境行政公益诉讼原告资格作出的规定不够具体明确、不具有可操作性。法院作为审判机关，担负着居中

　　* 最高人民法院环境资源司法研究中心研究员、福建省高级人民法院审判委员会委员、生态环境审判庭庭长、二级高级法官、厦门大学法学院硕士生导师。
　　** 福州大学法学院硕士研究生。

裁判、维护公平正义的神圣职责，为环境权益遭受侵害的公民、法人或者其他组织提供司法救济，是保障行政管理相对方环境权益的司法防线。

（一）强势的被告

在现代行政法理论中，管理论具有很大的影响力。环境行政公益诉讼被告具有的强势地位与我国行政职权配置、行政管理体制、集权国家传统观念和行政管理权覆盖面广有关，其强势表现主要有：

1. 职权大

我国环境行政公益诉讼的被告为各级国家行政机关、具有行政管理职权的组织。我国资源产权制度以公有制为主体，行政权力既要代表全体公民行使生态环境资源所有权，同时还要实施环境监管与污染防治等行政管理职能，在我国的环境资源科学利用的全程发挥重要作用。行政主体可通过行政立法、制定规范性文件、进行生态环境资源规划、生态环境资源使用权审批、运行、监管、处理和环境污染治理等行为，在生态环境公益管理和作用等方面拥有强大的行政管理职权。

2. 举证强

认定生态环境资源行政侵权需要具备专业的科学技术知识。被告拥有环境资源配置、环境保护决策和环境治理等管理各方面的主导权，且与之有关的信息丰富，资料齐全，其优势证据能力是原告无法比拟的。环境行政公益诉讼审理的核心问题是被诉行政行为的是否合法。被告行政机关作出行政行为时，应当遵循"先取证、后裁决"程序规则，对该行为所涉及的证据做到充分了解。

3. 财力足

作为被告的行政主体参与生态环境资源行政公益诉讼，需要耗费大量的人力、物力、精力和财力，但这些诉讼成本均由其所在单位承担，涉案行政官员自己无需耗费任何成本，即使行政主体败诉，履行败诉义务的费用和参与诉讼所有费用等均由其所在单位负担，故行政主体在生态环境资源行政公益诉讼中占有财力优势，涉案的行政主体工作人员没有任何经济负担，而是由经费保障充足的行政主体公务账户开支。

（二）弱势的原告

我国《行政诉讼法》对生态环境资源行政公益诉讼原告主体资格未作明确规定，原告的诉讼能力处于弱势状态是显而易见。

1. 无诉权

笔者认为，环境行政公益诉讼原告一般是公民、法人和其他组织，可是，一涉及直接利害关系则难以把握。以利害关系论，普通原告"起诉无门"的情况是法律依据不充分所致。诉权作为一种程序性的权利，是以实体权利的存在为基础的。由于法律依据不足，公民以环境公共权益受到侵害为由向法院提起诉讼常常得不到支持。奎喜诉杭州市规划局案中，杭州市西湖区法院和杭州市中级人民法院均以原告与所诉案件没有利害关系为由不予立案。一些案件即使进入诉讼程序，法院在确认原告主体资格后裁决驳回原告的起诉或者驳回诉讼请求，比如青岛市民诉青岛市规划局案即是如此。

2. 举证难

原告作为行政管理的相对方，与行政主体处于信息严重不对称的状态。传统的环境侵权案件当中，原告必须提供充分的证据以支持自己主张的成立，否则就要承担败诉的不利后果。在环境公益诉讼案件中，原告提起环境行政公益诉讼只能证明环境公益受到了损害，而对行政主体环境侵权的主观过错、程序违法、行为违法性、行为与损害的因果关系等方面的举证很难实现。再则行政主体对生态环境资源有关信息公开的不充分，原告举证举步维艰。

3. 财力少

原告与行政主体处于人力、物力、财力、精力严重不对等、不对称的状态。公民作为社会个体，财力上明显处于弱势；环保和公益性社会组织常常受制于政府，参与公益诉讼的经费保障不足，难以支付高昂的生态环境侵权鉴定费和律师代理费，因费用保障困难使得提起环境公益诉讼有心无力，不能有效地保护生态环境公共利益。

（三）无奈的法院

由于法律依据不具体，人民法院在审理和裁判环境行政公益诉讼案件存在诸多无奈。

1. 案件少

"不愿诉""不敢诉""不懂诉""无法诉"是我国环境行政侵权案件的常态化现象。"据国家环保总局信访办统计，我国每年环境纠纷案件有10多万件，其中真正告到法院的不足1%，而环境行政公益诉讼则更少"[1]尽管近年来全国生态环境审判庭相继设立，但其运行效果却不尽如人意。有些基层

---

〔1〕 武卫政："环境维权亟待走出困境"，载《人民日报》2008年1月22日。

法院的生态环境审判庭名不副实，等米下锅、无案可办的情形普遍存在。环境案件稀少已经严重影响了司法对生态环境的有力、有效、有为地保护。

2. 立案难

立案，是关乎有关主体能否行使环境行政公益诉权，环境公益权益能否得以保护，遭受损失能否得到赔偿、补偿的第一道诉讼门槛。全国环境行政公益诉讼案件立案率极低，首例环境公益行政诉讼案件追溯到 2009 年，中华环保联合会以原告身份状告贵州省清镇市国土资源管理局，贵州省清镇市人民法院予以立案。之后全国法院有关生态环境公益诉讼案件就很少见了。立案难的直接后果是降低了老百姓向人民法院起诉的积极性，行政主体的环境公益侵权行为未能通过司法监督得以控制、限制、制止。

3. 下判难

即使法院受理了生态环境行政公益诉讼案件，由于证明侵权事实难，认定侵权难，受到干扰排除难，环境侵权责任分担难，适用法律规范难，因此，作出裁判也难，即便是生效的裁判也难以执行。

二、环境行政公益诉讼主体透析——角色反思

中国目前环境行政公益诉讼的主体体系中，原告力量薄弱，没人诉、不愿诉、不敢诉、不会诉，维权艰难；被告职权大、消极应诉、干涉司法，不配合诉讼程序的开展；作为居中审判的法院，一方面，办案办公等经费开支靠政府安排，另一方面以司法审查者的身份监督政府环境行政行为，充当着十分尴尬的角色。在这种诉讼构造之下，公民的环境权益常常得不到救济，行政权力对环境权益的侵害得不到有效遏制。我们有必要从诉讼法的角度对该种诉讼构造进行反思，进而探寻这种畸形构造存在的深层原因。

（一）"等腰三角形"程序理论解析

"等腰三角形"程序理论，是诉讼法的基础理论之一。法院或法官与争议双方当事人之间形成一种公正的诉讼局面，法院或法官行使审判权，独立居中裁判，和双方当事人保持同等距离，不偏不倚。法官处于等腰三角形的顶端，双方当事人处于两个底端。等腰三角形的诉讼构造体现了两个原则：一是诉讼当事人法律地位平等原则；二是法院居中裁判原则。这种诉讼格局强调法院或法官的中立性，并通过依法独立行使审判权努力使每一个诉讼案件实现公平正义。

反观我国环境行政公益诉讼的现状，原被告之间诉讼能力完全不对等。

被告过于强势，原告势单力薄。法院作为居中裁判者本该是不偏不倚，公正裁断，却因为人、财物等方面受到掣肘，难以作出令人信服的公正审判。原本正当的诉讼格局应该是法院与原被告之间形成一个以法院为顶点的"向上"的等腰三角形，而我国目前的环境行政公益诉讼的格局中，三者之间则形成一个"倒置"三角形的诉讼格局：作为被告的行政主体和法院居于两个顶端，而原告则居于底端（见图1）。这种诉讼格局违背了当事人法律地位平等原则和法院居中裁判原则。法院本该是维护公正的国家机器，实践中却常常是"门槛高""门难进"，甚至与被告的行政主体保持各种直接或者间接的利益上的暧昧关系，原告只好"望门兴叹"。这种结构显然忽视了行政管理相对方的诉讼主体资格，法院难以公正裁判，难以满足人民群众对环境司法的新需求。基于诉讼公正的视角，我们迫切需要追根溯源，对环境行政公益诉讼的"倒三角"现象予以修正、回归。

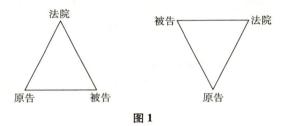

图1

（二）"等腰三角形"倒置原因分析

1. 诉权保障缺少法律依据

我国现行的法律并未明确且具体地赋予公民、普通法人具有提起环境行政公益诉讼的权利。

首先看宪法的方向性间接性规定。我国《宪法》第9条第2款规定："国家保障自然资源的合理利用，保护珍贵的动物和植物。禁止任何组织或个人用任何手段侵占或者破坏自然资源。"第26条第1款规定："国家保护和改善生活环境和生态环境，防治污染和其他公害。"但这只是我国宪法保护环境公益的方向性规定，无法直接予以适用即实现司法化。

其次看环保法的抽象性、原则性规定。2014年4月24日颁布的新修订的《中华人民共和国环境保护法》（自2015年1月1日起施行）第6条规定："一切单位和个人都有保护环境的义务。……"第58条规定："对污染环境、破坏生态，损害社会公共利益的行为，符合下列条件的社会组织可以向人民法院提起诉讼：①依法在设区的市级以上人民政府民政部门登记；②专门从事环境保护公益活动连续 5 年以上且无违法记录。符合前款规定的社会组织向人民法院提起诉讼，人民法院应当依法受理。提起诉讼的社会组织不得通过诉讼牟取经济利益。"但这里的"社会组织"含义过于抽象和限制，公民和普通法人被排除在环境公益诉讼的原告之外，缺乏可操作性。

最后看行诉法的限制性、模糊性规定。我国《行政诉讼法》第 2 条规定："公民、法人或者其他组织认为行政机关和行政机关工作人员的行政行为侵犯其合法权益，有权依照本法向人民法院提起诉讼。"第 49 条第 1 项规定的起诉条件是："原告是符合本法第 25 条规定的公民、法人或者其他组织。"即是表明原告必须是与行政行为有直接的利害关系，而作为非行政行为相对人的普通公民和组织，因环境公益受损提起行政诉讼时，法院往往以不具有直接利害关系为由驳回起诉。从我国的法律体系来看，找不到社会个体为环境公益提起行政诉讼的直接依据。让没有环境诉权的社会个体去对抗强大的行政机关，这无异于以卵击石。

2. 举证责任分配不合理

笔者认为，举证责任主要依据举证能力的强弱、与待证事实的密切关系来进行分配。在环境行政公益诉讼中，原被告地位悬殊并且被告行政机关有获得优势证据的能力，而原告举证能力较弱。传统证据规则要求原告对损害的发生以及因果关系提供充分的证据加以证明，但在环境行政公益诉讼中也实行这一举证规则，会使原告处于极其不平等、不利的地位。因为侵权主体、侵权行为以及损害后果会因为环境的自然作用而变得相当难把握，而且是否污染、污染程度以及因果关系等都需要相当的专业技术支撑。现实中，许多法院受到外部干扰，比如政府势力的影响，法院常常沿用传统的举证规则，要求原告承担包括因果关系在内的大部分的证明责任。这样不合理的举证分配，对本身处于弱势的原告来说无疑是雪上加霜。

3. 被告干预司法独立

行政主体直接或者间接（变相）地干预司法机关依法独立公正行使审判权现象时有发生，严重影响着行政诉讼的正常运作。"行政权优越于司法权，司法权威弱"[1]，这是我国长期环境行政公益诉讼"立案难"的原因之一。首先，行政机关对司法机关的人、财、物起决定作用，法院机构设置、人员

编制、录用、晋升以及工资待遇等都受制于当地政府。"令箭"滥发，"上级"的"指示"会影响法官客观断案，审判权的行使难以实现真正意义上的独立公正。其次，长期以来形成的行政诉讼案件的低立案率和低胜诉率，也使得人们对法院审理行政诉讼案件的权威产生怀疑。因此，尽管环境行政侵权频发，但愿意拿起法律武器通过诉讼维护环境公益的人少之又少。

4. 官员不恰当的政绩观

经济增长是考核行政官员政绩的重要指标。行政官员在任职期间为了达到经济增长的政绩目的不惜以牺牲环境为代价的事频发。如某省一个乡政府下令毁掉花费了几代人心血和汗水才建成的、用于防风固沙的"三北防护林"，建设葡萄园，发展"高效农业"；山东省黄河河务管理部门决定淤平于20世纪50年代开凿的集防汛、灌溉、渔业、环保功能于一体的"小清河"[1]。行政官员这一系列做法导致官民矛盾激化，当老百姓诉诸法院寻求司法救济时，当地官员往往又对法院施加压力，以维护其政绩。唯经济量独尊这种不恰当的政绩观，导致我国的环境行政公益诉讼道路更为曲折。

5. 法官思想发生错位

在诉讼案件中，法官应是以法律为准绳来判断一个行政行为是否合法，以维护社会的公平正义，因此，法律效果应当是裁判案件的唯一标准。然而现实中，一些法官的思想发生错位，认为司法、行政的公权行使是共同管理社会、维护秩序，因此对行政权表现出非正常的暧昧态度，在审判中考虑法律以外的因素，比如当地的经济效益、行政首长的面子、行政机关的利益等而对原告施加压力。在这种错位的思想观念下，公平正义之路步履维艰。

6. 专业化审判模式未建立

法院系统环境行政公益诉讼专业化机制未建立，法院因此不敢轻易立案。中华环保联合会副主席兼秘书长曾晓东指出，"环境案件有极强的专业性，普通法院的法官很少有环保专业知识和经验；另外，很多地方都担心，一旦环境公益诉讼开了个"口"，会引发大量来自社会团体和个人的环境公益诉讼案件，法院系统难以承担。"[2]目前，我国的环境诉讼仍然采用传统诉讼制度，在管辖范围、起诉主体资格、证据制度、审理程序、审级制度、诉讼时效等

〔1〕 计红、言靖："环境行政公益诉讼制度略论——以公众环境权为指导"，载《黄河科技大学学报》2004年第6卷第1期。
〔2〕 李禾："环境公益诉讼为何难迈'立案'门槛"，载《科技日报》2013年7月25日，第6版。

方面没有突破传统诉讼的局限，难以应对环境案件复杂性、专业性的特点。尽管近年来生态环境资源审判法庭相继成立，但其运行依然未形成令人信服的专业化模式。仅仅依靠传统的审判程序来解决环境案件的受理、举证、上诉、再审等问题，并不能满足于现实的需要。而且，我国的生态环境审判庭缺乏专业化的审判人员、专家陪审人员、特聘调解员，使得有的生态环保庭在运作方面出现相对的僵化性、被动性以及非专业性现象，社会效果不佳。

三、环境行政公益诉讼主体法治化——角色重塑

环境行政公益诉讼制度在中国尚未完全建立。随着近年来行政权力侵害公民环境权益现象的日益严重，环境行政公益诉讼制度在国内的构建呼声渐高。一个合理的诉讼制度的构建必然要求各诉讼主体角色清晰，定位明确，在法律的框架内行使权利（力）。因此，有必要对目前不合理的环境行政公益诉讼的三方主体进行重新法治化塑造。

（一）原告诉权保障

1. 立法上将环境权确立为一项基本权利

"环境权的创设是解决环境问题的客观要求，这在世界各国基本是一致的，都是一种强化环境权的趋势。"[1] "世界各国环境权的立法已经呈现出了宪法化、公民权化和具体化的趋势。我国环境权法律体系的构建，当然也应该顺应这股世界潮流。"[2] 首先，建议将环境权写入宪法，确立环境权的宪法地位。要从宪法上明确我国中央乃至各级行政机关作为环境资源产权代表者、世代人类环境利益的代表者、监护者身份，规定其所应负有的环境义务和行政职责，为环境基本法以及单行的环境资源法律确立环境权体系奠定宪法基础。其次，建议将生态权写入环保法，确立生态权的法律地位。建议在《中华人民共和国环境保护法》中明确规定环境权为公民的权利，它是一种生态性的实体权利。再次，建议将子权利写入单行法，确立子权力的实体地位。在单行环境资源法律中将环境权具体化，建立环境权的子权利体系，具体包括日照权、通风权、安宁权、清洁空气权以及达滨权等，从而使宪法环境权获得具体的法律保障。

〔1〕 周珂：《生态环境法论》，法律出版社 2001 年版，第 92 页。
〔2〕 周训芳：《环境权论》，法律出版社 2003 年版，第 263 页。

2. 明确拓宽原告范围

环境问题对传统行政诉讼原告资格提出了挑战。传统法律"与具体行政行为有具体利害关系"的规定只适用于个体利益的救济，而不能满足公共利益的要求。在当下生态环境问题日趋严重，不合法行政依然存在的情况下，应当明确拓宽原告主体资格。我国可以借鉴欧美发达国家，采用"无法律上的利害关系"的标准。只要有证据证明环境公共利益受到行政行为的侵害，任何单位或个人都可以提起环境行政公益诉讼。笔者认为，公民、社会组织、检察机关都应有环境行政公益起诉权：①公民个人。公民是环境权的主体，一旦其环境权遭受侵害，公民理所当然可以以自己的名义提起诉讼，也可以向环保组织、检察机关举报、控告以寻求救济。②社会组织。根据我国新修订的《环境保护法》第58条的规定，依法在设区的市级以上人民政府民政部门登记的社会组织、专门从事环境保护公益活动连续5年以上且无违法记录的社会组织，对污染环境、破坏生态、损害社会公共利益的行为，可以向人民法院提起诉讼。这表明法律已经明确社会组织提起环境公益诉讼的原告资格。笔者认为，新环保法第58条的规定也应当适用环境公益行政诉讼，社会组织依其规定而提起环境公益行政诉讼应予以支持。③检察机关。人民检察院依据《全国人民代表大会常务委员会关于授权最高人民检察院在部分地区开展公益诉讼试点工作的决定》《检察机关提起公益诉讼试点方案》《人民检察院提起公益诉讼试点工作实施办法》，检察机关向人民法院提起有关公益诉讼案件。各试点地区检察机关可以公益诉讼人的身份向人民法院提起民事、行政公益诉讼案件。要充分认识检察机关试点提起公益诉讼的重要意义，积极探索有效工作方式，依法支持检察机关开展试点工作，确保检察机关试点提起公益诉讼工作依法、有序进行。"人民检察院认为行政行为侵害国家利益或社会公共利益的，可以提起公益行政诉讼。"[1]检察院作为社会公益的代表，享有丰富的司法资源，掌握娴熟的法律技巧，面对行政机关可能侵犯环境公益的行政行为，检察机关应发挥权力制衡作用，依法提起环境行政公益诉讼。

3. 建立环境行政公益诉讼激励机制

目前，我国公众参与环境行政公益诉讼的积极性不高。因为公民、环保和社会组织参与环境行政公益诉讼，为应对强势的被告，需要耗费大量的时

---

〔1〕 马怀德:《〈行政诉讼法〉修改建议稿》第2条，载中国宪政网。

间、精力去收集证据和各方面信息。若是在原告胜诉后给予其一定奖励，能调动更多公民和环保和社会组织提起环境行政公益诉讼的积极性。如美国《清洁水法》规定，起诉人胜诉后，败诉方承担起诉方花费的全部费用，国家再对其给予奖励。[1]我国可借鉴和吸收其他国家的好做法，通过立法等方式设立奖励基金制度，提高公众参与环境行政公益诉讼的积极性。

（二）被告重新定位

1. 政府官员树立正确的政绩观

政府官员过分注重经济指标的政绩观从某种程度上说，是环境问题愈演愈烈的毒瘤。在这种观念下，地方政府为了追求经济利益而对环境污染、资源破坏视而不见。政府的职能本应是保护环境公益，反倒由于政府的不当行为而使公共环境遭受更为严重的破坏。因此，政府官员必须树立正确的政绩观。习近平总书记指出，正确处理好生态环境保护和发展的关系，是实现可持续发展的内在要求，也是推进现代化建设的重大原则。保护生态环境就是保护生产力，改善生态环境就是发展生产力。李克强总理强调，经济发展和生态保护要"双轮驱动"，在保护生态中实现经济发展和民生改善。为此，笔者建议建立生态文明"GDP"，不以经济 GDP 多少论英雄，而以经济建设与环境保护协调发展状况考量政绩。行政机关作出行政行为时必须遵守环境行政法律规范，如行政机关依法进行环境资源规划、环境评价、环境资源使用审批及土地征用；与环境公益有关的重大项目建设要举行听证会，广泛征求社会各界意见；行政机关在符合法定的环境管制权限内行使其法定职权，不得与污染企业相勾结，更不能成为企业污染破坏环境的"保护伞"。

2. 实行举证责任倒置

在环境行政侵权中，原告与行政主体之间实力悬殊，认定环境污染所须具备的复杂的科学技术知识是受害者自身所缺乏的，在这种情形下，如果仍适用传统的证据规则，要求原告提供充分的证据来证明和支持自己的主张，将会使原告处于极为不利的诉讼地位。因此，世界各国大多采用了举证责任倒置原则。美国《密歇根州环境保护法》规定："原告只需提供表面证据，证明污染者已经或很有可能有污染行为，即完成了举证责任；若被告否认其有该污染行为，或否认其行为会造成那样的损害结果，则必须提供反证。"日本

---

〔1〕 齐澍晗："环境公益诉讼制度研究"，载法律教育网 www.chinalawed.com/news/16900/174/2004/9/ma266356583419940021141232_131113.htm.

的"民众诉讼"也采用了这一制度。[1]我国环境行政公益诉讼制度有必要采用举证责任倒置以保护受环境污染侵害的公众利益。

3. 建立严格的奖惩追究机制

习近平总书记强调，加强生态环境保护，推进制度创新，努力从根本上扭转环境质量恶化趋势。再也不能简单以国内生产总值增长率论英雄，要建立体现生态文明要求的目标体系、考核办法、奖惩机制。李克强总理强调，要实行最严格的源头保护制度、损害赔偿制度、责任追究制度，切实做到用制度保护生态环境。对那些不顾生态环境盲目决策、造成严重后果的官员，必须追究其责任，而且应该是终身追究。为此，笔者认为，要通过环境行政公益诉讼衡量行政主体依法行政水平，保护环境公共利益状况要与行政官员升迁、评价相挂钩。

4. 实行环境信息公开制度

环境保护涉及众多人、区域性、全省、全国乃至人类的利益。行政机关作出的影响或可能影响环境公益的行政行为，应当充分公开，以实现广大民众的知情权、参与权和监督权。《环境信息公开办法（试行）》规定："公民、法人和其他组织可以向环保部门申请获取政府环境信息。"笔者认为，这条规定虽具有进步意义，但是仍然规定得较为笼统，不具有可操作性，应予以具体化：①企业。企业作为政府环境监管的主要对象之一，有权了解环境法律及政策对企业产品、排污情况的限制和要求。②公众。公众有权知道自己生活的环境是否会受到行政决策的影响。环境法治要求环境正义、民主、公平和公众参与。环境信息公开，正是环境法治发展的基石。

（三）法院有法可依

1. 公益诉讼管辖迈向科学化

我国《行政诉讼法》对诉讼管辖的相关规定并不完全适应我国环境行政公益诉讼的现实需要。政府对法院的行政干预短期内并不能得到彻底解决。笔者认为，在目前的状况下，应对环境行政公益诉讼的管辖作出更科学的规定。在级别管辖方面，第一审案件统一由中级人民法院管辖，以便减少行政机关的非正常干预。针对省级政府及其部门和国务院及其部门提起的行政诉讼，由高级人民法院受理。在地域管辖方面，一般情况下由被告行政机关所

---

〔1〕 夏云娇、王国飞："国外环境行政公益诉讼相关立法对我国的启示——以美国、日本为例"，载《湖北社会科学》2007 年第 9 期。

在或环境侵权行为发生地人民法院管辖，但对于可能造成或已经造成跨区域损害的行政行为提起的诉讼，可由原告自行选择认为更具中立性的人民法院管辖。在全国范围内有重大影响的环境行政公益诉讼案件，由最高人民法院管辖，也可以指定相对超脱的高级人民法院管辖。

2. 人民法院法官审案中立化

法官独立断案是依法治国的基本要求，是最基本的法治原则。基于维护环境公共利益的需要，法官应该客观、公正地审理环境公益诉讼案件，法官要自觉抵制各种"歪风邪气"，要纠正实践中法院、环保机关、公安机关甚至政府在审前开所谓"碰头会""协调会"的做法，防止法院成为其他机关的附庸。在环境行政公益诉讼当中，法官的职责是运用法律手段来衡量行政机关的行政行为是否符合法律规定，作出公正的判决以维护社会的公平正义。因此，在审理案件时法官必须坚持司法审查标准。

3. 环境公益司法走向专门化

环境司法专业化是当今世界的发展潮流和趋势。环境司法专业化，即环境案件审判专门化[1]，是指设置专门的环境审判机关，或者人民法院内部设置专门的审判机构对生态环境案件进行专业化审理。现今，乘着最高人民法院设立环境与资源审判庭的东风，全国各地生态环境审判机构会逐步发展起来，但依旧乏案可审。主要原因在于其专业化的运行机制未建立健全，社会认同度未提高。笔者认为，应根据实际情况拓宽生态环境审判庭的审判职能，专门负责审理涉及生态环境资源案件。其运行必须具有以下专业性特点：①管辖定位。社会组织提起和检察机关提起的环境行政公益诉讼案件一般第一审由中级以上人民法院管辖，中级人民法院认为确有必要交由基层法院审理的，应依法办理批准续手，裁定将由中级人民法院管辖的第一审环境行政公益诉讼案件交由基层法院审理。②"三审合一"：凡是涉及环境污染、生态破坏的刑事、民事、行政诉讼案件均集中在生态环境审判庭审理，环境行政公益诉讼由生态庭审理是顺理成章的，福建省高级人民法院的成功实践就是例证。③审执结合：生态环境案件的立案、审判、执行这一系列流程，均由生态环境审判庭负责。④设司法区：生态环境案件的管辖不以行政区划为界限，可以跨越行政区划受理，以某一重要自然环境或自然资源的区分来划定法院管辖。⑤专业培训：生态环境法官必须经过专业的培训，掌握生态环境

---

[1] 张广磊："我国环境审判机构专业化研究"，山东师范大学 2012 年硕士学位论文。

案件审理的专业技巧和知识。

4. 环境公益司法专业化

①环境行政公益诉讼起诉前要有督促程序。②目前只有检察机关才可提起环境行政公益诉讼。③公益诉讼人的法律地位。检察机关提起公益诉讼，有别于一般的行政诉讼、突破原告资格有关条件、不以利害关系作限制、属自己利益以外的公共利益。审理时必须遵循《行政诉讼法》的规定，提交相关证明，与被告行政机关一样，原被告诉讼地位是平等的。④案由。以环境行政公益诉讼，而后加上履行法定职责等。⑤诉讼请求。确认义务或者确认违法是补充的诉讼类型；受理一个诉求可以解决问题的，就不用再补充诉求。⑥第三人。按行政诉讼普通案件一样认定环境公益诉讼第三人。若无利害关系的公共利益代表人申请加入的，不予准许，因为其无此权利。若此案针对污染企业，诉讼目标要对其处罚，可把它纳入第三人，既有利于统筹处理，也节约诉讼成本，便于一揽子解决问题。

5. 环境公益司法渐进化

人民法院要正确认识、支持检察机关提起公益诉讼，这是司法改革精神所致。上级法院要加强对提起环境公益诉讼的监督制约指导，提高案件审理的质量和效率，努力实现法律效果、社会效果最大化。

结语

环境问题是全球性的问题。行政行为侵害环境公益的现象较为普遍，构建合法、科学、合理的环境行政公益诉讼制度是对时代需求的有效回应。福建省高级人民法院院长马新岚强调，全省法院生态审判要站高谋划，创新机制，总结拓展，提升公信，为"百姓富、生态美"的有机统一提供有力司法保障。笔者以为，环境行政公益诉讼制度得以有效施行，必须使原告诉权有保障，被告能积极履行环境监管治理职责，法院依法为生态环境提供司法救济，当原告、被告、法院三者都能在法律规制的范围内活动时，我们美丽的"生态法治梦"将不再遥远！

论环境诉讼中的"禁止令"制度

贾清林*　著

一、环境诉讼"禁止令"的诠释

（一）"环境诉讼"的理解

环境诉讼，顾名思义为涉及环境纠纷的诉讼。但对于环境诉讼的内涵，学界和实务界的认识并不一致：有人认为"环境诉讼——公益诉讼的典型适用"[1]，"是指以维护公共环境利益为唯一出发点和目的的诉讼"[2]，环境诉讼就是指环境公益诉讼；也有人认为"环境诉讼是指法院在双方当事人和其他诉讼参与人参加下，审理和判决环境纠纷的活动以及由这些活动所产生的诉讼法律关系"[3]，包括但不限于环境公益诉讼。考虑到我国公益诉讼制度设计的相对滞后以及环境污染行为所侵害的客体既包括特定主体的私益，也包括社会以及不特定主体的公益的情况，将环境诉讼完全界定为公益诉讼可能并不利于环境诉讼目的实现。为此，可将环境诉讼界定为公民、法人和其他组织基于环境侵害或侵害之虞向侵害人或环保行政机关提起的诉讼，可分为环境民事诉讼和民事行政诉讼，其中也应包括涉环境犯罪案件中附带民事诉讼。

而环境侵害，在很多情况下具有紧急性，如不及时制止可能导致难以挽回的损失。在此情势下，"禁止令"或环保禁止令制度被逐步引入到环境诉讼中，一些基层法院也正在进行相应的司法实践。但是，由于缺乏统一的认识

---

* 最高人民法院法官，无锡市中院副院长。

[1] 邓一峰：《环境诉讼制度研究》，中国法制出版社 2008 年版，第 115 页。

[2] 邓小云："我国环境诉讼适格原告探析"，载《郑州大学学报（哲学社会科学版）》2010 年第 5 期。

[3] 张震：《作为基本权利的环境权研究》，法律出版社 2010 年版，第 180 页。

和规则，各地实践的"禁止令"制度设计差异很大，直接影响到了法制的统一和司法的权威。由此，就有必要对环境诉讼中的禁止令作出统一的界定，并在此基础上进行相应的分析研究。

（二）"禁止令"的解读

"禁止令"最早起源于罗马法，是指由地方行政官发给某一特定人的命令或禁令。[1]之后，"禁止令"沿着两条不同的路径发展：在英美法系演变成为非常复杂的"禁止令"（injunction）制度，在大陆法系则以"假处分""假扣押"的行为保全方式将"禁止令"内容包含其中。

按一般理解，"禁止令"的原始含义是停止侵权，也称禁令、强制令，是指在诉讼过程中，在侵权行为明显成立的情况下，法院要求侵权当事人实施某种行为，或禁止其为一定行为的命令；目的是在实质争议解决前，防止侵权行为的重复或预期发生，保护当事人的合法权益。[2]根据该界定，禁止令属于诉讼进行过程中，案件尚未作出最终实体判决前的一种强制救济措施。[3]

也有学者更广泛的理解"禁止令"或禁令，认为"禁令是法院作出的禁止或者命令当事人为某特定行为的衡平法救济措施"；并将禁令分为终局禁令（final injunction）及中间禁令（interim injunction）：终局禁令是法院对实体问题充分听审后发布的终局性救济措施；中间禁令，是指法院就诉讼实体问题最终裁判之前，为防止原告不可挽回的损失在诉讼前或诉讼中发布的暂时有效的禁令，包括临时禁止令（temporary restraining order）和初步禁止令（preliminary injunction）。[4]临时性禁令不必通知被告，也无须给予被告听审的机会，不过效力仅 10 日，而初步禁止令既要通知被告，也要给予被告听审的机会，一旦作出可一直到实体判决前有效。[5]据此，美国民事诉讼中的禁止令既包括作为事后救济的禁令，即诉讼结束时实体裁判文书中包含的禁令，也包括事前预防性禁令，即诉前或诉讼中采取的强制性措施。

而在大陆法系，"假处分"，指对金钱以外的权利标的物所采取的措施，

---

〔1〕［英］载维·M. 沃克：《牛津法律大辞典》，北京社会与科技发展研究所组织翻译，光明日报出版社 1988 年版，第 453 页。

〔2〕吴登楼："知识产权诉讼中的禁止令制度"，载《人民司法》1999 年第 7 期。

〔3〕杜颖："英美法律的禁令制度"，载《广东行政学院学报》2003 年第 3 期。

〔4〕张江涛、薛波："美国中间禁令探讨"，载《北京理工大学学报（社会科学版）》2005 年第 3 期。

〔5〕See "Federal Rules of Civil Procedure"（2006），"Rule 65. Injunctions"，http://www.docin.com/p－74250925.html，访问日期：2014 年 5 月 28 日。

包括针对物权、债权和其他财产权的措施；"假扣押"，指对有金钱诉求或可以变为金钱诉求的案件所采取的措施。应该说，"假处分""假扣押"制度中"制止侵权行为的继续"等内容作为诉讼保全中的行为保全，对应的就是英美法系禁止令制度中的中间禁令（临时禁令和初步禁令）的内容；因为无论是"假扣押""假扣押"，还是"临时禁止令""初步禁止令"，都是临时性措施。[1]由此，尽管两大法系法的传统不同，但在及时制止侵权行为、防止不可挽回损失方面殊途同归。

我国整体属于大陆法系，但这并不影响我们借鉴吸收英美法系的具体法律制度，如我国信托法就是借鉴英美法律制度，禁止令同样如此；相比较大陆法系的"假处分""假扣押"，甚至行为保全，禁止令的名称更为直观，也更易为民众所理解和遵守。由此，我们综合吸收两大法系的相关内容，可将禁止令界定为：在紧急情况下，为防止侵权继续或即将造成难以挽回的损失，相关诉讼主体在诉前或诉讼过程中向法院申请发布的立即禁止实施侵权行为的强制性措施。

（三）环境诉讼"禁止令"的界定

正是基于上述对"禁止令"的理解，云南法院在环境诉讼实践中将环保禁止令理解为"法院在审理环境民事公益诉讼案件中，为及时制止被申请人危害、污染、破坏环境的行为，根据申请人的申请，以民事裁定的形式作出的一种行为保全"。[2]云南法院将禁止令制度定性为行为保全应该说得到了2012年修订的《民事诉讼法》的确认[3]；重庆等地法院的环保禁止令也是作为行为保全措施而适用的，即"在紧急情况下，被告污染、破坏环境行为具有可能严重危及环境安全、造成环境难以恢复、加重对环境破坏三种情形之一的，经原告申请，人民法院审查后认为确有必要的，可以作出裁定，禁止实施环境污染、破坏行为"。[4]

---

〔1〕 许超："著作权执法实践中的问题：谈谈中国《著作权法》的修改（二）"，载《中国专利与商标》1999年第2期。

〔2〕 曹红蕾："法院公安执行环保禁止令"，载《云南信息报》2011年12月28日，第A07版。

〔3〕 参见《民事诉讼法》第100条第1款："人民法院对于可能因当事人一方的行为或者其他原因，使判决难以执行或者造成当事人其他损害的案件，根据对方当事人的申请，可以裁定对其财产进行保全、责令其作出一定行为或者禁止其作出一定行为；当事人没有提出申请的，人民法院在必要时也可以裁定采取保全措施。"

〔4〕 参见重庆市高级人民法院《关于试点设立专门审判庭集中审理刑事、民事、行政环境保护案件的意见》（渝高法〔2011〕364号）第20条。

尽管司法界有"应借鉴'先予执行'的内在法理提出禁止令制度"[1]的观点，而且实践中也确实存在将环保禁止令视为先予执行措施的，相当于未经实体审理，就赋予申请人终局救济：禁止令一旦作出，即具有了最终法律效力；但是，如此认识不仅仅与我国先予执行的理念和规定不符，而且与禁止令作为临时救济制度的历史沿革迥然不同，也有悖于建立公平公正的法治目标。只是限于篇幅，在此不再赘述。

至于我国环境诉讼中的禁止令是否应该包括终局禁止令，就如同《刑法修正案（八）》对被判处管制的被告人施加的禁止令一样，或许会有争议。但是，与刑事审判不同，法院在民事、行政诉讼判决中判令被告停止侵权行为或责令实施从事某项行为、履行某项义务已属于非常正常的一种诉讼实践，也有相应的法律规定；也就是说，此种事后救济我们一直在采纳适用，并非制度创新，因此将此种终局禁令救济并入到环保禁止令制度进行探讨并无实际意义，环保禁止令不应包括此种终局禁令。

据此，结合我国环境诉讼行之有效的司法实践和禁止令制度的历史属性以及我国大陆法系的法统，将我国环境诉讼中的禁止令定性为一种行为保全、一种事前的临时救济措施是有道理的。

综上，我国环境诉讼中"禁止令"可界定为：在紧急情况下，为防止环境侵害行为继续或即将对环境、人身、财产造成难以挽回的损失，相关诉讼主体在诉前或诉讼过程中向法院申请发布的立即禁止侵权行为人实施某种环境侵害行为的强制性措施。

二、环境诉讼"禁止令"的法理基础

（一）"无救济即无权利"（No relief, no right）

"从权利救济的角度，无救济则无权利，这就需要在法律上对受害主体提供救济，并预防、克服和减少损害风险的发生。在法律制度的构建中，救济制度是法律公正的底线，而科学、效率的救济制度才能真正实现法的公平正义。"[2]

在英美法系，普通法救济往往局限于对已发生损害的赔偿或补偿，而无法解决权利未来继续或可能即将遭受侵害的问题；为解决这一权利救济领域

---

〔1〕 唐林："推进环境司法工作更好开展"，载《人民法院报》2014年6月5日，第2版。

〔2〕 那艳华："论环境侵权民事救济制度"，东北林业大学2006年硕士学位论文。

的漏洞,禁止令制度在衡平法领域逐步确立,"作为衡平法救济措施,禁令不是对已发生损害予以补偿,主要是为了防止将来某种损害行为的发生,或为不能以金钱衡量损害或给予金钱赔偿并非适当的损害行为提供救济"。[1]

就环境诉讼而言,所要保护的权益既包括作为"私益"的人身权、财产权,亦包括作为"公益"的环境安全与健康,或者称之为"人类环境权"。但是,无论是私权利还是公共权利,只有在得到法律的强力保障时才是真正的权利,否则也只能是"空中楼阁",没有任何意义。而法律保障的最终体现就是在权利受到侵害时能否得到应有的救济,而且救济不仅体现在经过诉讼后的实体裁判中,而且也要体现在诉讼过程中、甚至诉前的事前救济中,尤其对环境诉讼更是如此;毕竟,环境侵害的最大特点就是不可逆性,一旦发生环境污染,损失根本难以挽回。由此,确立事前救济的禁止令制度就成为必然的选择。

(二)"迟来的正义非正义"(Justice delayed is justice denied)

公平正义是人类社会行为追求的最高境界和目标,这一目标实现的过程也是人民的各项权利得到保护和救济、各种权利侵害行为得到制止和排除的过程。而"法律作为正义的天平,法院是正义的殿堂,法官是正义的化身。当社会的普遍横溢受到破坏和亵渎时,法律以拯救者和弥补者的身份,使缺失的正义得到伸张";[2]因此,"司法,作为公平正义的最后一道防线,与公民的切身利益息息相关"。[3]

但是,司法公正的实现体现为一个过程,当事人必须通过启动司法程序、经过一系列相对比较复杂的环节和程序,才有可能实现自己的目的;"任何一个司法活动都是由多方主体参加的互动活动,司法制度则是这一过程的制度性框架""通过司法制度的运作,纠纷得到解决,实现社会正义,由此维护良好的社会秩序,保障其政治生活和经济生活的顺利进行"。[4]通常情况下,当事人通过司法诉讼,其合法权利得到保护,受害人获得相应的救济,侵害人得到应得的惩罚,社会正义得以彰显。但是,如果这一过程过于冗长,当司

---

〔1〕 张江涛、薛波:"美国中间禁令探讨",载《北京理工大学学报(社会科学版)》2005年第3期。

〔2〕 顾莉:"捍卫社会正义的最后一道防线:司法公正的伦理价值",载《科技信息》2008年第23期。

〔3〕 周小苑:"司法公正,如何继续前行",载《人民日报海外版》2011年3月5日,第3版。

〔4〕 凌永兴:"当事人效率与民事司法改革",载《法律适用》2007年第23期。

法走完了全部程序，所给予当事人的任何救济可能已没有意义或意义大打折扣：损害已经造成，或者侵害证据已经消失、甚或当事人已经不在人世等。也就是说，为确保司法公正而设计的严格程序反而可能延宕甚或阻碍对权利的保护和救济；当然，人为故意的拖延对社会正义、司法公正的实现将产生更致命的伤害。正是基于此，"迟来的正义非正义"就具有了内在的合理性：司法所要实现的正义应是及时、现实的正义，而非迟来、虚幻的正义。

就环境保护而言，维护生态环境安全和健康、保障公民的人身、财产权以及环境权的实现，可以说就是环境司法要实现的社会正义。生态环境受到污染、破坏或者可能遭受污染、破坏的风险，往往具有紧迫性，而环境的继续被污染、破坏或者一旦被污染、破坏，将根本不可恢复或难以恢复，而且环境诉讼往往都涉及公共利益。为避免环境污染、破坏造成难以挽回的损害，在环境诉讼案件实体裁判作出之前，在诉讼过程中甚至诉前采用"禁止令"制度对于确保环境保护领域社会公平正义的实现具有极强的现实意义。

三、我国环境诉讼"禁止令"的司法实践

（一）无锡环境审判"提前介入"中的"禁止令"

自 2006 年开始，无锡法院在没有法律明文规定、相关环境司法实践也鲜见的情况下，即开始了对环境诉讼特殊性的探索，并逐步创造性地确立了环境公益诉讼、环境司法提前介入、环境生态恢复责任等制度创新为主要内容的"环境审判无锡模式"。

其中，"环境司法提前介入"制度，是指在环境案件立案之后审结之前，基于诉讼个体（包括个人、社会团体、行政机关、企事业单位等）的申请，有确切证据表明被诉环境污染行为正在对环境造成持续性损害或无法弥补的后果，法院有权作出司法裁定，责令污染者立即停止污染行为，以避免污染进一步扩大；该制度率先在环境行政非诉执行案件进行探索，之后逐步向环境行政案件扩展，并最终全面覆盖环境民事、行政与刑事三大诉讼中。[1]无锡法院实施禁止令的规范依据主要体现在：2009 年 9 月 18 日无锡市中级人民法院颁布实施的《关于规范环保行政职能机关申请人民法院对破坏环境资源、影响环境资源保护等违法行为采取强制措施案件审查程序的指导意见（试

---

〔1〕 顾铮铮："环境与司法提前介入制度的现状与未来——无锡特色的环境司法应对之策探析"，载《中国环境法治》2012 年第 1 期。

行)》（锡中发〔2009〕157号）第8条"被查处的环境违法行为不及时制止将会给国家、集体、公民或者其他法人组织的合法利益继续造成损害的，环境保护审判部门可以对环保行政职能机关提交的申请材料进行初步审查，直接作出行政裁定责令被申请人立即停止实施违法行为"、第9条"裁定一经作除，应立即送达双方当事人。送达裁定的同时，可以根据现场情况，在被申请人住所地、违法行为实施地张贴禁止令"；并在裁定书之外，单独设计了"禁止令"文书的格式范本。

尽管无锡法院没有对"禁止令"作出更明晰的界定，但在全国环境司法审判实践中，无锡地区法院是首次在环境审判中运用禁止令制度；例如无锡市滨湖区法院自2008年至今已经发放25份禁止令，有效遏制了涉餐饮、排污、制造等行业的多起环境污染事件，[1]对其他地区的环境审判活动也起到了很好的示范作用，在我国环境司法史上具有开创性意义。

（二）扩展的环境司法审判"禁止令"

继无锡环境审判确立"禁止令"制度之后，昆明、重庆等地亦陆续出台相关规定，并在无锡规定的基础上进一步细化。

1. 昆明法院环境审判中的"禁止令"

2010年，云南省昆明市中级人民法院与市检察院联合制定了《关于办理环境民事公益诉讼案件若干问题的意见（试行）》，明确民事公益诉讼人可以申请禁止令。2011年12月27日，云南省昆明市中级人民法院出台《关于在环境民事公益诉讼中适用环保禁止令的若干意见（试行）》，进一步完善了原来的环保禁止令制度：人民法院接受申请后，对情况紧急的，必须在48小时内作出裁定；裁定采取环保禁止令措施的，应当立即开始执行。[2]

2. 重庆法院环境审判中的"禁止令"

重庆市高级人民法院2011年11月15日颁布，2012年1月1日实施《关于试点设立专门审判庭集中审理刑事、民事、行政环境保护案件的意见》，其中第20条明确规定："推行环境保护禁止令制度。在紧急情况下，被告污染、破坏环境行为具有可能严重危及环境安全、造成环境难以恢复、加重对环境破坏三种情形之一的，经原告申请，人民法院审查后认为确有必要的，可以

---

〔1〕 王春年："滨湖致力生态司法修复被损环境"，载《无锡日报》2014年6月5日，第A04版。

〔2〕 "环保禁止令各地实践"，载新华网 http://news.xinhuanet.com/energy/2014 - 05/28/c_1110896469.htm.

作出裁定，禁止实施环境污染、破坏行为。审查中，在必要时，人民法院可以举行听证会，或依职权调查收集证据予以核实。诉前提出环境保护禁止令申请的，应在人民法院禁止实施环境污染、破坏行为裁定送达后 15 日内起诉。"

此外，山东省东营法院、江苏省昆山法院等地的环保审判中，也逐步采用禁止令制度。显然，禁止令制度作为环保审判领域的一项重要制度已经被越来越多的基层法院所认可和采纳，显示出其巨大的生命力。

（三）环境诉讼"禁止令"司法实践的差异化

就无锡法院的禁止令而言，多在非诉执行审查案件中应环保行政机关申请发布"禁止令"，而且禁止令往往具有终局禁令的性质，甚至被理解为先予执行措施，行为保全的意味并不强烈。

而昆明法院明确将禁止令作为行为保全予以实施，但禁止令的适用范围仅限定在环境民事公益诉讼案件中，并不涉及一般环境民事诉讼以及其他环境诉讼案件和非诉执行审查案件。

至于重庆法院则也明确将禁止令制度理解为一种行为保全措施，并一体适用在环境行政、刑事以及民事案件中，包括公益诉讼案件。

显然，环保禁止令司法实践的这种差异化，极大削弱司法的权威，也影响了人们对司法公正的认识，进而影响环境权益救济的法律效果。为此，应在无锡法院等地环境诉讼"禁止令"实践基础上，对环境诉讼"禁止令"作出明确界定，建构统一、适法的环保禁止令制度。

四、我国环境诉讼"禁止令"制度的构建

（一）环保禁止令发布的条件

结合上述对禁止令制度的分析和环保禁止令实践的考察，法院对发布环保禁止令所要具备的条件应包括：

1. 主体条件——当事人申请，环境公益案件除外

鉴于司法权的被动性，法院的职能是对于进入到司法领域的纠纷定分止争、裁断是非，而非如行使行政权一样主动出击。尽管现在不断提及"能动司法"或"司法提前介入"的问题，但是能动司法、提前介入都是有限度的，那就是不能脱离纠纷案件的处理，而在案件之外主动干预社会事务，这样的能动、提前介入实质上混淆了司法权与行政权的本质区别。

环保禁止令的引入在某种意义上是能动司法的一个体现；但无论如何，

法院发布环保禁止令必须依托一个案件，这个案件可以是环境民事案件，也可以是行政或刑事案件，非诉执行审查案件亦可。法院在处理这些环境案件过程中基于当事人的申请，来审查决定是否发布环保禁止令；如果没有具体案件当事人的申请，法院原则上不能以职权发布禁止令。或者换句话说，不存在单独的环保禁止令诉讼，环保禁止令仅仅是临时的预防性救济，不存在独立的案由。

至于向法院申请禁止令的诉讼主体，原告方（含公益诉讼主体）以及有独立请求权第三人均无问题，而被告方是否能向法院申请禁止令则因诉讼性质不同而有所差异。就环境民事或刑事诉讼而言，"因为禁止令设立的目的是防止和避免原告继续遭受侵权，允许被告申请禁止令，则与禁止令设立目的相悖"[1]；但考虑到环境行政诉讼案件中，原告往往就是对作为被告（环境保护行政机关）的行政处罚行为不服提起诉讼的环境侵权人，在此情况下，原告肯定不会向法院申请禁止令的，相反被告却存在这种需求和可能，如此情况下就应允许被告向法院申请环保禁止令。

考虑到 2013 年实施的《民事诉讼法》第 100 条明确规定了"当事人没有提出申请的，人民法院在必要时也可以裁定采取保全措施"，显然突破了上述限制，即在无当事人申请的情况下法院也可以职权直接采取保全措施。不过，基于司法行为的严肃性以及法院在最终裁断纠纷前的公正、中立角色的定位，该除外规定应作出限制性解释，即仅限于为维护公共利益的需要，法院才能适用该特别规定，而且依然要基于某个具体案件。

2. 时间条件

基于上文中对环保禁止令界定为事前的临时性救济，排除了案件终结时针对申请人诉请作出的禁止从事某种行为的终局性救济。因此，环保禁止令的申请和发布只能在案件终结前。具体可分为诉讼过程中与诉前。

自环境诉讼在法院立案时、实体裁判前，案件当事人可根据环境侵害情况随时申请法院发布禁止令，法院经初步审查后，再作出是否准许发布禁止令的决定。

诉前由于申请禁止令往往都情况紧急，如果不及时采取措施将造成难以挽回损害的情况下，因此应允许当事人在起诉前即可以向有管辖权的法院申请禁止令。其实，这种行为保全的法理和模式与诉前财产保全并无二致，也

---

〔1〕 吴登楼："知识产权诉讼中的禁止令制度"，载《人民司法》1999 年第 7 期。

得到了 2013 年实施的新《民事诉讼法》的确认。

不过，考虑到禁止令不具有独立的诉因，应依附于某个具体的案件，所以允许当事人申请诉前禁止令必须同时要求申请人限期起诉，逾期不起诉的，则禁止令自动失效，被申请人因此遭受的损失也应由申请人承担。

3. 实质条件

对于环保禁止令的发布，参照美国法院发布中间禁令的做法[1]，一般应满足以下四个要件：

（1）申请人（或环境安全与健康）继续遭受环境侵害或即将遭受环境侵害的威胁。即若不发布禁令，申请人（或环境安全与健康）将会遭受不可挽回的损害。申请人在案件中首先要证明发生不可挽回损失具有"足够较大可能性"（sufficient probability），另外申请人还需要证明情况足够紧急（sufficient urgency），为避免损失非颁布禁令不可。

（2）损失能够平衡。即如果不给予禁令，申请人（或环境安全与健康）遭受的损失将远远超过给予禁令被申请人将遭受的损失。这是一种便利平衡（balance of convenience），又称艰难情势平衡（balance of hardship）。它要求法院在面临申请人的申请时，要审查不颁布禁令申请人（或环境安全与健康）在判决前可能存在的损失以及如果颁发禁令对被申请人所可能造成的损失，以此衡量比较双方的利益。

（3）对公共利益不会造成损害。诉讼不仅仅是影响当事人之间的事情，公共利益也会被牵扯进去，尤其对于环境诉讼而言更甚，实际上有些环境诉讼本身就是公益诉讼；但是，在某些情况下，无论是否发布禁止令，都有可能对公共利益产生影响。因此法院在发布禁止令前必须对是否涉及公共利益以及利益冲突的优先保护对象进行谨慎考虑，并作出相应的决定。

（4）申请人在实体上有胜诉的较大可能性，或者说"案件初步证明"（show a prima facie case）侵权事实成立。因为，毕竟禁止令是对被申请人利益的一种剥夺或限制，会造成被申请人的损失，甚至重大损失；如果最终案件申请人败诉，则可能导致被申请人的索赔问题。为此，法院在发布禁止令时需对案件本身进行初步审查和认识，必要时可举行双方听证；只有在申请人有较大胜诉可能性时，法院才能考虑发布禁止令。

---

〔1〕 张江涛、薛波："美国中间禁令探讨"，载《北京理工大学学报（社会科学版）》2005 年第 3 期。

4. 保障条件

法院在接到当事人的申请后，能否实际发布禁止令，除要考虑上述要件外，还必须考虑申请人败诉的可能，即便初步判断申请人有可较大能胜诉的也一样；如申请人败诉就意味着其申请发布的禁止令有误，因此给被申请人造成的损失就存在赔偿的问题。鉴于法院中立裁判的性质，法院不可能为此向被申请人赔偿（符合国家赔偿的除外）；正常情况下，申请人就要赔偿因申请发布禁止令而给被申请人造成的损失。而为确保此种赔偿的切实履行，也为了提醒申请人更慎重行事，法院可根据案件情况要求申请人提供必要的担保，申请人拒绝提供的，法院应拒绝发布禁止令。对此，《民事诉讼法》已经提供了明确的法律依据。

但是，鉴于环境诉讼中，诉讼标的往往既具有公益性，也具有私益性，甚至完全属于公益性质，申请人也往往是公益组织或行使公益诉讼职能的国家机关；在此情况下，要求这些公益组织和机关提供担保就与公益诉讼制度设计的初衷相悖。为此，可考虑一项除外规定，即环境公益诉讼中，申请人无须提供担保，如因申请错误导致被申请人的经济损失，则由环保公益基金支付。应该说，这种例外规定将提示法院在环境公益案件中审查是否有必要发布禁止令时务必更为慎重。当然，是否需要申请人提供担保，属于法院的自由裁量权的范畴，法院可根据案件情况自行决定。

此外，在禁止令发布之后，如果被申请人履行了环境保护的义务，如增加了污水处理设施、提供了相应担保，环境侵害或侵害之虞得到控制，法院也应及时审查并作出是否解除、撤销或变更禁止令的决定，以平衡各方利益的保护。

（二）禁止令的期限

环保禁止令作为事前的临时性救济措施，自然应有期限，关键是期限应以多长为宜。

就我国环保诉讼实践而言，禁止令多在诉讼过程中发布的，并无期限限制，甚至就被视为一个终局性裁决，如此认识和做法显然与禁止令作为事前预防性的行为保全性质明显不符。就诉前禁止令而言，申请人必须在禁止令发布后的规定时间内向法院起诉，否则禁止令就自动失效。根据《民事诉讼法》第101条的规定，诉前发布的临时禁止令有效期不能超过30日。

诉讼过程中发布的禁止令，由于依然属于事前临时性救济措施，并非案件实体审理后的终局裁判，与财产保全一样也应有一定的期限。考虑到案件审限并参照财产保全的规定，环保禁止令作为行为保全的期限以 1 年为宜，期限届满但案件尚未审结的，如申请人申请经法院审查可以相应延续。

　　如果案件最终实体裁判没有支持申请人的请求或案件和解，则禁止令的效力应自最终裁判文书生效之日终止，如禁止令尚未到期法院应及时裁定撤销；如果申请人最终胜诉，需要申请或移交法院执行机构强制执行时，可借鉴财产保全的做法，即在诉前、诉讼中采取的禁止令措施，在案件进入执行程序后，自动转为执行中的强制执行措施。[1]

　　（三）禁止令的形式

　　禁止令的形式实质就是说，在裁定书之外，禁止令是否可作为单独的法律文书存在，或者说法院依据当事人申请作出的行为保全裁定是否就是禁止令的法律表现形式？对此各地法院环境审判实践采取的方式并不统一。

　　实际上，在我国司法实践中，最早是在海事纠纷中适用禁止令（海事强制令）制度：法院根据当事人的申请，经审核符合条件的，在 48 小时内作出裁定，同时根据裁定再制作单独的海事强制令。根据最高法院发布的文书格式，裁定书是以合议庭的名义发布，而海事强制令是以院长的名义签发的，显示出两个法律文书的性质并非完全等同，尽管强制令是根据裁定作出的，但二者之间还是相对独立的。[2]

　　同时，考虑到环境诉讼中的禁止令实践以及从当事人的接受程度看，单独发布禁止令确实存在裁定书不能替代的独特作用和效果。参照海事强制令的实际做法，环保禁止令也可以在裁定书之外单独制作发布，就如同无锡法院目前采取的模式：裁定书送达当事人，禁止令主要是在被申请人住所地、违法行为地张贴使用；当然禁止令除现场张贴外，也可以随裁定书一同送达给被申请人。

　　总之，在构建我国环保禁止令制度过程中，在作出同意禁止令申请裁定的同时，可以根据案件需要发布禁止令。

---

　　〔1〕 参见《最高人民法院关于人民法院民事执行中查封、扣押、冻结财产的规定》第 4 条："诉讼前、诉讼中及仲裁中采取财产保全措施的，进入执行程序后，自动转为执行中的查封、扣押、冻结措施，并适用本规定第 29 条关于查封、扣押、冻结期限的规定。"

　　〔2〕 参见最高人民法院《关于印发〈海事诉讼文书式样（试行）〉的通知》（法发〔2003〕4号），所附文书格式之二十五、二十六。

（四）对禁止令的救济

1. 对禁止令救济的必要性

禁止令作为法院在紧急情况下对申请人方的事前救济，可有效保护申请人的合法权益免受继续遭受侵害或防止侵害之虞；但"任何一项司法举措都存在两面性，在保护一方当事人利益的同时，也应最大可能地避免损害另一方的正当权益。因此，在引进禁止令制度的时候，应审慎斟酌其利弊，妥善考虑各个环节，扬利抑弊".[1]

环保禁止令在保护申请人或环境安全和健康的同时，必然要损害到被申请人的利益，而有时被申请人的行为并非不法，其利益也是合法的，如企业在核定排污范围内的排污行为；此外，发布禁止令也可能涉及公共利益的损害问题，如某重点民生工程对环境造成损害，禁令停止施工就将影响工程进度，影响群众利益，甚至给国家造成重大经济损失。在这些情况下，法院的审查就需要更为谨慎，以衡平各方利益后再决定是否发布禁止令，法律也应为被申请人提供相应的救济渠道和方式，尤其在我国发布环保禁止令基本上采取单方申请、不举行听证的情况下更是如此，这也是法律公平正义的体现。

2. 对禁止令救济的方式

第一，在决定禁止令发布时，如果情况不是非常紧急，法院应尽可能组织双方进行听证，听取被申请人的抗辩和意见，以达到"兼听则明"的效果，实现程序上的公平正义，毕竟法律应平等对待每一方当事人，包括在程序上。

第二，禁止令一旦发布，按一般的惯例即行生效，被申请人必须无条件执行；此时，应允许被申请人申请复议，尽管复议不影响执行。如果经审查，复议理由成立，法院应即刻撤销或变更禁止令，并对因此给被申请人造成的损失作出妥善处理。

第三，在禁止令实施期间，应允许被申请人采取积极措施制止环境侵害的继续发生或防止环境损害发生的风险，在被申请人采取上述积极措施并达到了预期效果后，法院发布禁止令的条件不再具备或消失，此时，法院应作出撤销或终止禁止令的裁定。

第四，为确保禁止令发布错误给被申请人造成损失能得到及时赔付，法院在发布禁止令时原则上应要求申请人提供担保，但涉及公共利益的可以免

---

[1] 陈家宏、李永泉："禁止令制度初探"，载《西南交通大学学报（社会科学版）》2004 年第2 期。

于担保，如因此给被申请人造成损失，可由公益基金列支或列入国家赔偿。

五、小结

环境诉讼中的禁止令制度，作为我国一项司法制度创新，已经在不少基层法院的环境审判中得到实践，并取得了良好的审判效果和社会效果。禁止令制度作为诉前和诉讼中的临时性预防救济措施，符合"无救济即无权利""迟来的正义非正义"的基本法理，适应了我国当前倾全国之力治理环境污染、创建生态文明社会的发展趋势，对快速制止环境损害、防止环境污染危险、保护人民群众生命健康具有积极的意义。环保禁止令实践运作的不一致亟需通过修法或司法解释等方式对其发布的条件、形式、期限以及自身的救济等构建统一的制度，以更好地服务于环境诉讼实践。

论涉家暴婚姻案件中的专家辅助人制度构建

梁　雪[*]　著

家庭是社会成员生活的基本单元，家庭的和睦稳定关系着社会秩序的和谐与安宁，然而家庭暴力是我国长期以来破坏家庭和谐、严重侵害家庭成员人身权利的社会问题之一。人民法院在长期司法实践中逐渐认识到，与普通的婚姻家庭案件相比，涉及家庭暴力的婚姻案件具有不同特点和规律，其处理方式更为复杂，传统的诉讼经验及知识已难以适应高质量办理该类案件的需求。基于涉家暴案件涉及知识多元化和举证难等特点，利用专业知识说明专门性复杂问题的专家辅助人制度为更好地服务涉家暴婚姻案件的审判工作提供了新思路。本文试结合我国现有法律规范，对涉家暴婚姻案件中专家辅助人制度的构建作初步探讨，以期有助于涉家暴案件在司法实践中的妥善处理。

一、民诉专家辅助人制度概述

（一）民诉专家辅助人的基本内涵

"专家辅助人"确切来说并非法律上明确规定的概念，而是大陆法系国家对相当于诉讼中技术顾问的人员的一种普遍称谓，指在诉讼中由双方当事人聘请，利用自身知识或技能审查案件中的某些技术性证据、指导或参与技术证据的法庭辩论活动的技术专家[1]。

顾名思义，民诉专家辅助人的内涵包括其名称中的"专家"和"辅助

---

[*]　中国政法大学 2014 级法律硕士（法学）研究生。
[1]　邹明理主编：《我国现行司法鉴定制度研究》，法律出版社 2001 年版，第 37 页。

人"两个涵义。首先，根据《布莱克法律词典》的定义，"专家"是指经过相关学科的科学教育或掌握从实践经验中获得的专有知识的人[1]，即民诉专家辅助人必须具备某一学科或领域的专业知识；其次，"辅助人"这一限定词强调了专家在民事诉讼中的地位与职能是特定的，即在诉讼中协助双方当事人对专门问题提出意见、发挥辅助性作用。

我国 2002 年 4 月 1 日起施行的《最高人民法院关于民事诉讼证据的若干规定》（以下简称《民事诉讼证据规定》）第 61 条、同年 10 月 1 日起施行的《最高人民法院关于行政诉讼证据若干问题的规定》第 48 条均规定当事人有权向法庭申请"具有专门知识的人员"或"专业人员"就专门性问题出庭进行说明，这是我国对"专家辅助人制度"的最早探索。2013 年 1 月 1 日起施行的《民诉法修正案》第 79 条更从基本法的高度对专家辅助人加以明确规定[2]。根据上述条文的表述，我国民诉专家辅助人指的是在审判程序中经当事人申请、法庭决定而出庭，对鉴定意见或专业问题进行说明的具有专门知识的人。

（二）我国诉讼模式改革背景下专家辅助人制度的引入

在民事诉讼模式传统上，我国在一定程度上沿袭了大陆法系的职权主义传统，但职权干预色彩更为强烈，表现出以法院为主导的强职权主义或超职权主义特点。随着市场经济的蓬勃发展和社会关系的不断变化，作为民事主体的公民在诉讼领域内自由处分权利、实现平等对话的愿望愈来愈强烈，我国民事诉讼模式的改革问题也日益受到关注，并且近年来在法律实务和理论探讨方面都取得了一定进步。

我国立法中正式引入的专家辅助人制度正是诉讼模式改革的表现之一。我国传统的强职权主义鉴定制度暴露出当事人处分权受抑制、鉴定意见质证流于形式等弊端。而英美法系的专家证人制度可以通过双方专家的对抗更全面地揭示案件事实，避免事实裁判者偏听偏信，恰好有利于弥补大陆法系鉴定人制度的缺陷。专家辅助人制度正是近年来大陆法系职权主义国家借鉴当事人主义较为成功的创新性成果，这一创新制度不仅弥补了大陆法系职权主义鉴定机制中的传统弊端，同时由于其相比传统鉴定制度更为灵活，在部分

---

〔1〕　Bryan A. Garner, *Black's Law Dictionary*, New York：West Group, 1999, p. 600.

〔2〕　2012 年通过的全国人民代表大会常务委员会关于修改《中华人民共和国民事诉讼法》的决定增加 1 条作为第 79 条："当事人可以申请人民法院通知有专门知识的人出庭，就鉴定人作出的鉴定意见或者专业问题提出意见。

专门性案件中甚至可以发挥比鉴定更为广泛的作用。

二、涉家暴婚姻案件中的专家辅助人

由于家庭暴力具有隐蔽性强、后果难测定等特点，实践中受害人收集证据和法官采信证据均面临较大困难，且家庭暴力问题属于跨学科专业范畴，法官及代理人处理该类案件需要具有多元化知识结构，家庭暴力案件的种种特殊性决定了专家辅助人在涉家暴婚姻案件中能发挥重要作用。下文从涉家暴案件中家庭暴力及证据运用的特点入手，简述我国涉家暴案件中专家辅助人制度的引入和运行现状。

（一）家庭暴力的定义及特点

正确认识家庭暴力的内涵是认定家庭暴力是否存在的前提。《最高人民法院关于适用〈中华人民共和国婚姻法〉若干问题的解释（一）》将家庭暴力定义为"行为人以殴打、捆绑、限制人身自由等手段，对家庭成员的身体、精神等造成一定伤害后果的行为"。[1]最高人民法院中国应用法学研究所发布的《涉及家庭暴力婚姻案件审理指南》（以下简称《指南》）将家庭暴力进一步定义为"家庭成员特别是夫妻之间，一方通过暴力或胁迫、侮辱、经济控制等手段侵害另一方身体、性、精神等方面的人身权利，以控制另一方的行为。"[2]该定义强调加害人实行家暴的目的是对被害人的控制，从施暴人心理特点的角度把握了家庭暴力的本质。

实践中，夫妻暴力是最为普遍的一种家庭暴力，且女性受害者占绝大多数，而在司法实践中如何区分一般夫妻纠纷中的轻微暴力和长期存在的家庭暴力，也是法官在认定家暴时面临的困难之一。要正确区分家庭暴力是否存在，需要法官对家庭暴力有更为全面深刻的认识，即认识到在作为家暴直接诱因的家庭内部矛盾背后，家庭暴力的发生，往往与加害人的幼年经历、女性的社会地位、文化环境的影响等深层原因有重要关系。与一般夫妻纠纷相比，家庭暴力的核心是权力和控制，具有加害人意图控制受害人、暴力行为呈现周期性等特点[3]。

从静态构成要件看，家庭暴力的特征主要表现为：①主体特定：施暴人

---

〔1〕 参见《最高人民法院关于适用〈中华人民共和国婚姻法〉若干问题的解释（一）》第1条。

〔2〕 参见最高人民法院中国应用法学研究所《涉及家庭暴力婚姻案件审理指南》第2条。

〔3〕 参见最高人民法院中国应用法学研究所《涉及家庭暴力婚姻案件审理指南》第12条。

与受害人具有夫妻等特定的亲属关系；②暴力场所特定：家庭暴力多发生于家庭成员的住所；③侵害客体是身体、精神、性等方面的人身权利；④主观故意：施暴者主观上具有侵害的故意和控制受害者的意图；⑤损害后果：家庭暴力会对受害者的人格尊严、身心健康等造成损害[1]。

在动态的运行上，婚姻关系中的家庭暴力又表现出行为的隐蔽性、周期的循环性、受害程度的难测定性和暴力行为的逆变性[2]。

（1）行为的隐蔽性：家庭暴力一般都发生在家庭这个特定的私密场所内，发生家庭暴力时一般没有第三者在场，因而一般不易被外界察觉。性暴力则是一种更隐蔽的家庭暴力行为，绝大多数妇女由于受到传统性观念的约束，对夫妻之间的性生活难以启齿，往往选择默默忍受丈夫的性暴力。

（2）周期的循环性：家庭暴力的发生呈现出一定的规律性与周期性，往往体现为紧张情绪积累阶段——家庭暴力爆发阶段——施暴人道歉和两人重归于好阶段的周期循环过程。当暴力达到一定程度，受害人不愿再忍受暴力意图反抗或寻找救济时，加害人往往会进行道歉和忏悔，使受害人产生家暴能够停止的幻想并同意重归于好，但两人和谐地生活一段时间后，加害人会重新实施暴力，一切又循环反复，且家庭暴力的程度越来越严重[3]。

（3）受害程度的难测定性：提起涉家暴诉讼的一方一般为受害人，其基于维护家庭和保护隐私等各种原因的考虑，在暴力间断地发生时往往采取能忍则忍的态度，非到万不得已不会提起诉讼，也很少想过固定证据。随着时间的推移，待受害人提起诉讼时，伤痕可能已经愈合，受害后果已变得难以测定。

（4）暴力行为的逆变性：当暴力的严重程度超出受害人的承受限度时，其可能由被动接受暴力转为主动采取暴力，造成更为严重的后果。这种暴力行为的逆变表现为以下两种情况，一是受害人为反抗或报复施暴人，采取"以暴制暴"的方式对抗加害人，甚至可能由于一时激愤造成施暴者重伤或死亡；二是指家暴发生后，受害者没有得到及时有效的救济，难以排遣家庭暴力造成的负面影响，精神失常或采取自杀等消极方式摆脱暴力[4]。

---

〔1〕 何志：《婚姻案件审理要点精释》，人民法院出版社 2013 年版，第 33 页。

〔2〕 张华贵主编：《典型婚姻家庭案件诉讼证据运用》，中国检察出版社 2004 年版，第 211 页。

〔3〕 陈敏："受虐妇女综合症专家证据在司法实践中的运用"，载陈光中、江伟：《诉讼法论丛》，法律出版社 2004 年版，第 72 页。

〔4〕 罗杰：《防治家庭暴力立法与实践研究》，群众出版社 2013 年版，第 34 页。

（二）涉家暴婚姻案件的证据特点

由于家庭暴力具有隐蔽性强、损害后果难测定等特征，涉家暴案件中的当事人收集证据和法官采信证据都面临着较大困难。司法实践中，涉家暴婚姻案件中证据的运用常表现出以下特点：

（1）证据的难以取得性：证明家暴存在的要件之一即为证明受害人的伤情，但基于前述受害程度的难测定性，在受害人受到家暴相隔一段时间后才提起诉讼时，能够证明受害程度的书证、鉴定意见等已无法确切反映受害人受暴当时的伤情状况，甚至已经由于伤情康复而难以取得。相对而言，证人证言在该类案件中最易取得，但随着时间推移也可能变得模糊不清。

（2）常用证据证明力的天然缺陷性：相对而言，书证、鉴定意见等证据的取得存在一定困难，而证人证言较为容易取得，因而在涉家暴婚姻案件中最为常用。然而由于家庭暴力的发生具有隐蔽性，证人往往是与当事人一方或双方有亲属关系或其他亲密关系的人，其所举证言因受到与一方当事人利害关系的影响而真假难辨，在证明力上具有天然缺陷。

（3）间接证据运用的广泛性：证明力较强的病历、鉴定意见等只能证明伤情的存在而无法直接证明家暴事实的发生，而除当事人子女亲眼所见家暴行为外，邻居或朋友等证人通常是通过自己的听觉感知、甚至是通过传闻提供关于家暴事实某一片段的证言。故在司法实践中，法官通过采信某一证据直接认定家暴行为存在的情况较为少见，而是要结合书证、证人证言等多份间接证据认定数个间接事实，再根据所认定的间接事实推认家庭暴力事实的存在[1]。

（三）涉家暴婚姻案件中专家辅助人的引入

由于家庭暴力问题属于跨学科专业范畴，其认定更是一个具有理论内涵深度的专业性问题。但在涉家暴案件的传统司法实践中，法官由于缺乏相关知识，很少从社会学、心理学、病理学等专业视角分析案件事实，甚至对涉家暴民事诉讼中出现的专业问题根本就不敏感，而是受到"清官难判家务事"等传统观念的影响，习惯认为双方均有过错，要相互谅解，即使对施暴多年且有一定严重后果的案子也试图调解，这些表明法官对家暴问题本质及后果

---

〔1〕 张华贵主编：《典型婚姻家庭案件诉讼证据运用》，中国检察出版社 2004 年版，第 194 ~ 195 页。

的认识仍存在不足[1]。即使在最高院发布的《指南》对家暴的本质及特点作出了较为全面的阐述后,一些施行《指南》的试点法院的法官仍没有理解《指南》的精神内涵,而是机械地适用其内容。如某一试点法院法官审理一起丈夫殴打妻子致轻微伤的离婚案,最后没有认定丈夫实施家庭暴力,主审法官的理由是:《指南》规定家庭暴力的目的是对对方的控制,丈夫想离婚、想离开才打妻子,并不想控制她;另一理由是《指南》指出家庭暴力呈现周期性,丈夫只打了妻子几次,不存在周期性,所以不构成家庭暴力[2]。可见,家庭暴力这一专业性问题的认定,不仅需要法官的法学知识,还要结合专家辅助人相关的心理学、病理学、社会学、女性学等多元化知识,从引发家暴的原因、家暴的行为特点及加害人的主观目的等方面着手分析,辅助法官更加客观地认定家庭暴力。

此外,涉家暴婚姻案件中证据的运用面临着取证难、证据证明力存疑等多重困境,受害人如何收集证据、法官如何采信证据并借助多个间接证据推认家庭暴力的存在,是该类案件在司法实践中亟待解决的难题。在该类案件中运用具备专业知识和实践经验的专家辅助人,有利于通过案情细节了解家庭暴力发生的原因,分析加害人和受害人的心理和行为模式及判断加害人是否具有控制受害方的主观目的,从而直接帮助当事人举出有利于己方但被忽视的证据,间接辅助法官更加客观地采信证据。

(四)我国涉家暴婚姻案件中专家辅助人的现状

我国民事诉讼中的专家辅助人制度虽实行至今 10 年有余,仍没有发展到相对成熟的阶段。涉家暴案件中的专家辅助人制度以民诉专家辅助人制度为依托,在立法和实践方面也均有待进一步完善。

1. 立法现状

目前我国民事诉讼法中对专家辅助人制度的相关规定集中于《民诉法修正案》第 79 条和《民事诉讼证据规定》第 61 条。根据上述法律文件的规定,我国专家辅助人制度内容主要包括以下方面:①当事人有权申请专家辅助人出庭,但是否准许由法院决定。②专家辅助人的职责是根据自身专业知识或

---

〔1〕 黄列主编:《性别平等与法律改革:性别平等与法律改革国际研讨会论文集》,中国社会科学出版社 2009 年版,第 190 页。

〔2〕 北京市律师协会编:《律师利益冲突管理与公益法律服务》,北京大学出版社 2010 年版,第 358 页。

技能对鉴定意见或专门性问题发表意见。③专家辅助人有权对鉴定人进行询问，双方当事人均聘请专家辅助人的，经法院准许，也可以就案件中的问题相互对质。④专家辅助人有义务接受双方当事人、其他专家辅助人及审判人员的询问。⑤聘请专家辅助人的费用由提出申请的一方当事人负担。

上述专家辅助人制度的规定普遍适用于包括涉家暴婚姻案件在内的一切案件，但对于特定类型案件中专家辅助人制度如何适用没有具体的规定。尽管最高院发布的《指南》只具有参考意义，但该文件第 44 ~ 47 条关于涉家暴婚姻案件中的专家辅助人制度的下述规定对法院具有借鉴意义：①专家辅助人可以由家暴问题专家、临床心理学家、社会学家或社会工作者等担任，且一般应当有 1 年以上直接接触本案受害人以外的家暴受害者的经历。②专家辅助人可以依当事人申请或法院聘请出庭，解释受虐配偶综合征等有关家庭暴力的专业问题，作为法院裁判的重要参考。③专家辅助人可以依当事人申请并经法院批准，评估家庭暴力是否对未成年人造成了负面影响，并作出评估报告，作为法院判决子女抚养权归属的参考。

2. 实践现状

就目前各地法院实践来看，民诉专家辅助人制度的应用主要集中于医疗纠纷、知识产权、技术合同等几类典型的专业性案件，涉家暴婚姻案件中对专家辅助人的应用仍处于初步探索阶段，但也取得了一定成果。

2008 年 3 月，最高院发布《指南》后，在全国范围内选取了 9 个基层法院作为试点法院，截至 2011 年，最高院批准的基层试点法院达到 73 个，湖南、广东等省的高级法院也主动组织开展了试点工作[1]。

以无锡市崇安区人民法院为例，2012 年 3 月 6 日，崇安法院以《指南》为参考，聘请了 22 名来自妇联、公安部门、精神卫生中心等的社会学、心理学专家，成立了全国首个"涉及家庭暴力婚姻案件专家委员会"。委员会的专家可以通过观摩庭审、与当事人及其亲友沟通、查看证据材料等方式了解案件，从各自的专业角度对个案是否存在家暴出具专家意见和评估报告，作为法院认定家暴的重要参考。截至 2013 年 11 月 25 日，崇安法院在审理涉及家庭暴力婚姻案件中，共有 10 起案件引入了专家评估机制，为案件审理提供了

---

〔1〕 陈敏："关于人身安全保护裁定的思考"，载《人民司法》2011 年第 5 期。

专业的意见[1]。

为响应《指南》的试点工作要求，重庆高院于 2010 年 6 月召开了全市法院进行涉家暴婚姻案件审理试点工作的培训会，确定了全市 20 个基层法院作为试点法院，并于 2012 年 3 月将试点工作推行至全市 38 个区县[2]。在试点工作中，各试点法院分别确定了涉家暴案件的工作领导小组，设立了专门的涉家暴婚姻案件合议庭，法官在认定家暴问题时，以《指南》为参考，更加注重利用间接证据，并结合双方的法庭表现、评估报告及专家意见等判断家暴的存在，及时作出保护受害人权益的判决，取得了良好的社会效果。

总体而言，涉家暴婚姻案件中的专家辅助人制度正逐渐在实践中得以应用，专家在该类案件中的介入起到了平复当事人情绪、辅助法官认定家暴等积极的作用。但《指南》的试点法院在数量上仍然偏少，且试点法院大多将工作重心集中于对受害者的人身安全保护裁定，而对专家辅助人在诉讼中发挥的作用缺乏足够的重视，影响了专家辅助人制度在涉家暴案件中的普及与应用。

三、现行专家辅助人制度的不足

我国现有民事诉讼法律对专家辅助人制度的规定较为粗略，在实践中缺乏可操作性。特别是对专家辅助人的诉讼地位、参与诉讼的程序、意见采信标准等问题均没有具体规定，阻碍了专家辅助人制度在涉家暴婚姻案件中的实际运行。构建涉家暴案件中的专家辅助人制度，必须首先正视该制度在实践中面临的种种问题，在解决问题的基础上对专家辅助人制度加以构建和完善。

（一）诉讼地位尚不明确

要构建涉家暴案件中的专家辅助人制度，明确专家辅助人的诉讼地位是前提和基础，只有首先在法律上厘清了专家辅助人的诉讼地位，才能相应地根据诉讼地位确定其权利义务、法律责任等一系列重要问题，从而在实践中顺利运行该制度。但纵观我国关于专家辅助人制度的相关规定，无论是《民

---

〔1〕 陈超："反家暴：无锡法院开出全省首张诉前人身保护令"，载人民网 http://js. people. com. cn/html/2013/11/25/270756. html，访问日期：2014 年 8 月 20 日。

〔2〕 胡旭欣："重庆：38 个区县试点家暴案件法院审理"，载华龙网 http://cq. cqnews. net/html/2012－03/06/content_13560071. htm，访问日期：2014 年 9 月 15 日。

诉证据规定》《民诉法修正案》还是《指南》，对专家辅助人的规定均只局限于"出庭对鉴定意见或专门问题进行说明的专家"，而对其诉讼地位、权利义务等问题均没有作出进一步说明，定位不清将会制约专家辅助人在司法实践中发挥预期作用。

（二）参与诉讼的程序不完善

专家辅助人经当事人申请，法院同意后进入诉讼程序，在庭审中对案件的专门性问题进行说明。这是我国《民事诉讼法》对专家辅助人参与诉讼程序的现有规定。但一个制度的顺利运行依赖于具体程序的合理设计，当事人如何申请启动、专家辅助人如何质证等专家辅助人制度的具体程序在现有立法中均未明确规定。一项新制度的运行若没有明确的程序引导，容易造成专家辅助人制度在司法实践中运行混乱。

（三）未规定专家意见冲突的采信标准

在涉家暴婚姻案件中，适用专家辅助人本就是因为法官作为家暴问题的"外行"难以对家暴是否存在的事实作出判断，当双方当事人均聘请了"内行"专家为己方利益当庭对质、出现专家意见冲突时，"外行"的法官如何采信两份专业的辅助人意见同样是需要解决的问题。民诉相关法律对法官如何采信专家辅助人意见的程序、标准等问题同样没有规定，法官在实践中就难以有效借助专家的知识判断家暴是否存在，专家辅助人能发挥的实际作用也将大大受到抑制。

（四）法院及当事人诉讼负担加重

婚姻家庭纠纷本身具有多样性、复杂性的特点，且主要集中在基层法院进行审理，而基层法院往往面临着案多人少的压力，在保证诉讼公正的前提下提高诉讼效率是其当务之急。专家辅助人制度的引入势必会在一定程度上拖延诉讼进程，若双方当事人均聘请专家辅助人当庭质证更会对诉讼效率造成较大影响。

此外，我国民诉相关法律均规定，专家辅助人出庭所需费用应由申请人承担。我国专家辅助人的收费标准尚未出台，有关机构一般自行制定标准或参照律师标准收费。以浙江省天平鉴定辅助技术研究院设立的中国专家辅助人网站上公开的收费标准为例，提交资料予以审查或咨询的费用为 1000 元～5000 元，而出庭质证费用根据专家职称不同从 5000 元/每人每次到 10 000 元/

每人每次而有所不同〔1〕。高昂的诉讼成本无疑会给当事人带来更重的诉讼负担。

四、涉家暴案件中专家辅助人制度的构建

我国民诉法相关规定中尽管已有了专家辅助人制度的雏形，但仅仅只是规定了框架性的条文，在实践运行中也仍然面临许多问题。下文将从专家辅助人的资格和选任出发，围绕专家辅助人的特征对其资质要求、诉讼地位、参加诉讼的程序及意见采信等方面进行体系化的设计，以促使该制度在实践中更好地运行。

（一）资格限定——宽泛认定，逐步严格

由于我国涉家暴案件中的专家辅助人意见不具有法定证据效力，仅作为法官判断家暴是否存在的参考，且目前我国涉家暴案件中专家辅助人制度还处于探索阶段，过于严格的资质要求将阻碍当事人寻找和聘请有关专家，限制专家辅助人制度的运行，故应该适当扩大涉家暴案件中专家辅助人的资格范围。笔者认为，在辅助人资质管理相关规范出台的时机成熟之前，法院可以从理论应用能力、实际经验及相关出庭经历等方面对专家进行初步审查，允许在涉家暴领域内具有一定专业知识或实践经验的人担任专家辅助人。随着专家辅助人制度不断成熟，可逐步建立起法院内部、地方及国家的专家资源库，届时当事人可以直接在专家资源库中聘请专家出庭作证，以保证专家辅助人的专业水平。

（二）诉讼地位——特殊诉讼代理人

民诉法相关规定将聘请专家辅助人的主体规定为当事人，而对法官是否有权选任专家辅助人未予规定。笔者认为，在当事人申请专家辅助人出庭的情况下，专家辅助人由当事人委托，其作用是最大限度地协助当事人针对认定家暴是否存在这一专门事项出庭质证、发表意见，从而更有效地维护当事人合法权益，其并不具有独立诉讼参与人的独立性，而是符合以当事人的名义在代理权限范围内为当事人的利益进行诉讼活动的代理人的特征〔2〕。因此，该种情形下应将其理解为"代理范围特定化"的特殊诉讼代理人。

---

〔1〕　参见"中国专家辅助人网收费标准"，载中国专家辅助人网 http://www.zgzjfzr.com，访问日期：2014 年 9 月 20 日。

〔2〕　蔡虹：《民事诉讼法学》，北京大学出版社 2013 年版，第 180 页。

（三）参与诉讼的程序

由于专家辅助人可以在整个涉家暴婚姻诉讼中多次发挥作用，设计专家辅助人参与诉讼的程序要进行更为全面的考虑，本文主要对专家辅助人参与诉讼的启动程序、庭前意见交换程序等作初步构想。

1. 启动程序

启动程序应根据启动主体的不同分别讨论，当事人申请专家辅助人出庭作证的，应当在举证期限届满前向法院提出书面申请。法院应对专家辅助人的资质及其出庭的必要性进行审查，并在法定期限内将是否准许的决定及时通知双方当事人，当事人对法院驳回申请的决定不服的，可以向原审法院或上一级法院申请复议。

2. 庭前意见交换程序

对于适用专家辅助人且对家暴问题质证耗时较长的案件，法官可经申请或依职权组织对专家意见的庭前交换，从而提高专家辅助人当庭质证的效率，加快诉讼进程。根据我国最高院《民事诉讼证据规定》第37条有关于庭前组织交换证据的规定[1]及相关实践，进行庭前专家意见交换的，应当在规定的期限内向法官上交案件技术争议点的相关说明材料，包括当事人授权证明、具体专家意见、意见形成过程中依据的事实及材料等。专家在庭前交换过程中对对方意见予以认可的，可以在庭审中免予质证；对对方意见有疑问的，应当提出书面质疑，另一方专家应当对该质疑进行书面答复，以便留存作为庭审参考。

3. 其他程序

《指南》提出了很多有利于处理涉家暴婚姻案件的创新性举措，如对家暴受害者提供人身安全保护措施，对各级人民法院进行家暴知识的相关培训及考核、开展对施暴人的心理矫治和对受害人的心理辅导等。专家辅助人除了履行出庭质证、出具意见等一般职能外，同样可以依照一定程序、利用自身知识促进这些措施的顺利开展，如在开庭前运用专业知识证明当事人曾遭受家庭暴力或正面临家庭暴力威胁，帮助当事人完成申请人身安全保护措施的举证责任；在诉讼过程中帮助开展对施暴人的心理矫治和对受害人的心理辅

---

〔1〕《最高人民法院关于民事诉讼证据的若干规定》第37条规定："经当事人申请，人民法院可以组织当事人在开庭审理前交换证据。人民法院对于证据较多或者复杂疑难的案件，应当组织当事人在答辩期届满后、开庭审理前交换证据。"

导，避免施暴人继续施暴并抚慰受害人情绪；在诉讼结束后为法官提供有关家暴知识的专业培训，提高法官的专业知识素养等。

（四）意见的采信——中立专家制度

专家辅助人的意见具有辅助法官判断专业性问题、强化心证从而作出裁判的参考效力。但在双方当事人均聘请专家为己方利益当庭对质、出现专家意见冲突的情况下，缺乏专业知识的法官如何根据两份专业的辅助人意见作出判断仍然需要解决。对于这一问题，可以借鉴美国学者波斯纳解决对抗式诉讼中"复杂专家证言难以理解性问题"的方法，即在难以采信双方对抗的"专家意见"时，借鉴仲裁员选择程序，由双方当事人的专家就指定一名中立的专家达成协议，经法院认定后，以这名指定的中立专家的意见作为具有最终证明力的专家意见。[1]

（五）效率与成本控制——专家聘请次数限制与专家援助

为提高适用专家辅助人制度的涉家暴婚姻案件的诉讼效率，首先，法官应当对专家辅助人出庭的必要性进行适当审查；其次，对于专家意见质证耗时较长的案件，法院可组织进行审前意见交换，确定技术争议焦点，从而提高专家辅助人当庭质证的效率；最后，鉴于专家辅助人意见仅具有参考效力，应规定对当事人聘请专家辅助人的次数予以限制。

对于专家辅助人聘用成本较高的问题，可随着辅助人实践的成熟制定相关收费标准加以规范，避免出现辅助人乱收费的现象。此外，应充分联合社会各界的力量，在条件允许的情况下，逐步建立起完全公益的专家辅助人援助制度，推动辅助人制度的不断发展。

---

〔1〕 ［美］理查德·A. 波斯纳：《证据法的经济分析》，徐昕、徐昀译，中国法制出版社 2001 年版，第 158 ~ 159 页。

未成年人财产抵押的效力问题分析

何杨梅* 著

一、未成年人财产抵押的可能性分析

未成年人作为法律上享有民事权利能力的人，应当享有独立的财产权。"社会成员的个人人格的自我实现与健全发展，必须有其可以支配的财产。没有必要的、基本的财产所有权，也就无所谓真正的独立人格。"[1]

未成年人取得财产的方式主要包括接受赠与、继承以及通过自己的劳动取得的合法收入等，其对于合法取得的财产应当享有全面的并排除他人干涉的权利。但另一方面，未成年人作为无民事行为能力人或者限制民事行为能力人，其不具有为独立意思表示的能力，不能作出或单独作出有效的法律行为，因此法律规定了监护制度。[2]对于未成年人的财产，则规定由父母（通常情况下父母即为监护人）代为行使处分权。抵押作为一项复杂的法律行为，是与未成年人的年龄、智力不相适应的民事活动，通常情况下应由父母代为设立，对于限制民事行为能力人，也可在征得父母的同意后进行，但是父母的处分权应受到法律规定的限制，否则易构成监护权的滥用。

出于保障子女的生活或规避遗产税等多种目的，实践中父母将购置的房产登记在未成年子女名下的现象越来越多。随之，为筹集购房款项，或为经商而进行资金借贷等原因，父母又将子女名下的房产进行抵押，使得未成年人作为房产所有权人或者所有权人之一与相对人（特别是银行）签订抵押合

---

* 中国政法大学民商经济法学院法学硕士研究生。

[1] 江平主编：《民法学》，中国政法大学出版社 2011 年版，第 285 页。

[2] 《民法通则》第 12 条规定，10 周岁以上的未成年人是限制民事行为能力人，可以进行与他的年龄、智力相适应的民事活动；其他民事活动由他的法定代理人代理，或者征得他的法定代理人的同意。不满 10 周岁的未成年人是无民事行为能力人，由他的法定代理人代理民事活动。

同的情形日渐普遍。因此，如何认定未成年人财产（特别是房产）抵押的效力，是关系到未成年人利益的保护与相对人抵押权能否实现的重要问题。一方面，如果父母滥用法定代理权抵押未成年人的财产，则构成侵害子女财产权的行为；另一方面，如果完全否定未成年人财产抵押的可能性，不仅与实际需求不符，也不利于维护交易安全。因此，如何在保护未成年人的合法权益与维护交易安全之间进行平衡，是本文所要探讨的主要问题。

二、未成年人财产抵押的限制条件——以"为被监护人的利益"为标准

《民法通则》第 18 条第 1 款规定，监护人应当履行监护职责，保护被监护人的人身、财产及其他合法权益，除为被监护人的利益外，不得处理被监护人的财产。该条规定了父母对未成年子女财产的处分权及其限制条件。

根据该条规定，父母作为未成年子女的监护人，只有在"为被监护人的利益"的情况下，才能处分子女的财产，否则构成监护权的滥用。该种立法例为多数国家和地区所采纳，如我国台湾地区"民法"第 1088 条第 2 项规定，父母对于子女之特有财产，有使用、收益之权，但非为子女利益不得处分。[1]抵押作为法律上的处分之一种，应受到该种条件的限制。

那么，何种情况可认定为是"为被监护人的利益"？台湾地区民法学者史尚宽先生认为，"其是否有利，应斟酌当时之情形定之。故亲权人与子女间的行为，为子女对于他人为赠与、为继承之抛弃或承认或为限定继承，均应以子女之利益为准。父母若陷于穷困，为子女适当及教养之费用相反之行为，例如亲权人放弃子女之债权以获自己债务免除之契约，以子女之财产为亲权人债务代物清偿之契约，为亲权人之债务于子女之财产设定抵押权之契约，明为不利于子女之处分"。[2]该观点殊值赞同。

结合我国司法实践，就抵押而言，是否"为被监护人的利益"的情况主要分为三类：①纯为子女利益的抵押行为，如为筹集未成年子女的教育、抚养等费用而将子女的财产抵押，或为子女购房而将所购房屋用于抵押贷款；②明确的非为子女利益的行为，如父母为偿还赌债而抵押，或为第三人债务提供担保；③间接目的是为子女利益的抵押行为，如父母为所经营的企业进行抵押借贷或者进行其他方面的经营投资等，抵押的直接目的并非是为了子

---

〔1〕 王泽鉴：《民法学说与判例研究》（第 3 册），北京大学出版社 2009 年版，第 119 页。

〔2〕 史尚宽：《亲属法论》，中国政法大学出版社 2000 年版，第 676 ~ 677 页。

女的利益，但其间接目的可能是为了子女将来财富的增加，生活、学习条件的改善等，该种行为的效力如何认定？有观点认为，"由于监护人与未成年人具有利益上的一致性，因而对于未成年人而言，监护人如能够获得更多利益，将有利于保障未成年人生存权、发展权等权益。因此，此种情形也可认定为符合为了未成年人的利益的标准。"[1]该种观点似有一定道理。但是，应当指出，父母行为的直接目的是为自己的利益，而其间接目的能否达到实难保证，即使父母出具了为子女利益的承诺书，仍很难预料父母日后经营所得收益的实际用途，父母的抵押行为极有可能演变为擅自消费子女财产的滥权行为；且经营行为存在很大风险，一旦相对人主张实现其抵押权，子女即面临丧失财产权的风险。因此，"为被监护人的利益"应作限缩性解释，即只有前述第一种情形才符合该标准。

三、父母"非为被监护人的利益"抵押未成年人财产的效力认定

父母"非为被监护人的利益"抵押未成年子女的财产，除涉及父母与未成年子女之间的关系外，还需考虑到交易相对方的利益以及对交易安全的保护。但是，《民法通则》第18条只规定了父母违反该限制条件的损害赔偿责任，对于该行为对外效力的问题却并未涉及。

（一）无权处分说及其理论缺陷

有学者指出，既然我国《民法通则》第18条规定，除为被监护人的利益外，监护人不得处分被监护人的财产，那么父母为不利于子女的处分就属于无权处分。[2]但是该观点忽略了一个问题：无权处分要求无处分权人以自己的名义实施法律行为。

父母抵押未成年子女财产是基于其享有的法定代理权，因此其行为的性质应认定为代理。但法律并未要求父母必须以子女的名义为法律行为，即只要父母的抵押行为是为了子女的利益，不管是以子女或自己的名义，其结果均为有效。但在"非为子女利益"的情况下，其性质则有不同：如果父母以自己的名义抵押子女财产，构成无权处分；但如果父母以子女的名义并以法定代理人身份将子女财产进行抵押，则不符合无权处分的构成要件。

〔1〕 郝伟盛："浅析涉及未成年人利益的抵押贷款公证"，载徐昕、黄群主编：《司法：公证的中国进路专号》第6辑，厦门大学出版社2011年版。
〔2〕 余延满：《亲属法原论》，法律出版社2007年版，第462页。

（二）父母以法定代理人身份"非为被监护人的利益"抵押未成年人财产的性质分析

如果父母以法定代理人的名义为自己或第三人债务担保而抵押子女的财产，该行为是否构成无权代理？父母的代理权是直接根据法律的规定而产生的，因此有观点认为：父母若以法定代理人的身份以子女名义处分未成年子女的财产的，是有权代理而非无权代理。[1]但是，任何权利都应在法律允许的范围内行使，父母的法定代理权也应受到限制。

第一，尽管法律没有明确规定父母行使法定代理权的结果归属，但依代理的一般原理，被代理人即未成年子女应当是合同的当事人，父母行为的结果应由子女承担。代理人只能在为被代理人利益的范围内为法律行为，因此，如果父母滥用法定代理权签订抵押合同致使子女财产权受损，法律应当为子女的利益提供救济。

第二，父母行使法定代理权抵押子女财产的结果即是导致子女财产权受限制，在抵押权人行使抵押权时则直接导致子女财产权的丧失。即，法定代理权的行使直接与处分行为相关，因此，父母的法定代理权应在为子女利益的范围内才具有合法性。

第三，父母与子女之间利益冲突存在的可能性。在传统的观念中，父母均会为子女的利益考虑，然而实践中不乏父母为了自身利益损害子女利益的情形。而父母作为未成年子女的法定代理人的身份，又为其实现该种行为提供了捷径。如果一概认为父母基于法定代理权可以代理未成年子女从事一切法律行为，则无疑默许了该种损害未成年子女利益的情形的存在，而未成年人作为弱势一方却无法得到救济。

因此，为保护未成年子女的财产权利，父母的法定代理权应受到"为被监护人的利益"的限制，否则该代理行为即构成无权代理。对此，史尚宽先生曾论述："父母为不利于子女之处分，其效力如何，依余所见，除可认为表见代理外（'民法'第169条），其明显的不利于子女之行为，应认为无权代理，子女成年后得追认之（参照日本昭和十一年八月七日大判，我妻荣第345、343页）亲权人与子女间之行为，依'民法'第106条之规定，自亦构成无权代理。亲权人逾越管理范围之行为，对于子女负损害赔偿义务。"[2]但

---

〔1〕 余延满：《亲属法原论》，法律出版社2007年版，第461页。
〔2〕 史尚宽：《亲属法论》，中国政法大学出版社2000年版，第677页。

是，史尚宽先生未区分父母是以自己名义还是以未成年子女名义处分财产，本文认为，将父母以自己名义为"不利于子女之处分"认定为无权处分更为稳妥。

根据以上分析，可得出结论：其一，如果父母"为被监护人的利益"抵押未成年子女的财产，无论其是以自己名义还是以法定代理人的名义，抵押均有效。其二，如果父母"非为被监护人的利益"抵押未成年子女的财产，应根据父母行为时的不同名义进行定性：①父母以自己名义为抵押行为的，构成无权处分；②父母以法定代理人的身份为抵押行为的，应认定为无权代理。

（三）第三人注意义务的确定标准

父母行为的性质不同，合同相对人可主张的救济也存在差别。其一，在无权处分的情况下，第三人可主张：①其因善意且无过失地相信父母是标的物的所有权人因此可"善意取得"抵押权；②虽然知道标的物的实际权利人为未成年子女，但其有理由相信父母的行为是"为被监护人利益"，因此抵押有效。其二，在父母无权代理的情况下，相对人仅能主张其有理由相信父母有代理权即"为被监护人的利益"，因此符合表见代理的构成要件。另外，根据民法理论，无权处分和无权代理都可通过真正权利人的追认而使该处分行为生效，但由于未成年人在成年前无法有效行使追认权，故本文认为，除非在争议发生时其已成年，应认定抵押权设立无效，以防止法律关系久悬不决。

因此，多数情况下相对人只能通过主张其善意无过失地相信父母是"为被监护人的利益"与其签订抵押合同，其抵押权才能受到保护，即相对人对此负有注意义务。由于实践中借款合同均包含"借款用途"条款，因此该条款是认定父母抵押行为是否为子女利益的最直接证据，这就排除了诸如为企业融资贷款或为第三人的债务提供担保的有效性。另外，相对人（主要是银行）对于"为被监护人的利益"应负更全面的审查义务，如对于父母在合同中写明的为筹集子女教育经费的贷款，相对人有义务要求父母提供证明其家庭经济状况的必要材料以及子女的在学证明或录取通知书、学费开支明细等材料；对于父母为子女筹集医疗费用的，应要求父母提供医院出具的诊断书、检查单、费用开支明细等相关证明，以确保贷款实际用于与子女重大利益相关的事项。否则，银行不得主张其履行了注意义务。特别指出，实践中存在父母出具"为未成年子女利益"或"不损害未成年子女利益"的承诺函的情形，但该种承诺函不具有单独的证明作用，特别是在父母为自己或第三人的债务提供担保的情形中，该行为明显与子女利益相悖，相对人不能仅凭父母出具的承诺函而主张履行了注意义务。同时，目前已有案例显示，父母以子女房产为自己债务担保并出具了"不损害未成年子女利益"的公证声明，同时借款合同和抵押合同均办理了强制执行公证，但最终法院裁定不予执行。法院认为，父母作出的与未成年人有关的抵押决定，是否损害到未成年人的权益，执行期间无法审查。"案件所涉及的银行公证债权文书，在实体权利上可能存在违法要素及权利阻却事由，应当裁定不予执行。"[1]

但是，司法实践中的情况与理论分析的结论差距甚大。故以下将结合搜集到的案例进行分析并对我国目前的司法实践状况进行检讨。但本文的目的并非是得出最终结论，而是着重分析判决中反映出的问题，以期得出一点建设性的意见。

四、未成年人财产抵押的效力之实证分析

一般来说，标的物是动产还是不动产直接影响到父母签订抵押合同所用的名义。动产的权利状况因不需登记，因此父母可直接以自己的名义将财产抵押，当然他也可以以代理人的身份进行。不动产因需进行权利登记，即此时不动产登记在子女名下，因此父母只能以法定代理人的身份办理抵押。实践中以未成年人房产为标的的抵押合同的签订主要分两种情况：①由父母直接代签；②若子女为限制民事行为能力人，则可能由子女先签名，再由父母以法定代理人的身份签字确认。但不论哪种情况，父母的行为均受到"为被监护人的利益"的限制。

由于实践中父母多是以房屋（不动产）进行抵押担保，故以下仅对该种典型情况进行分析。对于动产抵押可类推分析之。

（一）涉及未成年人利益的住房抵押贷款的效力分析

住房抵押贷款是购房中经常采取的模式。父母将所购房屋登记在子女名下或以共有的方式将子女名字登记在房产证上，应当认为该房产或者该部分的房产是对子女的赠与。并且，父母由于购房资金不足而与银行签订借款合同并以所购房屋用作抵押担保，即出现处分未成年子女房产权利的问题。由于抵押目的是担保购房所需借款的偿还，因此父母的抵押行为应认定为是

---

[1] 郑金雄："用十岁女儿房产抵押贷款195万，银行持执行证书催债，法院裁定不予执行"，载《人民法院报》2011年4月12日，第3版。

"为被监护人的利益"，抵押有效。但从搜集到的案例来看，法院的判决理由仍有不同。

1. 法院判决有效的理由之分类

多数情况下，法院都直接以抵押合同合法签订且已办理抵押登记为由认定抵押有效，判决书均未对《民法通则》第 18 条的规定进行阐述，判决理由甚为简略，这与很多情况下抵押人一方（父母、未成年子女）未到庭主张抗辩有关。

也有部分判决书对判决理由作了较为详细的论述，主要包括：

（1）父母出具了不损害未成年子女利益的书面声明。如"魏伟（父亲）将其所购买的房屋抵押给江苏银行南京城西支行，该抵押行为已征得共同产权人王玉情（母亲）、魏某甲、魏某乙的同意，且魏伟、王玉情已书面声明不损害魏某甲、魏某乙的利益，该抵押行为应合法有效"。[1]

（2）父母的抵押行为是为未成年子女合法利益的行为。如"该《贷款抵押合同》的约定虽然以与未成年人阙承斌的共有房产作为购房贷款抵押，但结合《个人一手房屋贷款合同》《监护人承诺函》，借款用途是改善或提高被监护人阙承斌的生活学习条件，该《贷款抵押合同》对阙承斌共有房产的处分，是为了维护阙承斌的合法权益，不存在损害阙承斌利益的任何行为，不违反法律和行政法规的强制性规定"。[2]

（3）父母基于法定代理权有权处分未成年子女的财产。如"孙毅签订借款合同时属于限制民事行为能力人，对外承担还款义务是与其年龄、智力等不相适应的民事活动，应由其法定代理人即父母代理"。[3]

（4）在房款付清之前不能将房屋视为未成年子女实际所有的财产。如"但该房屋系赵钢（父亲）向工商银行朝天门支行申请贷款后使用贷款购买所得，且该房屋也是为上述借款提供抵押担保。因此在上述借款清偿完毕之前，不能将该房屋当然视作赵俊雄（未成年子女）实际所有的财产。赵俊雄将……房屋抵押给工商银行朝天门支行，并使用申请所得的贷款购买上述房屋，

---

〔1〕 参见《原告江苏银行股份有限公司南京城西支行与被告魏远、王玉倩、魏瑶瑶、魏伟金融借款合同纠纷一案的民事判决书》，南京市鼓楼区人民法院（2013）鼓商初字第 224 号民事判决书。

〔2〕 参见《中国银行股份有限公司无锡惠山支行与阙树旺、周国花等金融借款合同纠纷一审民事判决书》，江苏省无锡市惠山区人民法院（2013）惠商初字第 1185 号民事判决书。

〔3〕 参见《中国工商银行股份有限公司无锡分行与孙健、周建珍等金融借款合同纠纷一审民事判决书》，江苏省无锡市南长区人民法院（2014）南商初字第 0485 号民事判决书。

并不违反我国《民法通则》关于监护人不得侵害被监护人财产的规定"。[1]该
判决理由存在明显错误，根据《物权法》的规定，在办理房屋所有权登记之
后，房屋即归登记的权利人所有，其所有权不应受到贷款是否还清的影响。

2. 最高人民法院的判决理由

在《最高人民法院关于中国信达资产管理公司福州办事处与张景宗、雷
珊珊、张瑱瑱、厦门正丰源保税有限公司借款合同纠纷一案请示的复函》
（2002 年 2 月 8 日［2001］民一他字第 34 号）中，最高院认为："张景宗在购
房合同的买方一栏除署上自己的名字外，还署上其未成年女儿张瑱瑱的名字，
是将所购房屋的一部分权利赠与给张瑱瑱的行为。由于所购房屋尚未办理所
有权证，张瑱瑱尚未取得赠与房屋的权利，故张景宗此时有权处分所购房屋。
购房合同书上的买方是张景宗和张瑱瑱的名字，而张景宗是张瑱瑱的法定监
护人，张瑱瑱是未成年人，无法向其征询意见，所以保税区建行有理由相信
张景宗具有对该房屋的处分权，因而与其签订了合同，并依法办理了抵押登
记，这充分表明，保税区建行尽到了注意义务，是没有过错的，因而是善意
的。根据最高人民法院《关于贯彻执行〈中华人民共和国民法通则〉若干问
题的意见（试行）》第 89 条的规定，应当维护保税区建行的合法权益，依法
确认抵押合同的效力。"根据该批复可得出如下结论：①父母购房后将房屋登
记在子女名下是为对子女的赠与；②在办理房屋所有权登记后子女才能取得
该部分权利，否则父母单独享有房屋的处分权；③父母作为未成年子女的法
定监护人，有权代为处分子女的财产，相对人仅凭相信父母的法定代理权即
履行了注意义务。

最高院的逻辑不无疑问。首先，虽然房屋未办理所有权登记，但购房合
同中有子女的署名，则子女是合同的当事人之一，其与父亲应当享有同样的
法律权利。其次，法院认为父亲作为法定监护人有权代为处分未成年子女的
房屋的观点是正确的，但法院认为银行仅凭相信父亲具有法定代理权就履行
了注意义务的观点却缺乏说服力。依该观点，只要父母以法定代理人的身份
签订合同，即使相对人明知父母的行为损害了未成年人的利益，其均可主张
已履行了注意义务。该种逻辑显然不能成立。本案中银行取得抵押权的主要
原因应当在于住房抵押贷款是符合未成年子女利益的，而不是父亲作为法定

---

〔1〕 参见《中国工商银行股份有限公司重庆朝天门支行与赵俊雄、赵钢等金融借款合同纠纷一
审民事判决书》，重庆市渝中区人民法院（2014）中区法民初字第 01499 号民事判决书。

代理人的代理权，即是说，银行应当是对"为被监护人的利益"负有注意义务。

（二）父母"非为被监护人的利益"抵押未成年人房产的效力分析

根据前文论述，父母"非为被监护人的利益"抵押未成年子女的房产的，构成无权代理，相对人只有履行了注意义务，即善意且无过失地相信父母抵押的目的是"为被监护人的利益"，其抵押权方为有效。实践中主要是父母因经营困难向银行借款并办理抵押或为第三人的债务设定抵押等情形。针对这一问题，各法院的判决结果存在很大冲突，甚至出现了同案不同判的现象。

1. 法院判决有效的理由之分类

（1）父母出具了"为未成年子女利益"或"不损害未成年子女利益"的承诺书。如"原告提供的说明、抵押房地产承诺书并可证实，顾湘的父母顾东晖、陈建慧在签订上述合同之前，已经注意到对未成年人合法权益的保护，并保证不会损害到顾湘的利益；原告基于对顾湘法定监护人所做说明的信赖，完全有理由相信接受涉案房屋做抵押担保，不会损害未成年人的合法权益；现顾湘以抵押担保损害未成年人合法权益为由，认为抵押合同无效，有违诚实信用原则，亦缺乏充分的法律依据，本院不予支持。"[1]但根据前文分析，仅依该种承诺函不能认定银行履行了注意义务，因为虽然父母声明不损害子女利益，但事实上，一旦银行行使抵押权处分抵押财产，未成年人的利益必然受损，该行为明显的不利于未成年人的利益，银行对此应当明知，主观上不构成善意。

（2）父母基于法定代理权可处分未成年子女的财产。如"本案《最高额抵担保借款合同》《抵押担保借款合同》《抵押承诺书》《延期还款协议书》签订时，黎某某是未成年人，以上合同上黎某某的名字均由其母亲李红露代签。黎英德、李红露作为未成年人黎某某的父母，是黎某某的法定监护人，其以家庭共有财产为黎英德借款作抵押担保的多次意思表示明确、一致，足以使江城农信社相信抵押物的共有人同意设定抵押，江城农信社没有过错。本案贷款抵押办理了相应的手续，李红露的代签行为也没有违反法律的规定，

---

[1] 参见《原告江苏银行股份有限公司南京城西支行与被告魏远、王玉倩、魏瑶瑶、魏伟金融借款合同纠纷一案的民事判决书》，南京市鼓楼区人民法院（2013）鼓商初字第224号民事判决书。

依法应认定抵押担保的效力"。[1]相似的判决如，"系争房屋的共同共有人为原告及被告叶妙洪，在原告未满 18 岁时，作为原告的法定代理人叶妙洪代为签订最高额抵押合同，与法不悖，在系争房屋共有人均同意处分的情况下，工行周宁支行有理由相信叶妙洪对房屋具有处分权，因而与其签订了抵押合同，并依法办理抵押登记，难言银行没有尽到注意义务、存在过错。"[2]该种判决观点完全忽略了《民法通则》第 18 条关于父母处分子女财产的限制性规定。

（3）《民法通则》第 18 条的规定不属于效力性强制性规定。如"本院认为《中华人民共和国民法通则》第 18 条的规定并非属于效力性强制性规定，将海珍、姜弦（父母）在本案中将姜某与将海珍共有的房产为汇美公司的债务作抵押，虽然违反了该条规定，但不符合《中华人民共和国合同法》第 52 条第 5 项规定的合同无效情形。由于将海珍、姜弦作为姜某的法定代理人已在抵押合同上签字，且已依法办理抵押登记，至于抵押合同上'姜某'三字是否姜某本人所签，并不影响抵押合同的有效成立。若姜某认为将海珍、姜弦将其财产抵押的行为侵犯了其合法利益，可另行主张权利。"[3]又如，"本院认为，对于违反法律、行政法规的强制性规定，司法解释已经将'强制性规定'解释为'效力性强制性规定'，即只要该合同行为绝对地损害国家利益或者社会公共利益，人民法院就应当认定合同无效。除此之外，合同未必无效。本案抵押合同的约定，虽然在一定程度上损害了被监护人毛某的利益，但毛某的利益是个人利益，而不是国家利益或者是社会公共利益。且毛某的利益如有损失，法律规定了救济的途径，即向被监护人毛某乙、何某甲提请赔偿，毛某的利益实际不会受到损害。法院如为此保护毛某的个人利益，而不管祝某、毛某甲和毛某乙、何某甲依照诚实信用原则签订的抵押合同，损害的恰是整个社会公德和社会公共利益"。[4]以上判决均认为《民法通则》第

〔1〕　参见《黎英德等与阳江市江城区农村信用合作联社抵押借款合同纠纷再审案》，广东省高级人民法院（2010）粤高法审监民再字第 61 号民事判决书。
〔2〕　参见《叶文浩与中国工商银行股份有限公司周宁支行、叶妙洪抵押权纠纷一审民事判决书》，上海市松江区人民法院（2014）松民三初字第 2184 号民事判决书。
〔3〕　参见《上海浦东发展银行股份有限公司温州分行与温州汇美国际贸易有限公司、蒋海珍等金融借款合同纠纷一审民事判决书》，浙江省温州市中级人民法院（2012）浙温商外初字第 308 号民事判决书。
〔4〕　参见《何小妹、毛某与祝良、毛舒钰等民间借贷纠纷再审民事判决书》，浙江省江山市人民法院（2013）衢江商再字第 2 号民事判决书。

18 条的规定仅具有内部效力，父母的越权行为不影响抵押的外部效力。但是，依代理的一般原理，代理人超出授权范围的，除可认定为表见代理外，均构成无权代理，因此，法定代理也应按照代理的理论进行分析。

（4）房屋系父母出资购买。如"本案所争借款在杨金林父亲杨军业务经营过程中发生，杨金林成为借款人和抵押担保人系其父杨军、母亲李莹所为，抵押的房屋也是杨军和李莹购置，并非杨金林自行购买，故杨军及李莹并未损害杨金林的利益"。[1]法院的判决逻辑明显错误，父母将子女名字登记在房产证上的行为应认定为对子女的赠与，该部分房产的权利应由子女单独享有，父母的擅自抵押行为已经损害了子女的利益。

2. 法院判决无效的理由

法院一般都是从保护未成年人的利益出发，将《民法通则》第 18 条的规定认定为强制性规定，父母违反该规定的抵押行为无效。如"《民法通则》第 18 条明确规定，监护人除为被监护人的利益外，不得处理被监护人的财产。该规定属于禁止性规定，目的在于保护被监护人的利益。本案中，被告黄艳英作为被告杜锦鸿的监护人，对代被告杜锦鸿签订抵押合同为被告杜锦鸿名下房产设定抵押的行为，系为被告杜锦鸿设定义务的行为，而非为其利益考虑"。[2]又如，"本案中，没有证据表明陆佩华、张小弟夫妇处分该房产使张某获益，也没有证据证实陆佩华在共有财产处分前征得了 15 岁的未成年女儿张某的同意，交通银行允许陆佩华，张小弟夫妇将房产抵押，只会使张某的房产利益处于不确定的风险中，其主观上也并非善意。故根据《中华人民共和国合同法》第 52 条第 2 项之规定，损害第三人张某利益的合同当属无效合同。……虽然，法律行政法规不禁止用未成年人的房产进行抵押，但非为被监护人的利益不得处理被监护人的财产是一项基本原则，除非交易相对方主观善意。本案中，交通银行对抵押行为是否经过未成年人同意，是否使未成年人获益负有审慎审查义务，其认为监护人可当然处分被监护人财产系法律

---

[1] 参见《李莹等诉上海新联纺进出口有限公司等借款合同纠纷一案二审民事判决书》，上海市第一中级人民法院（2014）沪一中民四（商）终字第 1540 号民事判决书。

[2] 参见《中国建设银行股份有限公司佛山市分行与佛山市南海志宏电工材料有限公司、黄艳英、杜志坚、杜锦鸿、佛山市鸿骏贸易有限公司、四会市志广电工材料有限公司金融借款合同纠纷一审民事判决书》，广东省佛山市禅城区人民法院（2014）佛城法民三初字第 2182 号民事判决书。

理解有误，对其观点本院不予支持"。[1]

3. 最高人民法院判决有效的理由

由于最高法并没有关于该问题的司法解释或者复函，因此以下通过一个具体的判决来分析其态度。

在该案中，父亲黄恒燊将其与未成年女儿黄韵妃共有的房产（其中女儿占有房产份额的99%，父亲占有遗产份额的1%）为某公司的贷款设立抵押，并且父亲出具了两份声明，主要内容为"本人保证上述抵押行为是为了黄韵妃本人的利益的行为，不存在侵害黄韵妃合法权益的情形"。一审法院、二审法院均认定该抵押行为有效。

在再审中，最高院维持的二审法院的判决，其主要理由包括：①我国现行法律对抵押人的身份并无限制，黄韵妃系限制民事行为能力人，其母亲温小乔以监护人的身份代其签订抵押合同并不违反法律禁止性规定；②《中华人民共和国民法通则》第18条第2款规定，监护人不履行监护职责或者侵害被监护人的合法权益的，应当承担责任。即便监护人温小乔代黄韵妃签订抵押合同的行为损害了黄韵妃的利益，法律也仅规定由监护人来承担相应责任，而非由此否定合同效力并由合同相对人承担责任；③黄韵妃的监护人当初为获取贷款利用未成年人黄韵妃名下的财产进行抵押并出具不损害其利益的声明，在获得贷款之后又以损害未成年人利益为由主张合同无效，该抗辩理由属恶意抗辩，违背诚实信用原则；④关于银行在二审中提交的《声明》，二审法院虽采纳该证据用以证明抵押合同的签订不存在侵犯黄韵妃利益的情形，合同因此不应认定为无效，但本案抵押合同的效力认定无需取决于该声明内容的存在与否，即该证据应否作为新证据采纳不影响本案的处理结果；⑤银行在签订合同时并无主观恶意，亦不存在明显过错，黄韵妃主张由银行承担相应责任无事实依据和法律依据。[2]

最高院的判决主要体现为：一是肯定监护人的法定代理权；二是《民法通则》第18条的规定不具有否定抵押合同有效性的效力；三是父母主张抵押合同无效的行为属于恶意抗辩；四是即使父母不出具"不损害为成年子女利

〔1〕 参见《交通银行股份有限公司嘉兴嘉善支行与陆佩华、张某等金融借款合同纠纷二审民事判决书》，浙江省嘉兴市中级人民法院（2014）浙嘉商终字第164号民事判决书。

〔2〕 参见《黄韵妃与华夏银行股份有限公司深圳天安支行、昶皓照明股份有限公司、上赫股份有限公司、黄恒燊、温小乔的一般担保合同纠纷申请再审民事裁定书》，最高人民法院（2014）民申字第308号民事判决书。

益"或"为了未成年子女利益"的《声明》或《承诺函》，该抵押也是有效的。即是说，最高院的态度是：不管抵押是否是"为被监护人的利益"，在对外关系上，父母以未成年子女财产进行抵押的行为都是有效的。

（三）对判决结果的反思

从以上对不同法院判决的分析对比中，我们可以看出各判决理由及结果的差异性及矛盾性。特别是对于父母"非为被监护人的利益"的抵押行为，不同案件的判决理由存在严重冲突，判决结果也截然相反。例如，有的法院通过认定《民法通则》第18条的规定属于非效力性强制性规定而主张抵押有效；与此相反，有些法院直接援引该规定认定抵押无效，其显然是将该条认定为是效力性强制性规定（或禁止性规定）。

造成以上状况的主要原因在于：

第一，法律规定的不明确性，因此法官的自由裁量权过大。法院判决的逻辑应当是：首先，认定父母的抵押行为是否为"为被监护人的利益"，如果是，则抵押有效，如果不是，则需认定抵押行为的对外效力（依本文前述观点，多数情况下该行为构成无权代理）；其次，如果父母的行为"非为被监护人的利益"，则相对人只有履行了注意义务才能获得抵押权，因此法院应进一步确定注意义务的认定标准以及相对人是否履行了该义务。据此，法院才能得出判决。因此，分析问题的关键在于：其一，何为"被监护人的利益"；其二，"非为被监护人的利益"的抵押行为的对外效力；其三，相对人承担注意义务的确定标准。而对于以上三点，我国法律均没有明确规定，是为法律漏洞。

第二，法院判决缺乏对于未成年人合法权益的考量。例如，很多法院都认为父母基于法定代理权即可处分未成年人的财产，该种做法完全忽略了法律关于"为被监护人的利益"的限制性规定。同时，一部分法院仅凭父母出具的"为未成年人的利益"或"不损害未成年人的利益"的书面证明即认定相对人履行了注意义务，据此认定该种明显不利于未成年人利益的抵押行为有效，实为不妥。

五、结论

法律的很多问题都涉及对于相互冲突的价值之间的平衡和取舍，在价值衡量基础上，再以技术性的规定提高法的可操作性。

第一，如何保证未成年人利益最大化应当是首要的问题。未成年人作为社会上的弱势群体，法律应当对其合法利益进行更强有力的保护，这意味着第三人在交易过程中，对于涉及未成年人财产权的问题需履行更高的注意义务，否则应承担因疏忽带来的不利后果。

第二，合同相对人的信赖利益也应受到保护。法定代理人只有"为被监护人的利益"抵押被监护人的财产，其行为才能被认定为有效，超出该限制条件即构成无权处分或无权代理。但如果相对人在签订合同时善意地相信父母为标的物的真正权利人或父母的代理行为是"为被监护人的利益"的，则其可依善意取得制度或表见代理制度取得抵押权。

因此，基于对未成年人财产权利的保护和维护市场交易安全的需要，满足司法实践的要求，我国有必要对该问题进行更全面的立法。事实上，大陆法系的很多国家均对父母处分权的行使程序作了明确规定。如在法国，作为法定代理人的父母的利益与未成年子女的利益相抵触的，父母既无代理权也无同意权，应请求监护法官为子女依职权任命管理人，由该管理人行使代理或同意权。[1]这一规定不仅有利于保护未成年人的利益，也为认定相对人是否善意提供了可判断的标准。因此，我国可结合实践中的具体情况借鉴。就目前而言，很多问题仍需进行更深入地探讨，如如何具体界定"为被监护人的利益"的范围，如何在实践中认定相对人履行了注意义务等。以上问题的解决对于弥补法律漏洞、完善我国立法具有重要意义。

---

〔1〕《法国民法典》，罗结珍译，中国法制出版社 1999 年版，第 389 - 3 条。转引自李建洲："未成年人财产监护制度研究"，中国政法大学 2006 年硕士学位论文。

西方法律传统与中国

【意】Pietro Grasso[*]　著

陈　汉^{**} 译

各位领导、教授、亲爱的同学们和朋友们，

　　今天，能站在这里，中国政法大学，我深感荣幸且高兴。中国政法大学是中国最负盛名的学术机构之一，拥有 60 多年的历史，业已培养了 20 多万名学生，具有主张法律思想发展、支持中国立法活动和国际学术交流的传统。我非常感激马怀德副校长、国际合作与交流处处长许兰教授、副处长王福平教授以及意大利法法学家费安玲教授以极大的热情为我提供的这次机会。今天，我想从时间和空间的维度来谈一谈法律：为了纪念中、意两国之间的悠久的法律交流的重要历史，这段历史无论是过去还是现在都是东西方交流的象征；同时也是为了共同展望一下法律的未来。1966 年，我从大学的法学院本科毕业（于 1969 年我开始了我的司法职业生涯），并且，我总是被法律史以及不同法律实践之间的融合历程而吸引。对于意大利法学院的学生而言，"罗马法《法学阶梯》" 几乎总是法学院入学后的第一场考试。今天，我很高兴与大家一起探讨下面这些问题：在西方法律是如何形成和发展的，我们各自的法律制度又是如何再相遇的，并且展望一下在未来他们又会如何一同发展。

　　我们的历史从一本书开始，这本书分为东、西两部分。佛罗伦萨大学的罗马法教授阿尔多·斯齐亚沃尼在他的 2005 年的著作中作了非常精彩的阐

---

　　* Pietro Grasso（彼得罗格拉索），意大利参议院议长。此文为格拉索先生 2015 年 12 月 9 日在中国政法大学所作讲座的演讲稿。

　** 中国政法大学民商经济法学院副教授，意大利罗马第二大学法学博士。

述。嗯，这本书被称为《民法大全》，它是由一群专家学者在君士坦丁堡即今天土耳其的伊斯坦布尔进行汇编的。在公元530年，拜占庭罗马帝国的皇帝（拜占庭帝国是罗马帝国经历过严重危机后唯一的存续），优士丁尼一世，极其聪慧且多才多艺的人，下令审查并重新编纂1400年期间罗马法学家的著作："当这些材料……被收集起来，我们必须重拾辉煌，将古老而悠久的寺庙提升到司法的高度……所有的法律……使其回归本真的任务于我们而言应作为一个堡垒来捍卫。"这是一项令人难以置信的工作，包括了3本著作，密密麻麻地写满了2000页，4个章节，自彼时起，后人们便从未停止过研究、解读和仰慕。让我们遥想一下它的精彩与辉煌吧：正因为它的存在，我们才能够知晓近遥远的古代的早期法学家们的创造性思想，即便这些内容已经被编纂者们酌情作出了删节和修订。

现在，我们再回顾一下更早期的一段历史。西方法律是由罗马人在此前历经了许多个世纪才创造产生的。当然，你们也许怀疑这是不是一个谬论，正在想每一个社会共同体都需要规则，也在不停地创造规则。但是事实是，在罗马之前，规则是通过各种系统产生且不具有法律特征：产生并运行于思想、政治或其他领域之中，并遵循这些系统的逻辑、事实和裁判。但是在罗马时期形成了"法学家"这一特殊的专家阶层，在任何一门古代语言里均无"法学家"一词。法学家们不仅仅是睿智的，还是罗马法的主要创造者，是罗马法律文化的主角：法学家们负责创造规则、程序、制度、诉讼。我们现今所有的法学家都是这些先贤们的思维方式的继承人。你们想象一下，这些先贤们，他们只是普普通通的公民们，而非公务人员，但是他们的品德才能却为他们带来了这样的评价：公职、自由和荣誉。就这样，法律成了一个实体，并由此萌发了西方法律的重要特征之一：法律、程序和法官的独立性和中立性——法官仅仅解释和应用法律和程序。

罗马史上法律的发明界定了所谓的"法律主导的宏观家庭"（专业法律的角色）的范围，从而令法律与宗教、道德和政治传统彻底分离。由此，承认了与公权力相对的个体权利，并反映了西方法律文化思想：以同一的规则来调整个体和公权力。正如两位意大利比较法学家乌戈·马德伊和皮埃尔·朱塞佩·摩纳德利所揭示的，这个概念，代表了所有西方民主国家的主流模式，但是在非西方民主的其他国家却未能超越另外两种传统的宏观家庭：政治主导的宏观家庭（政治规则的角色），在此处，法律程序从属于政治目的；以及与传统霸权相联系的宏观家庭（传统法律的角色），在此处，法律受到宗教、道德—哲学因素的制约。

　　即使在中世纪的欧洲法律文化的内部，自 11 世纪开始，对法律形成过程进行解释的两种截然相反的模式之间出现了一个新的差异。这里，我指的是民法法系和普通法系的区别。民法法系认为罗马法律文化是从中世纪普通法以及源于中世纪普通法的国家法律制度里演变而来，在这里，法律形成于政治、由议会创设，法官将法律适用于具体的案件，依据法律规范来解决司法中的争议。意大利和欧洲大陆的其他国家均从这一传统中受到了启发。普通法的诞生则是深深地根植于英吉利历史的。1066 年黑斯廷战役后，诺曼人开始着手司法和行政机构的中央集权，主要集中于法律的创设方面，法律不是由议会，而是由法官依据先例进行创设的（遵循先例）。在普通法系，法官通过适用其他法官在相似案件中作出的司法先例来创设法律。该模式启发了大不列颠的法律传统，并且，通过殖民主义，该模式蔓延至盎格鲁—撒克逊传统的法律，从美国到澳大利亚，从加拿大到新西兰。民法法系和普通法系于18 世纪末到 19 世纪初之际分道扬镳。1789 年的法国大革命赋予法律以新的意义，是人民意志的表示（正如《法国人权和公民权宣言》第 6 条所表述的）。法国大革命以及其后的其他自由主义革命，这些标志着 18 世纪末 19 世纪初欧洲大陆历史的事件，旨在削弱君主的权力，此前，君主是通过世袭和神意赋予的绝对的统治者，而革命对君主权力的削弱则是通过代表人民意志的选举大会所产生的共存规则的过程来进行。在这一历史阶段，我们应当将议会的现代概念理解为立法者：法律的创设之所。这一重要的转变从一开始便在大陆法系（1794 年于普鲁士，1804 年于法国，1811 年于奥地利）为以罗马法为模板的民法的法典化进程铺平了道路：这样，法典化便成为重组社会生活的主要工具，以统一的、复杂的法律文本来替代当地风俗习惯的零碎之处以及实体和地方主义的特殊之处，从而意图实现新兴资产阶级的理性、自由、平等的理想。

　　当欧洲正在历经这些变革之时，19 世纪下半叶的欧洲殖民扩张也给罗马法重现中国提供了前提条件。事实上，这并非一个新的发现：我们有证据表明在古代，罗马和中国之间便已经有了法律思想的交流。最初，这种交流是"防御性"的，被总结为"中学为体，西学为用"。19 世纪中叶鸦片战争以后，欧洲国家和美国倾向于实施领事裁判权的特权制度，即根据外国法律进行裁决，该制度也推动了中国去制定能够与西方列强的法律制度相兼容的法律制度。中国朝廷在 1902 年确认了这一选择，派遣在国内改革中担任要职的学者去英吉利、北美、西班牙访问学习。19 世纪下半叶翻译成中文的西方法学家的早期著作，主张罗马法是国际法的基础，并且，更为普遍的是，认为罗马法是所有积极权利的"渊源"的基础。出于防御国家主权的目的，20 世纪初，引发了一场以"现代化"为导向的复杂的辩论，探讨以中国为中心的自给自足问题。在此背景下，不仅从技术层面还从法律制度体系追寻西方国家取得成功的原因所在，而罗马法则被认为是这些国家的制度根基。

在此历史阶段，特别值得一提的是于 1911 年完成的《大清民律草案》，该草案被视为构成现行法的罗马法学家方法的终极发展。因为清王朝的危机以及共和国的建立，该草案并未得以正式颁布与实施，但是该草案具有重要意义，其移植了罗马法体系里的概念，拓展了中国的法律语言。《大清民律草案》由五编（对应法典的不同部分）组成并非是个巧合，后来这五编被国民党政府设立的新的法典编纂委员会批准，并于 1928 年到 1931 年期间予以实施。这五编内容，后来合并至 1931 年法典之中，这标志着在法律文化不断增长的背景之下，中国接纳罗马法的创始时刻，当然这要归功于对古罗马法的研究。1948 年，北美法学家、中国政府司法部的顾问罗斯科·庞德写道："中国有着出色的法典……就其本质而言，中国民法典是罗马法持续发展的时代的巅峰之作，这种持续发展源自 12 世纪在意大利大学里建立在查士丁尼法典化基础之上的罗马法教学……远东法律的发展遵循了现代罗马法的足迹而非英国或者英美法律的足迹，证明了罗马法传统的持久的生命力。"我觉得非常有趣的是 10 年前由中国权威法学家们合著的一本书，其中，有人主张罗马法精神是"存在于广大人民群众之中的一般道德和广为传播的思想"的发散，还主张对罗马法的接纳不仅仅是"成文法典，用一部统一的法律来替代某一地区的多种风俗习惯"，还是"罗马法固有的自然法思想，因为一部法律不仅仅是国家权力的工具，还是公正和公平的实现……罗马法的私法公法化和公法私法化趋势正解释了为何他认为罗马法依然有研究的价值"。

我们略过一段历史，来考察一下较近的时期。1978 年 12 月，中国共产党第十一届中央委员会第三次全体会议确定解决因阶级斗争所产生的矛盾必须"依据宪法和法律规定的程序"。会议重新展开了在 50 年代被中断了的关于移植罗马法制度的可能性和有效性的讨论。科学层面的研讨于 1994 年展开，中国政法大学和罗马二大一同组织了国际会议，会议的主题是"罗马法、中国法与民法法典化"。中华人民共和国成立 50 周年之际，中国共产党的十五大路线以"依法治国"的形式写进了宪法。由此，拉开了大量立法的序幕，而我则会提及一些以罗马法的法律制度为基础的法律规范。

1999 年颁布的现行合同法中（即所谓的统一法，其取代了调整经济合同、涉外合同和技术合同的旧法），我认为有趣的是，它包含了民法的契约自由和诚实信用这两项基本原则，而这正是罗马法学思想的成果。自由，在《优士丁尼民法大全》中被定义为"一个人可以做其认为有利的事情的自然权利，除非被武力或者法律所禁止"，这一表述在中国的合同领域中也得到了广泛的表达。在这里，自由或者契约自由明确保证：订立合同、选择合同相对方、决定合同内容和形式、修改或解除合同的自由。中国法律原则具有以下目的，对此，我深感兴趣，即，赋予生产商和贸易商自主权和自由，鼓励主体的个性和尊严的发展，激发积极性、主动性和创造性，避免欺诈或胁迫行为，确保市场机制的运行。

诚实信用原则，显然是罗马法的创造，它在中国现有的一般法律框架中占据着主导地位。诚实信用原则的正式提出可以溯及 1931 年的中华民国民法典中，在该法典中，立法者通过平衡中国传统价值（其中并不包括诚实信用）和现代价值，来追求现代化。诚实信用，是 19 世纪末 20 世纪初创造出来的一个新词。随着中华人民共和国的成立，该原则被 1986 年的《民法通则》所吸收，但是自 90 年代以后，诚实信用原则才开始被法律界和学说界所提倡、接纳和应用，发挥了巨大的作用，以至于在今日被学者们称之为"帝王条款"。伴随着合同法，诚实信用原则在诸如协商、缔结和履行合同的所有阶段保障合同关系的公正和公平方面有了充足的用武之地，成为解答整个合同制度中难题的关键概念。在这里，《物权法》制定过程中也产生过一个非常复杂的辩论，这个辩论在很大程度上也源于罗马法分类，但是鉴于时间关系，在此我们无法深入地探讨这个问题。

倘若不在法律"全球化"的框架之内，便不能充分理解中国正在进行的法典化进程。我指的是逐步克服障碍的过程：即市场准入和法律制度间的障碍。法律渊源和制定方式的多元化、不同法律体系之间的相互联系的倍增、代表大会和法官之间的比较标志着这一进程。在这种情况下，法律制度之间进行了剧烈的交流：普通法法系和民法法系之间的差异缩减了，并且不同法律制度之间的法律移植越来越频繁。在中国法律体系中移植罗马法制度和欧洲法律传统，便证明了这一进程。我认为，尤其是对中国的消费者权益保护法的最近的改革而言，该法于去年 3 月份生效，移植了欧洲立法中的多项制度，强化了经营者和生产者的责任制度，引入了新的措施以打击和预防欺诈消费者的行为以及产品不安全的现象。

法律制度之间的交流对意大利、中国和欧盟之间未来的双边和多边关系来说，是一个至关重要的因素。法律语言的共通性、相协调的法律分类和制度的适用，对消费者、企业以及个人相似的权益的保护的扩展，对贸易、经济关系以及更为一般地表达为地域政治关系来说，是至关重要的。罗马人说"ubi societas，ibi ius"，是指只要存在市民社会，就有相应的法律（制度）。同时这句话反过来说也是正确的：通过法律、法律的敏锐的演变，可以决定一个社会的进步并提高个体的生活水平和权利。这应该是每一个法律制度的终极目的。罗马人已经明白，规则、法律和制度之间的智慧型的交流，打破了造成贸易、经济和人力障碍的法律壁垒，而不仅仅是关税壁垒。欧盟，这一世界上独一无二的超国家的实体的出现并非偶然，为了实现一体化的水平，共同发展，并整合法律和经济层面，实现经济上的辉煌成果，调整权利的保护。

到这里，我来总结一下我的发言。亲爱的朋友们，意大利和中国之间的文明、文化的交流有着悠久绵长的历史，这段历史在彼此之间诞生出热烈而真挚的相互尊重和友谊。在每一个意大利人的脑海中，中国是一种孕育了人类文明的传奇且高远的思想的象征，中国同世界的关系，我们一直非常尊重且欣赏。这些天，我非常喜悦地看到，中国人对我们国家几千年来在思想、艺术和世界历史领域作出的贡献也给予了相当高的评价和尊重。我相信，我们的渊源将我们未来的命运联系在一起，并且法律思想也将成为决定我们未来命运的工具。而你们，我亲爱的同学们，有效落实这一观点的重任便落在了你们肩头。我祝愿你们一切安好、万事如意，谢谢你们。

稿　约

　　学术刊物《学说汇纂》是由中国政法大学罗马法与意大利法研究中心主办的法学类不定期连续出版物。本刊物希望以其一册小小的刊物，能够从一个侧面支撑起一种使命与职责，那就是为我国法学界尤其是私法学术界、司法界的同仁对罗马法及以罗马法传统为基础或受到罗马法传统影响的欧陆、拉美及亚洲国家的法律制度、法学思想、法律文化的认识、思考与研究提供一个展示、分析与争鸣的平台。其追求的目标是：将作者的思考与争论尽可能全方位地展示在人们面前。不以权威为标准、不轻视非权威之见解，观点独到、阐释清晰、理论成立者均可采刊。

　　本刊物设有两个基本栏目：理论研究、法学教义。同时每期亦将根据需要增加一些栏目。

　　我们欢迎各位法学界和其他学界的同仁不吝赐稿。稿件的体例请参阅已经出版的学术刊物《学说汇纂》。作者的稿件每篇以不超过1万字为宜。请赐稿者勿一稿多投，编辑部均会在收到稿件后2个月内通知作者。

　　来稿请发至：romanlaw2009@gmail.com。

　　同时请发告知赐稿信息的短信至手机18911196058。

学术刊物《学说汇纂》编辑部

图书在版编目（ＣＩＰ）数据

罗马法与学说汇纂：原名《学说汇纂》第七卷/费安玲主编.—北京：中国政法大学出版社，2016.6

ISBN 978-7-5620-6811-2

Ⅰ.①罗…　Ⅱ.①费…　Ⅲ.①罗马法—文集　Ⅳ.①D904.1-53

中国版本图书馆CIP数据核字(2016)第123493号

书　　名	罗马法与学说汇纂（原名《学说汇纂》第七卷）	
	LUOMAFA YU XUESHUO HUIZUAN	
出 版 者	中国政法大学出版社	
地　　址	北京市海淀区西土城路 25 号	
邮寄地址	北京 100088 信箱 8034 分箱　邮编 100088	
网　　址	http://www.cuplpress.com（网络实名：中国政法大学出版社）	
电　　话	010-58908285（总编室）　58908334（邮购部）	
承　　印	固安华明印业有限公司	
开　　本	720mm×960mm　1/16	
印　　张	17.5	
字　　数	296 千字	
版　　次	2016 年 6 月第 1 版	
印　　次	2016 年 6 月第 1 次印刷	
定　　价	38.00 元	